한국의 데이터 정책과 AI 정부

한국의 데이터 정책과 AI 정부

엄석진·고윤석·박정은·박건철 지음

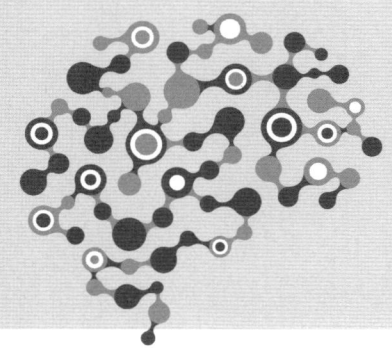

Enabling Data-Driven Innovation and AI Government in Korea

한울
아카데미

차례

서론 11

제1부 한국의 데이터 정책

제1장 데이터 정책 개관 17
    1. 데이터 정책의 역사적 배경과 발전 과정 ǀ 17
    2. 데이터 정책의 핵심 요소 ǀ 23

제2장 3대 데이터 플랫폼 31
    1. 개요 ǀ 31
    2. 공공데이터포털 ǀ 32
    3. 빅데이터 플랫폼 ǀ 43
    4. AI Hub ǀ 53

제3장 한국의 데이터 정책의 성과와 과제 60
    1. 데이터 정책의 성과 ǀ 60
    2. 데이터 정책의 특성과 성공 요인 ǀ 70
    3. 데이터 정책의 문제점과 한계 ǀ 74
    4. 데이터 정책의 향후 과제 ǀ 77

제4장 한국의 데이터 정책 추진의 교훈 89
    1. 정책 추진의 적시성 ǀ 89
    2. 신속하고 올바른 의사결정과 정책 실행 ǀ 92
    3. 집단 지성 "크라우드 워커"의 활용 ǀ 94
    4. 데이터 거버넌스 및 품질 관리 ǀ 99

제2부 AI 정부

제5장 인공지능 서비스의 특징과 AI 정부   111
1. AI의 개념, 작동 방식과 구성 요소 | 111
2. 인공지능 서비스의 특징 | 130
3. AI 정부의 행정의 특성 | 142

제6장 AI 정부의 두뇌, 정부 인공지능 기본 모델 구현   148
1. 개요 | 148
2. 참조 모델 선정 | 151
3. 고품질의 데이터 수집 | 156
4. 데이터 정제·가공 | 159
5. 모델 최적화 | 163
6. 사전 학습 | 166
7. 미세 조정 | 167

제7장 AI 정부 에이전트 구현 방안   169
1. 개요 | 169
2. AI 정부 단일 접속 창구, AI 정부 에이전트 | 171
3. AI 정부의 두뇌, 정부 인공지능 플랫폼(GAIP) | 178
4. 모든 정부 서비스 검색소, 범정부 서비스 카탈로그 | 185
5. 작고 가볍고 조합이 자유로운 레고블록형 정부 서비스 | 186
6. 범정부 분류 체계 기반 고품질의 기계 판독 가능 데이터 | 192
7. 레고블록형 AI 정부 서비스 조합을 통한 문제 해결 | 195

제8장 AI 정부 구현을 위한 도전과 과제   197
1. 개요 | 197
2. 정부 인공지능 모델 검증 | 199
3. 기계 판독 가능 데이터로 전환 | 201
4. 국가 차원의 데이터 분류 체계 수립 | 203
5. 데이터의 품질 검증을 위한 국가 데이터 품질 검증 | 207
6. 레고블록형 시스템으로 전환 | 210
7. 가상 서비스의 적절성 검증 | 212

부록 | 214
참고문헌 | 215

표·그림 차례

〈표〉

표 1-1	빅데이터 마스터 플랜 및 빅데이터 서비스 활성화 개요	21
표 1-2	인터넷 신산업 육성 방안 개요	22
표 1-3	데이터 산업 활성화 전략 개요	22
표 1-4	데이터 기본법 주요 내용	26
표 1-5	국가 데이터 정책 추진 체계	27
표 2-1	공공데이터법 주요 내용	34
표 2-2	공공데이터 정책의 주요 추진 체계	34
표 2-3	21대 분야 빅데이터 플랫폼의 구성과 데이터 상품	45
표 3-1	1~4차 국가중점데이터 개방 실적	61
표 3-2	사용자 유형별 공공데이터 서비스	82
표 4-1	크라우드 워커에 대한 비용 처리 검증 체계	98
표 4-2	4대 필수 품질 검증 지표	104
표 5-1	데이터 처리 과정	113
표 5-2	AI의 학습 방법	115
표 5-3	분야별 설명 가능 AI 활용 예	124
표 5-4	AI를 위한 글로벌 클라우드 서비스 예시	127
표 5-5	인공 일반지능과 특정 목적 인공지능의 차이점	131
표 5-6	범용 AI 발전 단계와 주요 서비스 예시	132
표 5-7	AI 비서의 주요 기능(예시)	134
표 5-8	AI 기반 상용화된 전문 서비스 예시	138
표 6-1	대표적인 초거대 인공지능 모델	153
표 6-2	대표적인 오픈 소스형 초거대 언어 모델(LLM)	155
표 6-3	대표적인 데이터 중복 제거 방식	161
표 6-4	주요 비정형 데이터 라벨링 방식 비교	162
표 6-5	주요 라벨링 데이터 평가 지표	163
표 6-6	주요 하이퍼파라미터	165
표 7-1	규칙 기반 시스템 vs. 인공지능 기반 시스템	181
표 7-2	정부 인공지능 기반 서비스 vs. 정부 인공지능 플랫폼	182
표 7-3	챗GPT의 기본 모델 학습에 활용된 데이터셋	182
표 7-4	정부 인공지능 미세 조정 모델 생성을 위한 데이터의 필요조건	184

표 7-5	범정부 서비스 카탈로그 구성 요소(예시)	185
표 8-1	정부 인공지능 모델의 학습에 활용되는 데이터 품질 측정 지표	209
표 8-2	데이터 품질 측정 지표별 상세 지표(예시)	209

〈그림〉

그림 1-1	한국 정부의 ICT 정책의 변화	18
그림 1-2	한국의 3대 데이터 플랫폼	23
그림 1-3	한국의 디지털 뉴딜정책: 데이터 댐	24
그림 1-4	빅데이터 직무별 인력 부족률(2018~2023)	28
그림 1-5	한국의 데이터 인력양성 체계	28
그림 2-1	공공데이터포털 개요	33
그림 2-2	공공데이터포털의 주요 기능	35
그림 2-3	국가데이터맵	36
그림 2-4	기계 판독 가능한 형태의 포맷 단계별 구분·비교	38
그림 2-5	공공데이터 개방 체계	40
그림 2-6	멀티클라우드(공공·민간) 기반 오픈 API 연계 방안	41
그림 2-7	빅데이터 플랫폼의 구성 및 운영 체계	44
그림 2-8	빅데이터 플랫폼의 데이터 종류별 사용 권한	49
그림 2-9	연안 빅데이터 플랫폼 안전 서비스 '위기의 도시' 화면	50
그림 2-10	통합 데이터지도 홈페이지	50
그림 2-11	빅데이터 플랫폼 기반 분석서비스 사업 개요	51
그림 2-12	빅데이터 공유 및 연동 체계	52
그림 2-13	AI 학습용 데이터 구축 생애주기 기반 품질관리 체계	54
그림 2-14	AI Hub의 홈페이지 화면	56
그림 2-15	AI Hub의 AI 컴퓨팅 서비스 관리 체계	56
그림 2-16	AI Hub의 안심존 개요	58
그림 3-1	공공데이터 제공 추이	61
그림 3-2	공공데이터 활용 추이	62
그림 3-3	공공데이터 오픈포맷 비중 추이	64
그림 3-4	2023 OECD 공공데이터 평가 종합순위	65
그림 3-5	AI Hub 방문자 수 및 사용자 회원 가입 수(2018~2020)	68
그림 3-6	AI Hub 주요 서비스 이용 실적(2018~2020)	69
그림 3-7	공공 부문 데이터 거버넌스	79

그림 3-8	데이터 생태계의 구성	80
그림 4-1	기업의 AI 도입 저해 요인 및 일자리 창출 효과	92
그림 4-2	정부의 AI 학습용 데이터셋에 대한 연도별 투자 계획	95
그림 4-3	한국의 데이터 검증 절차	105
그림 5-1	AI 발전의 역사	112
그림 5-2	AI 작동 방식	112
그림 5-3	동적추론	117
그림 5-4	정적추론	117
그림 5-5	전통적 AI와 머신러닝 기반 AI	118
그림 5-6	AI 작동 단계별 핵심 구성 요소	119
그림 5-7	데이터의 증가와 특성의 변화	120
그림 5-8	인공신경망의 구조	123
그림 5-9	XAI를 활용한 사기 탐지 케이스(feat. mini 카드)	125
그림 6-1	정부 인공지능 기본 모델 개발 절차	149
그림 6-2	주요 비정형 데이터 라벨링 방식	162
그림 7-1	AI 정부 서비스 프레임워크	170
그림 7-2	아날로그 방식의 도서관 도서 검색대	171
그림 7-3	농촌용수종합정보시스템	173
그림 7-4	굴뚝원격감시체계	174
그림 7-5	AI 정부 에이전트의 기기 간 연결 개념도	175
그림 7-6	AI 정부 에이전트의 서비스 연결성 개념도	176
그림 7-7	정부24 서비스 예시	179
그림 7-8	정부 인공지능 모델 생성 절차	183
그림 7-9	정부가 수행하는 기능에 따른 서비스 분류(예시)	186
그림 7-10	온라인 서비스가 100만 명 가입자 도달에 걸린 시간	189
그림 7-11	전자정부의 통합 서비스와 AI 정부의 단일 서비스 간 비교	190
그림 7-12	전자정부의 프라이빗 클라우드 환경과 AI 정부의 하이브리드 클라우드 환경	191
그림 7-13	정부 기능·조직 기반 데이터 분류 체계 및 메타데이터 분류 체계(예시)	194
그림 7-14	레고블록형 AI 정부 서비스 간 조합을 통해 생성된 가상 서비스	196
그림 8-1	DCAT을 활용한 메타데이터 분류 체계(예시)	204
그림 8-2	기능 중심 데이터 분류 체계 개념 및 예시	206
그림 8-3	데이터 품질 검증 방식	210

서론

정부는 정보기술 발전의 최대 후원자였을 뿐만 아니라, 정보기술의 최대 수요자였다(Mazzucato, 2015; Fountain, 2001). 특히, 인터넷이 보편화·상용화되는 1990년대부터는 정보기술과 인터넷을 행정에 도입하는 '전자정부(e-government)'가 정부 내부의 인적·물적 자원의 관리뿐만 아니라 시민과 기업을 위한 공공서비스의 품질 개선, 그리고 정부와 시민 간의 정치적 관계를 변화시키는 가장 중요한 전략이자 수단으로 등장했다.

이후 모바일 정보기술, 소셜 미디어와 같은 Web 2.0 기술 등 새로운 정보기술이 행정에 도입되면서 정부의 운영 방식과 공공서비스가 다시 진화하면서 정보기술을 기반으로 한 정부의 개념도 변화되었다. 예를 들면, 무선인터넷과 스마트폰에 기반한 '모바일 정부', 소셜 미디어의 양방향 소통을 활용한 '소셜 정부', 정부가 보유한 정보와 데이터의 선제적 개방을 통한 '열린 정부(Open Government)', 미국 오바마 행정부의 'We the People'과 같은 온라인 전자청원(e-petition)과 같이, 온라인 플랫폼을 도입·활용하여 새롭게 탈바꿈하는 '플랫폼으로서의 정부(Government as a Platform)' 등 정보기술을 활용한 정부와 행정의 혁신과 관련된 다양한 개념이 등장했다. 모두 기존 '전자정부'의 한계를 뛰어넘어 새롭게 등장하는 정보기술 및 디지털 플랫폼을 기반으로 정부운영시스템의 개선, 정부 기능의 합리적 조정과 부처 간 협력 촉진, 대민서비스 전달 방식의 혁신과 정부-시민 간의 관계 변화를 지향하는 것들이었다(엄석진 외, 2020; O'Reilly, 2012).

이제 인공지능(Artificial Intelligence: AI), 클라우드 시스템, 빅데이터 분석, 가상현실(Virtual Reality: VR) 및 디지털 트윈(Digital Twin) 등 새로운 정보기술들이 정부와 행정의 미래상을 새롭게 정의하고 있다. 이들 정보기술은 한편으로는 과거의 정보기술을 바탕으로 하면서도 기존의 정보기술의 패러다임을 뛰어넘는(paradigm-shift) 것으로 평가되고 있다(엄석진 외, 2020; Schwab, 2016). 기존의 정보기술이 업무 프로세스 단축을 통한 효율성 개선을 주요 목적으로 했다면 지금 등장하는 새로운 정보기술은 이에 더해 인간을 뛰어넘는 인지능력과 계산능력, 심지어는 글, 그림, 음악, 동영상 등 컨텐츠 생산능력을 보여주고 있다. 인터넷의 확장은 이제 사람과 사람 간의 연결을 넘어서서 사람과 사물, 사물과 사물 간의 연결로 확장되고 있으며, 이와 같은 정보기술 기반의 인지능력, 연결능력, 그리고 가상세계 구현능력, 계산능력이 결합된 자율주행자동차, 드론, 로봇 등 새로운 기계와 서비스들이 널리 활용되고 있다. 이와 같은 정보기술의 발전과 그에 따른 사회적 파급효과는 한편으로는 미래 사회와 정부에 대한 긍정적 기대를 불러일으키는 반면에, 또 다른 한편으로는 기존의 사회규범 및 사회체제의 붕괴 등 부정적 전망을 제기하면서 다양한 논쟁을 불러일으키고 있다(엄석진 외, 2020; Susskind, 2020).

한국 정부 역시 이와 같은 흐름에서 결코 뒤처지지 않았다. 특히, 1967년 6월 24일 경제기획원 통계국에 국내 최초의 컴퓨터(IBM 1401)가 도입된 이래, 1970년대 '행정전산화사업', 1980년대 '국가기간전산망사업', 1990년대 '초고속국가정보통신망사업' 및 '국가정보화촉진사업', 2000년대 '전자정부 11대 과제' 추진 및 '전자정부 31대 로드맵사업' 등이 꾸준히 진행되어 왔다. 특히, 2010년 이후 데이터 경제로의 전환이 본격화되면서, 정부는 빠르게 경제·사회 전반의 디지털 혁신, 그리고 데이터 기반 행정 등 정부조직과 행정의 디지털 혁신을 위한 다양한 정책과 사업들을 추진히 왔다. 예를 들면, 국가 데이터 생태계 구축을 위해 다양한 데이터 플랫폼을 구축하고 다양한 법 제도적 개편을 진행해 왔다. 머신러닝, 대규모 언어 모델(Large Language Model: LLM), 생성형 AI 등 최근 이루어지고 있는 AI의 발전을 정부에 도입하기 위한 다양한 정책을 추진하고 있다.

그러나 전 세계적 차원에서 이루어지고 있는 정보기술의 발전을 고려하면서, 우리 정부의 정보기술 도입과 그에 따른 행정의 변화를 다차원적으로 분석한 연구는 그리 많지 않다. 특히, 2010년대 이후 한국 정부가 추진해 온 데이터 정책을 종합적으로 제시하고 그 성과와 한계를 데이터 거버넌스, 법 제도, 플랫폼 등 기술적 기반, 데이터 측면에서 다차원적으로 분석한 연구는 충분하지 않은 것으로 판단된다. 나아가, 정부와 행정에의 AI 도입과 활용이 본격화되면서 '정부의 AI 전환'에 필요한 다차원적인 구성 요소와 그 결합, 그리고 사전적으로 이루어져야 할 제도적·기술적 과제들에 대한 구체적인 논의는 부족한 것으로 보인다. 정부의 디지털 혁신을 추진하는 과정에서 우리가 당면하고 있는 도전은 매우 구체적이고 정책과 기술, 제도와 사람을 모두 고려해야 하는 것들이지만, 학계의 논의 수준은 여전히 일반적이고 추상적이며 원칙적인 수준에 머물러 있다.

이와 같은 문제의식하에, 이 책은 다음과 같은 목적으로 집필되었다. 첫째, 2010년대 이후 한국의 데이터 정책을 분석하고자 한다. 제1부에서는 데이터 경제로의 전환을 위한 데이터 정책의 목표, 데이터 거버넌스, 법 제도, 기술 인프라와 플랫폼, 그리고 분야별 데이터 관련 과제들을 개관한다(제1장). 제2장에서는 한국의 핵심적인 데이터 플랫폼인 (1) 공공데이터 플랫폼, (2) 빅데이터 플랫폼, (3) AI Hub의 구성을 분석한다. 제3장에서는 데이터 정책의 성과와 한계를 분석하고 향후의 정책 방향을 제시하고자 한다. 제4장에서는 한국의 데이터 정책을 추진하는 과정에서 확인된 정책적 시사점을 제시한다. 데이터 정책 추진 과정에서 얻어진 한국의 경험은 향후 데이터 정책을 추진하는 개발도상국에게 유용한 정책 가이드가 될 것으로 생각된다. 제1부에서의 분석을 통해 한국의 데이터 정책이 진화를 거듭해 왔으며, 총체적으로는 선도국과는 다른 특성을 보여주고 있음을 제시하게 될 것이다. 나아가, 데이터 정책의 성과가 향후 AI 정부 구현의 자원이자 기반 구조로 활용될 수 있음을 보이고자 한다.[1]

둘째, AI와 관련 기술들이 행정 및 정부 운영에 도입·활용되는 정부를 'AI 정부(AI government)'로 정의하고, AI 정부의 모습과 구현 방안을 제안하고자 한다(제2부). 구체적으로 AI 정부의 공공서비스는 어떤 특성을 가질 것인지, AI 정부가 지향하는 행정의 총체적 모습은 어떠해야 하는지(제5장) 살펴본다. 나아가 AI 정부의 행정서비스와 내부 관리가 이루어지기 위해서는 어떤 정보기술 기반과 데이터 및 데이터 학습이 이루어져야 할지에 대해 AI 정부 기본 모델(제6장)과 AI 정부 구현 방안(제7장)을 통해 논의하고자 한다. AI 정부 구현을 위한 다양한 기술적·정책적 과제와 도전들은 제8장에서 다루게 될 것이다.

이 책이 한편으로는 한국 정부와 행정의 '제대로 된' 디지털 전환을 앞당기는 데 기여하기 바란다. 또 다른 한편으로는 지금까지의 정부가 추진해 온 데이터 정책의 전반을 검토하고 그 발전을 함께 고민하는 계기가 되기를 기대한다. 나아가, 한국의 데이터 정책과 AI 정부 구현의 경험이 한국만의 특수한 사례로 머물지 않고 세계 각국에서의 경험과 함께 논의되어 보편성을 획득하는 데 기여할 수 있기를, 저자들은 기대하고 있다.

---

1   제1부의 내용은 저자들이 참여한 세계은행(World Bank)의 보고서(Zaki et al., 2024)를 바탕으로 하고 있다. 자세한 내용은 부록을 참조할 것.

제1부

한국의 데이터 정책

제1장 데이터 정책 개관
제2장 3대 데이터 플랫폼
제3장 한국의 데이터 정책의 성과와 과제
제4장 한국의 데이터 정책 추진의 교훈

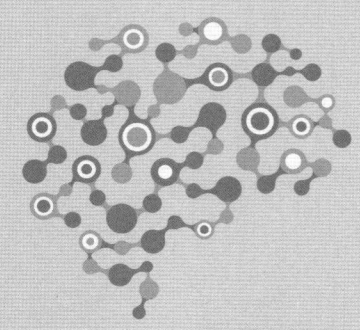

| 제1장 |

데이터 정책 개관

1. 데이터 정책의 역사적 배경과 발전 과정

한국 정부는 국가정보화와 기간 전산망 구축을 통한 인프라 확보에서 시작하여, 전자정부 구축과 초고속통신망 확립으로 정보통신기술(Information and Communication Technology: ICT) 기반을 마련했다. 이후 빅데이터, 사물인터넷(Internet of Things: IoT), 클라우드, AI 등 신기술 육성을 통해 데이터 경제로의 전환을 추진하며, 정부 주도의 적극적인 데이터 개방 및 활용 정책을 통해 행정의 투명성 강화와 함께 데이터 경제 활성화를 도모하고 있다.

이러한 과정은 〈그림 1-1〉에서 나타나는 바와 같이 인프라, 정책/거버넌스, 서비스, 인력양성 등 핵심 요소가 유기적으로 작용한 결과라 할 수 있다. 이와 같이 정부의 데이터 정책은 시대별 ICT 발전과 국가 전략에 따라 발전해 왔으며, 현재 4차 산업혁명 시대의 핵심 자원인 데이터 산업을 중심으로 미래 경쟁력을 강화하는 데 주력하고 있다. 특히, 2020년 중반 이후 데이터를 기반으로 한 AI 서비스 및 산업 전략으로 전환 중이다.

한국의 ICT 거버넌스도 ICT 정책과 함께 많은 변화를 거쳤다. 정보화 초기인 전산화 단계에서는 국가기간전산망위원회를 대통령 직속 기구로 설치하

<그림 1-1> 한국 정부의 ICT 정책의 변화

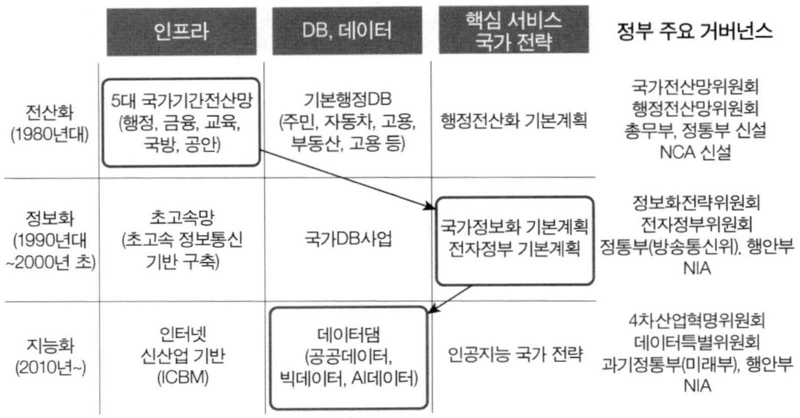

	인프라	DB, 데이터	핵심 서비스 국가 전략	정부 주요 거버넌스
전산화 (1980년대)	5대 국가기간전산망 (행정, 금융, 교육, 국방, 공안)	기본행정DB (주민, 자동차, 고용, 부동산, 고용 등)	행정전산화 기본계획	국가전산망위원회 행정전산망위원회 총무부, 정통부 신설 NCA 신설
정보화 (1990년대 ~2000년 초)	초고속망 (초고속 정보통신 기반 구축)	국가DB사업	국가정보화 기본계획 전자정부 기본계획	정보화전략위원회 전자정부위원회 정통부(방송통신위), 행안부 NIA
지능화 (2010년~)	인터넷 신산업 기반 (ICBM)	데이터댐 (공공데이터, 빅데이터, AI데이터)	인공지능 국가 전략	4차산업혁명위원회 데이터특별위원회 과기정통부(미래부), 행안부 NIA

주: ○은 시기별 정책의 핵심 영역이며, → 는 핵심 영역의 변화 방향을 표시.
자료: 저자 작성.

고, ICT 전담 부처로 정보통신부(현 과학기술정보통신부)를 신설했다. 또한, 전문 기술 지원을 위해 국가전산망관리원(현 한국지능정보사회진흥원)을 설립하여, 한국의 정보화 추진에 필요한 전문성과 추진력을 확보했다.

이후, 정부는 정보화를 국가적 역점 사업으로 추진하면서, 정보화전략위원회, 전자정부위원회 등의 범국가적 ICT 거버넌스를 운영했다. 특히, 2010년 이후 AI와 데이터 산업이 본격적으로 추진되면서, 4차산업혁명위원회 및 데이터특별위원회를 설립하는 등 ICT 거버넌스를 더욱 정교하게 정비해 나갔다.

1) 국가정보화와 국가기간전산망 구축

한국의 데이터 정책의 시초는 국가정보화 사업을 기반으로 시작되었다. 정부는 단순히 네트워크를 구축하는 데 그치지 않고, 이를 활용한 핵심 서비스를 발굴하여 국가 전략적으로 추진하는 방식으로 정보화를 발전시켜 왔다. 이 과정에서 정부는 다양한 서비스 개발에 필요한 데이터베이스(Database: DB)와 콘텐츠를 확보하고, 이를 효과적으로 유통할 수 있는 환경을 조성했다. 즉, 네트워크 기반의 주요 서비스와 시스템을 개발하면서 자연스럽게 방대한 데이터와 DB가 구축된 것이다.

정부는 1987년부터 1996년까지 두 단계에 걸쳐 국가기간전산망사업을 추진했다. 이는 국가 운영의 효율성을 높이고 사회·경제적 발전을 앞당기기 위해 행정, 금융, 교육·연구, 국방, 공안 등 5대 분야의 전산망을 구축하는 대규모 프로젝트였다. 이 중 행정전산망은 모든 중앙행정기관과 지자체를 하나의 네트워크로 연결하는 동시에, 주민등록, 부동산, 자동차 관리 등 국가 운영의 핵심 시스템을 구축하는 사업이었다. 이에 필요한 행정DB 구축도 함께 이루어졌으며, 총 6.92조 원이라는 당시로는 상당히 큰 규모의 예산이 정보화 사업에 투자되었다(박정수·박순애, 2003).

정부의 과감한 투자는 ICT 시장의 성장 동력으로 작용했다. 기간망을 운영·유지보수하기 위해 KT, 데이콤(Dacom) 등의 기업이 등장했으며, 정부의 데이터 및 서비스 구축 사업을 수주하기 위해 삼성, LG, 대우 등 대기업들이 시스템 통합(System Integration: SI) 사업에 적극적으로 참여했다. 이와 함께 수많은 신생 SI 기업이 생겨나면서 ICT 인프라 구축부터 서비스 개발까지 다양한 경험과 노하우가 축적되었다.

이후 이러한 경험을 바탕으로, 정부는 1995년부터 2003년까지 총 20.5조 원을 투입하여 초고속국가정보통신망사업을 국가적 과제로 추진했다. 그 결과, 2003년 사업이 완료되었을 때 한국은 세계에서 가장 빠른 정보통신 인프라를 갖추게 되었다. 이 과정에서 통신장비 및 서비스 시장, 초고속 네트워크 시장이 급속도로 성장했으며, 이에 따른 부가가치와 고용 창출 및 생산유발

효과 등 부수적인 경제효과를 모두 합치면 약 7.3배의 투자 대비 경제적 효과를 창출했다. 이 사업을 통해 한국의 네트워크 사업자들은 기술, 인프라, 경험 측면에서 크게 성장하며, 세계적인 기업들과 경쟁할 수 있는 수준에 도달했다. 또한 정부 주도의 적극적인 ICT 정책은 KT, LGU+, SKT 같은 네트워크 사업자, 삼성SDS, LG CNS, SK C&C 같은 SI 기업, 알티베이스(Altibase), 큐브리드(Cubrid), 티맥스(Tmax) 등의 DB 기업 등 다양한 분야로 시장을 세분화하며 ICT 경쟁력을 높이는 데 기여했다.

2) 전자정부 및 데이터경제로의 전환

2010년대에 접어들면서, 정부는 정보화 성과를 기반으로 데이터 활용에 대한 관심을 높이며, 정보화의 패러다임을 네트워크(Network: NW)·인프라 중심에서 소프트웨어(Software: SW) 중심으로 전환하고 데이터의 중요성을 더욱 강조했다. 이에 따라, 정부는 ICT 강국으로서의 위상과 글로벌 리더십을 유지하기 위해 데이터를 적극적으로 활용하기 위한 범국가적 노력을 추진하기 시작했다.

정부는 데이터의 중요성을 국가 핵심 정책으로 인식하여 2012년 '스마트 국가 구현을 위한 빅데이터 마스터플랜'을 발표했다(<표 1-1> 참조). 이 계획은 급증하는 데이터를 범국가적으로 관리하고 민간의 창의적 활용을 지원해 미래 경쟁력을 강화하려는 전략이다. 국가정보화전략위원회[1] 소속 위원회가 총괄·조정 역할을 맡아 핵심 국정과제 지원과 미래 지향적 정보화 어젠다 발

---

[1] 대통령 소속 위원회로 국가정보화사업의 총괄·조정을 위한 컨트롤타워로서 정보화를 통한 핵심 국정과제의 전략적 지원, 미래지향적 정보화 어젠다 발굴을 통한 지식정보사회 선도 등의 역할을 수행했다.

<표 1-1> 빅데이터 마스터 플랜 및 빅데이터 서비스 활성화 개요

구분	주요 내용
활용 기반 구축	정부 내 빅데이터 공유·활용 공동설비 구축, 빅데이터 지원센터 구축
기술 개발	기술 개발 로드맵 마련, 핵심 기술개발 지원 및 플랫폼 경쟁력 강화
법제 정비	개인정보보호 대책 마련 및 제도 정비
인력 양성	산학연 공동 연구 개발

자료: 각 계획 내용을 참조하여 저자 작성.

굴을 추진했고, 동시에 통신, 금융, 인터넷 등 민간이 보유한 대규모 데이터를 활용해 개인 맞춤형 등 다양한 데이터 기반 서비스 개발을 지원하기 위해 '빅데이터 서비스 활성화 전략'을 발표했다. 이와 함께 데이터 플랫폼 개발, 전문 인력 양성, 제도 개선 등 데이터 관련 기술 및 산업 활성화에 집중했다.

2013년부터는 ICT 전담 부처(과학기술정보통신부, 구 미래창조과학부)를 중심으로 데이터 기반 산업 전략이 본격적으로 수립되었다. 당시 데이터, IoT, 클라우드 등 3대 기술은 ICT 신성장 동력으로 주목받았으나 경쟁력이 낮았기 때문에, 단기간 내 기술 경쟁력을 강화하고 ICT 산업 전반의 혁신을 주도하기 위한 '인터넷 신산업 육성 방안'이 마련되었다(<표 1-2> 참조).

2016년 알파고(AlphaGo)와 이세돌 9단과의 바둑대국으로 상징되는 AI 시대가 도래하면서, 정부는 '4차산업혁명위원회'를 대통령 직속으로 설치하고 데이터, 네트워크(5G), AI를 국가 핵심 과제로 지정하는 등 체계적인 정책 추진에 들어갔다. 이 정책 방향은 2018년 발표된 '데이터 산업 활성화 전략'을 통해 구체화되었으며, 데이터의 수집·구축부터 저장·유통, 분석·활용까지 전 생애주기를 아우르는 종합 지원 체계 마련에 중점을 두었다(<표 1-3> 참조). 정부는 이와 같이 범국가적 차원에서 데이터 산업과 서비스를 활성화시키기 위한 정책을 추진함과 동시에 공공의 데이터를 전면 개방하기 위한 정책도 함께 추진했다.

<표 1-2> 인터넷 신산업 육성 방안 개요

구분	주요 내용
기반 조성	① 인터넷 신산업 확산 촉진과 이용자 신뢰성 확보를 위한 법·제도 마련 ② 원천기술 확보 및 상용화를 고려한 R&D 추진 ③ 인문학과 인터넷 신산업 기술을 접목한 통섭(通涉)형 인력 양성
시장 창출	① 사물인터넷 서비스 확산, 데이터·ICT자원 활용 체계 강화 및 기업의 상용화 지원 등을 통한 지속 가능한 생태계 조성 ② 지역 산업 활성화, 국민 안전·편의 및 IT 경쟁력 강화를 위한 선도 사업 추진
경쟁력 강화	① 개방형 데이터 분석 활용 센터와 글로벌 미래인터넷 실증환경 구축 등의 기업 지원 인프라 구축 ② 신규 서비스 개발환경 제공, 사업화 컨설팅 및 지재권 확보 지원 등 중소기업 성장 기반 조성

자료: 인터넷 신산업 육성 방안을 참조하여 저자 작성.

<표 1-3> 데이터 산업 활성화 전략 개요

구분	주요 내용
데이터 이용제도 패러다임 전환	마이데이터, 데이터 안심존
데이터 가치사슬 전 주기 혁신	AI 학습용 데이터 구축, 빅데이터 전문 센터 육성 등
데이터산업 육성기반 조성	2022년까지 선진국 기술 수준 대비 90% 이상 수준의 빅데이터 선도 기술을 확보 및 전문 인력 양성

자료: 데이터산업 활성화 전략을 참조하여 저자 작성.

결론적으로, 1990년대부터 '산업화는 늦었지만 정보화는 앞서가자'라는 캐치프레이즈를 내걸고 꾸준한 투자를 이어온 결과 2000년대 중반부터 UN, OECD 등 여러 국제기구의 전자정부 평가에서 상위권을 유지해 오고 있다. 정부는 많은 투자와 노력을 바탕으로 구축한 다양한 전자정부 시스템을 통해 방대한 행정 데이터를 축적할 수 있었다. 또한 정부는 단순히 행정 데이터의 축적에 머무르지 않고 축적된 데이터를 국민에게 공개하여 행정의 투명성을 높이고, 데이터를 정제해 기업들이 비즈니스에 활용할 수 있도록 함으로써 국가의 데이터 경제 활성화에 기여했다.

2. 데이터 정책의 핵심 요소

정부의 데이터 정책은 크게 (1) 플랫폼과 데이터셋(Data Set) 구축, (2) 데이터 정책 거버넌스 및 제도적 기반 강화, (3) 데이터 인력양성의 세 가지 요소로 구분할 수 있다. 이들 각 요소들은 서로 유기적으로 연계되어 데이터 정책을 구성하고 있다.

1) 데이터 플랫폼 구축과 대규모 데이터셋 구축

한국의 데이터 정책은 공공과 민간의 데이터가 자유롭게 유통·거래되고 최종적으로 활용될 수 있는 환경 조성을 목표로 한다. 이를 위해, 정부는 시급히 확보해야 할 데이터를 직접 개입해 초기 데이터 기반을 마련하고, 데이터가 원활하게 흐를 수 있는 생태계를 구축하는 전략을 추진했다. 특히, 〈그림 1-2〉에서 제시되고

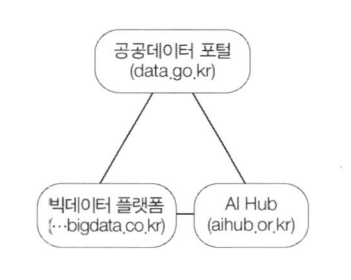

<그림 1-2> 한국의 3대 데이터 플랫폼

자료: 저자 작성.

있는 바와 같이, 공공데이터포털(개방 플랫폼), 빅데이터 플랫폼(유통 플랫폼), AI Hub(인공지능 플랫폼)로 구성된 "3대 데이터 플랫폼(Triangular Data Platform System)"을 구축해 데이터의 수집·저장은 물론 유통·거래 및 활용까지의 데이터 전 주기 선순환 환경을 마련했다.

이와 같은 데이터 생태계 구축을 통해 정부는 기존 데이터 개방을 확대하고, AI 시대에 필수적인 데이터를 확보하며, 민간 데이터를 거래·유통할 수 있는 플랫폼을 마련해 데이터 경제 시대를 준비하고자 했다. 특히, 2020년 코

<그림 1-3> 한국의 디지털 뉴딜정책: 데이터 댐

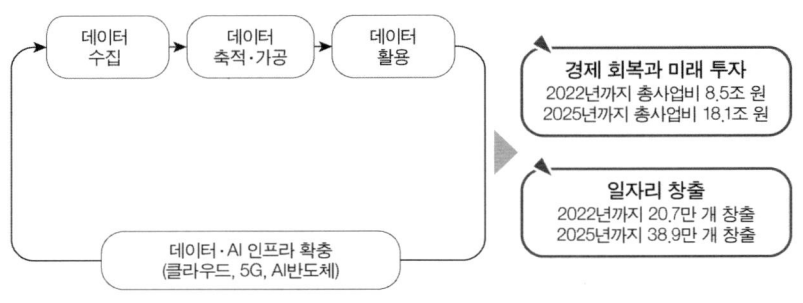

자료: 저자 작성.

로나19 팬데믹은 데이터 경제를 가속화하는 계기가 되었다. 팬데믹 상황에도 불구하고 정부는 데이터 관련 투자를 줄이는 대신 오히려 확대해 데이터 경제를 앞당기기로 결정했다.

이에 따라 '디지털 뉴딜(Digital New Deal)'의 일환으로 데이터 댐(Data Dam) 구축에 집중했다(<그림 1-3> 참조). 데이터 댐은 공공과 민간 네트워크에서 생성되는 데이터를 수집·정제·가공해 기업이 활용할 수 있도록 개방하는 대규모 데이터 플랫폼이다. 이를 통해 기업이 혁신적인 서비스를 개발하도록 지원하고, 데이터 생성 및 활용 과정에서 다수의 새로운 일자리를 창출해 코로나19로 침체된 경제 회복에도 기여하는 것이 목표였다. 이 과정에서 데이터 관련 전문 인력을 확보하고 디지털 일자리 창출도 중요한 과제로 추진되었다.

2) 데이터 정책 거버넌스 및 제도적 기반 강화

데이터 정책을 추진하기 위한 데이터정책 거버넌스는 3개 계층 형태의 조직적 구성으로 이루어졌다. 첫째, 가장 상위에는 대통령 직속의 데이터특별위원회가 구성되었다. 데이터특별위원회는 국가의 데이터 관련 정책과 사업을 총괄하는 컨트롤타워로서 국가의 데이터 정책 방향을 결정하고 기관 간 데이터 관련 사업과 이슈를 조정하는 역할을 수행했다.

다음은 데이터 관련 정책을 수립하여 데이터특별위원회에 결정을 요청하고 새로운 사업을 만들어 추진하는 역할을 수행하는 행정안전부와 과학기술정보통신부이다. 행정안전부는 중앙 부처-지자체-공공기관에서 생산하여 보유하고 있는 공공데이터와 관련해 모든 정책과 사업을 총괄했다. 과학기술정보통신부는 기업에서 생산하는 민간 데이터와 관련한 모든 정책과 사업을 총괄했다.

마지막으로, 이들 두 중앙행정기관이 데이터와 관련한 정책을 수립하고 사업을 추진함에 있어 실무를 지원하는 한국지능정보사회진흥원(NIA)이 기능했다. 한국지능정보사회진흥원은 두 기관을 동시에 지원함으로써 공공과 민간의 데이터 정책 간 발생할 수 있는 충돌을 방지하고 간극을 메워주는 역할을 수행했다.

정부는 데이터정책 추진을 위한 제도적 기반을 강화했다. 예를 들면, 2020년에는 '국가정보화기본법'을 '지능정보화기본법'으로 전면 개정하여, 데이터 관련 정책의 법적 근거를 마련했다. 이를 통해 4차 산업혁명시대에 대비해 데이터의 생산·수집·유통·활용 선순환 생태계를 구축하고, 공공 및 민간 데이터를 종합 관리 및 지원하며 데이터 간 호환성을 확보하기 위한 표준화 법적 기반을 마련했다. 또한, 공공재 성격의 민간 데이터를 공익적으로 활용하기 위한 데이터 공개·유통 촉진, 효율적 데이터 관리 및 협력체계 구축을 위해 한국지능정보사회진흥원(NIA)를 전문지원기관으로 지정했다(<표 1-4> 참조).

아울러, 2021년에는 그간의 데이터 정책 경험을 바탕으로 데이터 경제 실현을 위한 '데이터 기본법'을 제정했다. 데이터 시장 활성화와 활용을 촉진하

<표 1-4> 데이터 기본법 주요 내용

구분	주요 내용
① 목적·정의 규정 (제1조, 2조)	- 법의 목적을 데이터로부터 경제적 가치를 창출하고 데이터 산업 발전의 기반을 조성하여 국민 생활의 향상과 국가 경제 발전에 이바지하는 것으로 규정하고, 데이터 등 관련 용어 정의
② 데이터산업 진흥 기본계획 수립 (제4조)	- 정부는 데이터 생산, 거래 및 활용을 촉진하고 데이터산업의 기반을 조성하기 위하여 3년마다 데이터산업 진흥 기본계획을 수립
③ 국가데이터정책위원회 (제6조)	- 공공·민간 데이터 정책을 총괄하는 기구를 설치(국무총리 위원장)하고, △기본계획 수립, △데이터 생산, 거래 및 활용 관련 정책·제도 개선 사항, △ 데이터 산업 진흥 관련 계획 총괄·조정 심의
④ 데이터 자산보호 (제12조)	- 인적 물적으로 상당한 투자와 노력으로 생성한 경제적 가치를 지니는 데이터('데이터 자산')를 보호 ※ 무단으로 취득·사용·공개, 타인에게 제공하는 행위, 정당한 권한 없이 데이터 자산에 적용한 기술적 보호조치 제거 등 금지
⑤ 데이터 가치평가지원, 품질관리 (제14조, 제20조)	- 데이터 가치평가 기법 및 가치평가 체계, 품질인증 대상 및 품질인증 기준 등의 마련과 관련 업무를 전담할 가치평가 기관과 품질인증 기관 등 지정 추진
⑥ 데이터 사업자 신고 (제16조)	- 데이터 거래사업자, 데이터 분석제공 사업자 등은 과기정통부에 신고하여야 하며 과기정통부 및 관계 중앙행정기관은 신고한 사업자에 대하여 필요한 재정적·기술적 지원 등을 할 수 있음
⑦ 데이터거래사 양성 지원 (제23조)	- 데이터 거래에 관한 전문지식이 있는 사람은 과기정통부 장관에 데이터 거래사로 등록할 수 있으며, 과기정통부는 데이터 거래사에게 데이터 거래 업무의 수행에 필요한 정보 제공 및 교육을 제공
⑧ 창업지원, 중소기업자 특별지원 (제24조, 제31조)	- 데이터 기반 산업 활성화 및 기업의 데이터 관련 역량 강화, 사업화 등 지원, 데이터 각종 지원시책 시행 시 중소기업자 우선 고려 및 데이터 거래·가공 등 필요 비용 일부 지원
⑨ 전문인력 양성 (제25조)	- 과기정통부 장관 및 행정안전부 장관은 데이터 전문인력 양성을 위한 시책 마련, 과기정통부 장관은 전문인력 양성기관 지정 및 지원
⑩ 데이터분쟁 조정위원회 설치 (제34조)	- 데이터의 생산, 거래 및 활용에 관한 분쟁을 조정하기 위한 데이터분쟁조정위원회 설치

자료: 과학기술정보통신부(2021).

<표 1-5> 국가 데이터 정책 추진 체계

기관	기능
국가데이터정책위원회	- 공공·민간 데이터 정책을 총괄(국무총리 위원장) - 기본계획 수립 및 데이터 산업 진흥 관련 계획 총괄·조정 심의 - 데이터 생산, 거래 및 활용 관련 정책 및 제도 개선 사항
과학기술정보통신부	- 국가 데이터 정책 기획, 조정, 관리를 위한 전반적 업무 수행
데이터분쟁 조정위원회 설치	- 데이터의 생산, 거래 및 활용에 관한 분쟁 조정
집행기관	- 통합지원센터(한국지능정보사회진흥원(NIA)) - 전문지원기관 - 데이터 거래소 - 가명정보 결합 전문기관 - 데이터 안심구역 - 데이터 가치 평가기관

자료: 데이터 기본법을 참조하여 저자 작성.

기 위해 마련된 이 법은, 데이터의 생산·분석·결합·활용 촉진, 인력 양성, 국제 협력 등 산업 전반을 아우르며, 데이터의 자산 가치 인정과 권리 보장을 명시하고 있다. 또한, 데이터 품질 및 가치 측정 기반 마련, 전문 데이터 거래사의 양성, 데이터 거래소 설치, 분쟁조정위원회 운영 등 민간 참여를 유도하는 다양한 장치를 포함하여, 무단 취득·사용·공개 등의 문제를 해결하고 범국가적 거버넌스를 구축하고 있다(<표 1-5> 참조).

3) 데이터 인력양성 정책

정부는 4차 산업혁명 시대에 데이터가 국가 경쟁력의 핵심 자원이 될 것이라는 판단 아래, 2018년 6월 '데이터 산업 활성화 전략'을 수립·발표했다. 이 전략은 데이터가 산업 전반의 발전과 혁신을 촉진하고, 기존의 자본과 노동을 넘어 새로운 경쟁력의 원천으로 부상하는 상황을 반영한 것이다.

<그림 1-4> 빅데이터 직무별 인력 부족률(2018~2023)

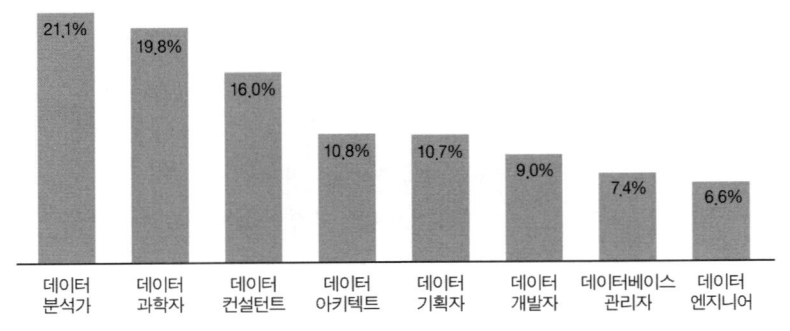

자료: 과학기술정보통신부(2019).

<그림 1-5> 한국의 데이터 인력양성 체계

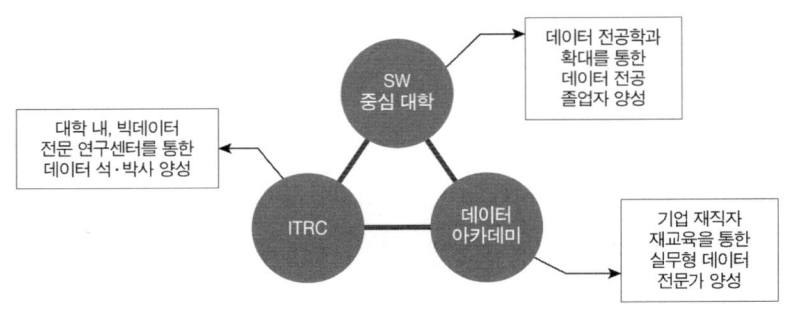

자료: 4차산업혁명위원회(2018).

　당시 한국은 엄격한 개인정보 보호 규제, 양질의 데이터 부족, 전문 인력 부족, 취약한 데이터 기술·산업 기반 등 여러 문제를 안고 있었다. 특히 빅데이터 분석에 대한 수요는 증가했지만, 이를 수행할 전문 인력은 부족했다(<그림 1-4> 참조). 소프트웨어정책연구소(SPRi)에 따르면, 2018년부터 2022년까지 빅데이터 분야에 필요한 SW 인력이 1만 7,073명인 반면 공급은

1만 4,288명으로 2,785명이 부족할 것으로 예상되었다(이동현 외, 2018).

이에 한국 정부는 '데이터 산업 활성화 전략'을 통해 데이터 관련 청년 고급 인재와 실무 인력 5만 명을 양성한다는 목표하에 <그림 1-5>와 같이 (1) SW중심대학을 통한 대학 교육 중심의 SW인재양성, (2) 대학연구센터(ITRC)를 통한 데이터 과학자 집중 양성, (3) 산업계 재직자 대상 실무 교육 강화라는 세 가지 데이터 인재양성 프로그램을 시행했다.

가. SW중심대학, 대학 교육 중심의 SW인재양성

정부는 2015년부터 SW중심대학을 지정해 운영하면서 SW 전문 인력 양성에 힘써왔다. SW중심대학은 수요자 맞춤형 교육을 통해 전공자는 실무형 글로벌 인재로, 비전공자는 융합 인재로 육성하는 것을 목표로 한다. 이 제도를 통해 2015년 503개였던 SW 전공과목 수는 2020년 4,053개로, SW 전문 인력 배출 수도 889명에서 4,918명으로 확대되었다. 정부는 이러한 인프라를 바탕으로 자연스럽게 데이터 분석 전공의 고급 인재를 양성할 수 있도록 지원하고 있다.

나. 대학연구센터(ITRC)를 통한 데이터 과학자 집중 양성

정부는 2000년부터 ICT 고급 연구인력 양성을 위해 추진한 '대학 ICT 연구센터(ITRC)사업'을 기반으로, 빅데이터 전문 연구센터를 2017년 1개에서 2022년까지 6개로 확대했다. 이 사업은 대학 내 우수 연구인력을 조직해 전략적 기술 연구개발과 함께 석·박사 대학원생의 연구 인건비 등을 지원하며 ICT 고급 인력을 양성하는 데 기여해 왔다.

다. 산업계 재직자 대상 실무 교육 강화

기업의 수요를 기반으로 실무 경력을 보유한 산업계 재직자를 대상으로 현업에 필요한 실무 중심의 교육을 실시하여 데이터 분야의 전문가로 성장할 수 있도록 빅데이터 아카데미를 2013년에 설립했다. 빅데이터 아카데미는 빅데이터 기획 전문가, 빅데이터 기술 전문가, 빅데이터 분석 전문가의 3개 과정으로 구성되어 있다. 또한, 새로운 기술의 등장과 기업의 새로운 수요를 반영하여 데이터 시각화 전문가, 데이터 거래 중개 전문가, 데이터 가공 전문가의 3개 과정이 최근에 추가되어 운영되고 있다. 2020년까지 86회의 교육과정을 운영하여 2,073명의 실무형 데이터 전문가를 배출했으며 398건의 파일럿 프로젝트를 진행해 기업이 현장에서 겪고 있는 문제의 해결을 지원했다(dataonair.or.kr).

| 제2장 |

3대 데이터 플랫폼

1. 개요

정부는 앞서 제1장에서 제시한 바와 같이 디지털 혁신과 데이터 경제 활성화를 목표로 적극적인 데이터 개방 및 활용 정책을 추진하고 있다. 이를 통해 정부는 투명성과 효율성을 강화하며 데이터 기반 사회로의 전환을 추구해 왔다. 이 장에서는 이러한 노력의 일환으로 구축된 3대 데이터 플랫폼, 즉 (1) 공공데이터포털(data.go.kr, 2013년 개설), (2) 빅데이터 플랫폼(Big Data Platform, 2018년 개설), 그리고 (3) AI Hub(2020년 개설)에 대해 그 역할과 기능, 제도적 기반 등을 알아보고자 한다.

이들 플랫폼은 제공하는 데이터의 유형과 활용 목적 등에 따라 각각 고유의 역할을 수행하며, 데이터 정책의 핵심 기반으로서 기능하고 있다. 먼저, 공공데이터포털은 국민과 기업이 공공기관의 데이터에 손쉽게 접근하고 활용할 수 있도록 통합된 창구를 제공하는 역할을 한다. 빅데이터 플랫폼의 경우 산업 맞춤형 데이터 유통과 결합 서비스를 통해 데이터 거래를 활성화하고, 민간의 혁신을 지원하는 역할을 한다. 마지막으로, AI Hub는 인공지능 기술의 발전과 사회적 확산 속에 공공 주도의 인공지능 학습용 데이터셋(Data

Set) 구축과 제공을 통해 AI 산업 생태계를 조성하고 확산시키는 데 기여하는 역할을 한다. 공공데이터포털은 주로 행정, 환경, 교통 등 다양한 공공 분야에서 수집되고 관리되고 있는 데이터를 제공하며, 빅데이터 플랫폼은 데이터의 민간 활용을 더욱 촉진하기 위해 각 분야별로 산업적 활용 가치가 높은 데이터를 유통한다. 마지막으로, AI Hub는 AI 학습에 적합한 비전, 음성, 텍스트 데이터 등 고도화된 가공 데이터를 제공한다.

기술 환경의 발전은 이들 플랫폼의 지속적인 고도화를 촉진하며 사용자 친화적인 이용 경험을 제공하고 편리한 활용을 위한 기술적 지원을 제공하고 있다. 클라우드 컴퓨팅, AI 기반 데이터 분석 기술, 국제 표준 메타데이터 체계의 도입은 각 플랫폼의 데이터 품질을 높이고 활용성을 극대화하는 데 핵심적인 역할을 한다. 또한, 사용자 중심의 인터페이스와 다양한 지원 프로그램이 추가되면서 데이터 접근성과 활용도가 더욱 향상되었다.

2. 공공데이터포털

1) 공공데이터포털 개요

공공데이터포털은 「공공데이터의 제공 및 이용 활성화에 관한 법률(공공데이터법)」에 따라 공공기관이 보유·관리하는 개방 가능한 데이터를 통합 제공하는 국가 플랫폼이다. 이를 통해 국민은 행정·공공기관이 생성하거나 취득한 공공데이터를 쉽고 편리하게 활용할 수 있으며, 다양한 형식(파일 데이터, 오픈 API, 시각화 등)으로 제공받을 수 있다(<그림 2-1> 참조).

공공데이터법에 따르면, 모든 공공기관(중앙정부, 지방자치단체, 공공기관 등)은 기관이 보유한 원본 데이터를 공개해야 하며, 원칙적으로 모든 데이터

<그림 2-1> 공공데이터포털 개요

자료: 한국지능정보사회진흥원(NIA)(2019a).

는 개방 대상이다. 다만, 개인정보, 국가안보 등 공개 시 국민과 국가의 안전에 영향을 미칠 수 있는 경우에는 예외적으로 비공개가 가능하다(<표 2-1> 참조).

그러나 기관이 데이터 개방을 회피하는 것을 방지하기 위해, 특정 데이터를 공개 대상에서 제외하고자 할 경우 행정안전부에 요청해야 하며, 행정안전부 산하 '공공데이터전략위원회'의 심의·의결을 거쳐야 한다. 또한, 국민이 비공개 데이터에 대해 공개를 요청할 수 있는 절차도 마련되어 있어, 공공데이터의 공개 의무가 강력하게 규정되어 있다. 행정안전부는 공공데이터법에 따라 3년마다 '공공데이터 이용 활성화 기본계획'을 수립해야 하며, 이에 따라 각 기관은 매년 시행계획을 수립하고 공개 데이터의 내용과 방법, 시기 등을 정의해야 한다. 또한, 행정안전부는 이 계획의 이행과 공공데이터 개방·운영 실태를 평가한다.

공공데이터 정책은 '공공데이터전략위원회'가 총괄하며, 공공기관에는 공

<표 2-1> 공공데이터법 주요 내용

구분		내용
총칙	목적·정의	- 목적: 공공데이터에 대한 국민의 이용권 보장 - 제공: 기계 판독이 가능한 형태로 전달 또는 접근 허용 - 기계 판독이 가능한 형태: 소프트웨어로 공공데이터의 내용을 수정, 변환, 추출 등 가공할 수 있는 상태
	기본 원칙	- 공공기관은 공공데이터 이용권의 보편적 확대를 위해 필요한 조치를 수행하고 공공데이터의 상업적 활용을 보장하여야 함
정책 수립	공공데이터전략 위원회	- 주요 정책 심의 등을 위한 총리실 산하 위원회 설치 - 기본계획 수립·변경, 제공 대상 범위 심의·의결 등
	기본계획 시행 및 운영실태 평가	- 공공데이터 제공·이용 활성 기본계획 수립(3년 주기, 행정안전부) 시행계획 수립(매년, 중앙·지자체의 장) - 공공기관의 공공데이터 제공 운영실태 평가(행정안전부)
	제공책임관 및 활용지원센터	- 각급 기관 업무 총괄을 위한 담당자 임명 - 업무 지원을 위한 센터 설치
기반 조성	제공 대상 공공데이터 등	- 제공 대상: 소관 데이터(단, 비공개/저작권 정보 제외) - 심의(전략위): 제공대상 데이터 목록 심의·의결 - 데이터 등록: 공공데이터포털(공공기관) - 제공기관 구축: 기계적 판독이 가능한 형태의 데이터 정비 및 다양한 형태의 제공방법 강구 등(공공기관) - 기반지원: 포털운영, 품질관리, 표준화, 데이터 정비 지원(행정안전부)
데이터 제공	데이터 제공· 공공데이터 분쟁조정위원회	- 제공 방법: 직접 또는 포털 - 데이터 제공 거부·중단 시, 분쟁조정을 위한 위원회 설치
보칙	면책	- 데이터 제공 중단 등에 따른 이용자의 손해에 대한 공무원의 민·형사상 책임 면제

자료: 저자 작성.

<표 2-2> 공공데이터 정책의 주요 추진 체계

구분		내용
정책	공공데이터전략위원회	공공데이터에 관한 정부의 주요 정책과 계획을 심의·조정하고 그 추진사항을 점검·평가
	행정안전부	공공데이터의 관리·공유·개방·활용 등에 관한 업무 전반
지원	공공데이터활용지원센터	공공데이터의 효율적인 제공과 이용 활성화 지원
	공공데이터제공 분쟁조정위원회	공공기관의 공공데이터 제공 거부와 제공 중단에 관한 분쟁 조정
집행	공공데이터제공책임관	기관의 공공데이터 제공과 이용 활성화에 관한 업무를 총괄

자료: '공공데이터법'을 참조하여 저자 작성.

공데이터 제공책임관을 지정하여 정책을 수행하도록 하고 있다. 또한, 공공데이터활용지원센터(NIA)와 분쟁조정위원회가 공공데이터 정책을 지원하는 역할을 수행한다(<표 2-2> 참조).

2) 공공데이터포털의 주요 제공 서비스

공공데이터포털은 기본적으로 공공데이터 검색(데이터 목록, 국가중점데이터, 국가데이터맵), 요청(데이터 1번가, 제공 신청), 활용(시각화·분석)의 세 가지 핵심 기능을 제공한다(<그림 2-2> 참조). 초기 공공데이터포털의 기능이 다양한 공공기관의 데이터를 한데 모아 이용할 수 있게 하는 '범정부 공공데이터 통합 개방창구'로서의 기능을 제공했다면, 데이터경제의 발전과 더불어 전 국민의 데이터 이용에 대한 관심과 이용이 증대됨에 따라, 공공데이터포

<그림 2-2> 공공데이터포털의 주요 기능

파일 데이터	오픈 API 서비스	표준 데이터
- 16개 분류 파일 데이터 - 국가 중점 데이터	- 16개 분류 오픈 API - 국가 중점 데이터	- 파일 데이터 - 오픈 API - 그래프 - 차트 - 지도
국가데이터맵 서비스	데이터 활용 서비스	이슈 데이터

- 공공데이터의
  소재 정보 및
  연관관계 검색 등
	- 데이터 시각화
	- 국민 참여 지도
	- 위치 정보 시각화
	- 분석 서비스
		- 사회적으로
		  이슈화되고 있는
		  데이터의 일괄 제공

목록 및 데이터 관리	제공 신청 및 오류 신고	기타

- 기관별 공공데이터
  개방 목록 관리
	- 포털에서 미제공 중인
	  공공데이터 신청 기능
	- 개방 데이터의 오류 신고
		- 활용 사례·기업 탐방 인터뷰
		- 개발자 네트워크
		- 기업 지원 정책 정보
		- Q&A, FAQ 등

자료: 한국지능정보사회진흥원(NIA)(2019b).

<그림 2-3> 국가데이터맵

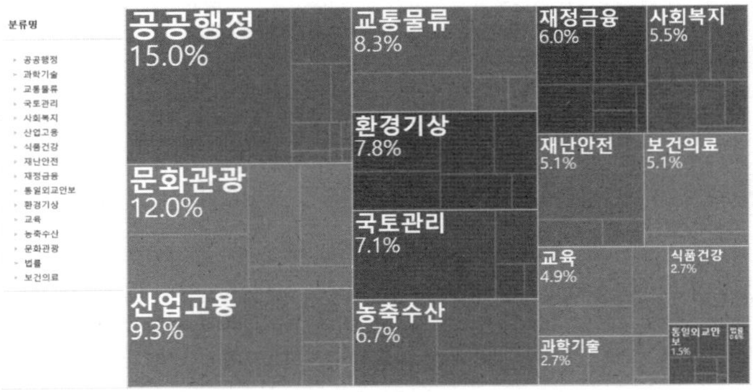

분류명	비율
공공행정	15.0%
문화관광	12.0%
산업고용	9.3%
교통물류	8.3%
환경기상	7.8%
국토관리	7.1%
농축수산	6.7%
재정금융	6.0%
사회복지	5.5%
재난안전	5.1%
보건의료	5.1%
교육	4.9%
식품건강	2.7%
과학기술	2.7%
통일외교안보	1.3%
법률	

자료: 공공데이터포털 웹사이트.

털의 역할과 기능도 공공데이터의 활용성 및 접근성을 향상시키고 효과적인 개방을 지원하기 위한 참여형 데이터 활용 포털로 변화하고 있다.

이를 위해 포털은 공공데이터 개방·활용 체계를 마련함으로써, 사용자가 데이터를 활용하여 다양한 결과물(상품, 서비스 등)을 만들고 공유할 수 있도록 하는 '이용자 참여 서비스' 기능을 강화했다. 또한 전 세계적인 디지털 전환 추세에 따라 새로운 데이터의 발굴·제공, 기존 제공 데이터의 고도화 및 품질 강화, 국민 체감형 공공데이터 활용 서비스 제공, 이용자 편의 서비스 개선 등 수요자 중심의 공공데이터 개방, 활용 체계를 마련하여 공공데이터의 활용성 및 접근성을 대폭 향상시키고 효과적인 개방을 지원하기 위한 노력을 추진하고 있다.

공공데이터포털은 데이터의 개방과 제공 외에도 공공데이터의 활용을 촉진하기 위해 사용자가 데이터를 활용하여 상품, 서비스 등을 만들고 공유할 수 있도록 지원하는 '이용자 참여 서비스' 기능을 강화하고 있으며, 데이터 품질 개선 및 새로운 데이터의 발굴도 지속적으로 추진하고 있다. 사용자는 데이터를 직접 다운로드하거나 오픈 API를 활용하여 지속적인 업데이트를 받을 수 있으며, 공공데이터 활용을 위한 개발 도구(Toolkit) 및 창업 지원 프로그램도 이용할 수 있다. 예를 들면, <그림 2-3>과 같이 '국가데이터맵' 등을 시각적으로 제시하여 공공데이터 활용도 제고 및 수요자가 원하는 데이터를 쉽게 찾을 수 있도록 지원하고 있다.

3) 공공데이터포털의 기술 기반

가. 데이터 생산, 수집 및 처리

각 공공기관이 직접 생산한 데이터 또는 구매한 데이터를 대상으로 개방데이터가 선정되며, 플랫폼에서 제공하는 서비스를 통해 데이터 일부 내용과 구조를 확인하고 가공할 수 있다. 데이터는 기계 판독이 가능한 오픈포맷(open format)의 형태로 제작된다. 오픈포맷은 비용 또는 그 밖의 사용에 제약 없이 최소 한 가지 이상의 무료·자유·오픈소스 소프트웨어로 처리(수정, 편집 등)할 수 있는 기계 판독 가능한 데이터포맷이다. 오픈포맷의 형식은 이미지, 텍스트, 테이블 또는 지리데이터 등 데이터 유형에 따라 다를 수 있으며, 비정형 데이터는 국제표준규격을 준수하여야 한다. 오픈포맷은 5단계로 구성되며 각 단계의 대표적인 오픈포맷은 다음과 같다(<그림 2-4> 참조).

① CSV: CSV는 Comma Separated Value의 약어로 각 항목이나 내용마다 쉼표(comma)로 구분하여 기록한다. CSV 형식의 파일은 텍스트 파일로 보존하여 문서 처리기나 편집기에서 열람·편집할 수 있다.

② JSON: JSON은 JavaScript Object Notaticn의 약어로 데이터를 교환할 때 사용되는 형식이다. 자바스크립트 언어의 구문형식을 가지고 있다. JSON은 프로그래밍 언어에 완벽하게 독립적이므로 C, C++, C#, Java, JavaScript, Perl 등의 언어에 다 사용될 수 있어 프로그래머는 자신이 편한 언어로 사용

<그림 2-4> 기계 판독 가능한 형태의 포맷 단계별 구분·비교

구분	1단계	2단계	3단계	4단계	5단계
기계 판독이 가능한 형태	미충족포맷 (공공데이터포털 등록 불가)	최소충족포맷	오픈포맷		
특징	특정 소프트웨어에서 읽을 수만 있는 데이터로 자유로운 수정, 변환 불가	특정 소프트웨어에서 읽고 수정, 변환 가능	최소 한 가지 이상의 비독점적 소프트웨어에서 읽고 수정, 변환 가능	URL 기반으로 데이터 속성 특성 관계를 기술하고 있는 데이터 구조	웹상의 다른 데이터와 연결, 공유 가능
예시	PDF	HWP, XLS	CSL, JSON, XML	RDF	LOD

자료: 행정안전부(2021).

할 수 있다.

③ XML: XML은 eXtensible Markup Language의 약어로 HTML(Hypertext Markup Language)과 같은 마크업 언어(Markup Language, 문서 처리를 지원하기 위해 문서에 추가되는 정보)다. XML은 웹에서 구조화된 문서를 전송할 수 있도록 설계되었기 때문에 문서를 구성하는 각 요소들의 독립성을 보장함으로써 문서의 호환성, 내용의 독립성, 요소 변경의 용이성 등의 특성을 제공한다. HTML문서는 화면에 나타나는 문서가 하나의 파일로 되어 있지만, XML은 요소별로 개별 파일로 구성되어 있기 때문에 문서를 요소별로 저장, 검색, 재활용할 수 있다. 또한 XML로 문서를 교환할 때 각자가 가지고 있는 응용 프로그램이 달라도 호환할 수 있다.

④ RDF: RDF는 Resource Description Framework의 약어로 XML 등을 이용한 웹에 관련된 메타데이터에 대한 범용적인 시맨틱(Semantic) 웹 기술 언어이다. 메타데이터의 속성(프로퍼티)을 정의함으로써 서로 다른 응용 프로그램끼리의 데이터 교환 등이 효율적으로 이루어진다.

⑤ LOD: 시멘틱 웹이 표방하는 데이터 웹(Data Web)을 구체적으로 구현하는 방법으로 인터넷상의 각 사이트에서 RDF(Resource Description Framework) 형식의 데이터를 레스트풀(RESTful) 프로토콜을 사용하여 정형화 데이터를 제공하는 것을 의미한다. 링크드 데이터(Linked Data)를 통해 관련된 다양한 데이터를 서로 연결함으로써 하나의 지식 베이스처럼 사용 가능하다.

⑥ ODF(Open Document Format): XML 파일형식을 바탕으로 구현된 사무용 전자문서 파일 형식으로 많은 오픈·상용 오피스 소프트웨어(아래아 한글, MS Word, Libre 등)에서 활용 가능하다. 워드프로세서(문서)는 ODT 확장자를 사용하며 오피스 소프트웨어에서 '다른 이름으로 저장'하는 경우 파일 형식을 ODT 포맷으로 변환할 수 있다(워드프로세서: ODT, 스프레드시트: ODS, 프레젠테이션: ODP 등).

나. 데이터 등록 및 제공 방식

공개 대상 데이터는 공공데이터포털에 등록되며, 제공 방식은 다운로드, 오픈 API, 연계데이터(LOD) 방식으로 나뉜다. 오픈 API는 대용량 데이터에 적합하며, LOD는 연관성이 높은 정적인 데이터에 적합하다. <그림 2-5>에서 제시된 바와 같이, 데이터를 공공데이터포털을 통해 개방함에 있어서 데이터의 수집·생성과 처리·운영은 기관의 내부 시스템 영역에서 이루어지며 데이터 등록관리 및 사후관리는 이용자의 접점인 기관의 외부 시스템 영역에서 처리되어 민간에 개방·활용되기 때문에 각각에 대한 보안 준수 사항은 별도로 규정된다.

공공데이터포털의 기술 기반은 각 기관의 데이터들의 연계와 효율적 관리를 위한 개방 표준 구조를 채택하여 데이터셋 관리와 개방에 있어 공통의 규칙을 제공하고 상호 호환성(범용성)을 확보하고 있다. 포털은 API 게이트웨이(Gateway)를 통해 데이터를 제공하며, 보안성을 보장하기 위해 인증키 기반

<그림 2-5> 공공데이터 개방 체계

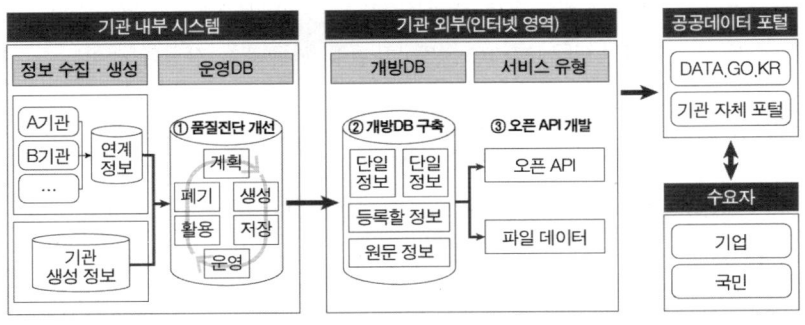

자료: 행정안전부(2021).

의 구조를 적용한다. 또한 API 호출 검증 기능을 자동화하여 주기적인 상태점검을 수행하며, API 오류 발생 시 담당자에게 즉각적인 조치를 요청할 수 있도록 시스템을 운영 중이다.[1]

2024년 10월 기준 공공데이터포털은 G-클라우드[2] 및 민간 클라우드를 기반으로 운영되고 있으며, 분산형 및 중앙형 오픈 API 연계 방식을 병행하고 있어, API 관리 및 장애 대응에 대한 비효율성 등의 문제가 야기되고 있다. 따라서 이러한 문제를 해결하기 위해 공공데이터포털은 플랫폼에 개방 중인

---

1 공공데이터포털의 API 게이트웨이는 자동화된 API 호출 검증 기능을 제공하여, 각 API들에 대해 주기적으로 응답 항목을 확인, 공공데이터포털에 API 등록 시 웹 스웨거(Swagger) 기반의 기술 문서가 자동으로 생성되어 공공데이터포털에서 조회할수 있으며, 스웨거에 기록된 응답 항목과 비교하여, 자동으로 스웨거 정보를 업데이트할 수 있도록 구현한다. 이를 통해 각 API에 대한 주기적 검증 기능을 수행하여, 각 기관의 API 상태와 데이터 중단 여부를 확인하며, API 오류 발생(200 이외의 상태 코드(status code)) 시, 해당 기관 담당자에게 즉각적으로 알려(메일, SNS) 조치할 수 있도록 하고 있다.

2 스마트 전자정부 서비스를 위해 행정기관의 IT자원 수요를 모아 정보자원을 통합하여 일괄 구축 및 공동 활용함으로써, 필요한 만큼 신속하게 자원을 제공하는 서비스이다.

<그림 2-6> 멀티클라우드(공공·민간) 기반 오픈 API 연계 방안

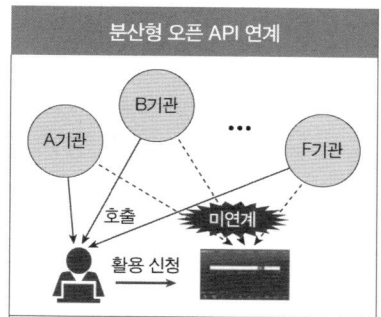
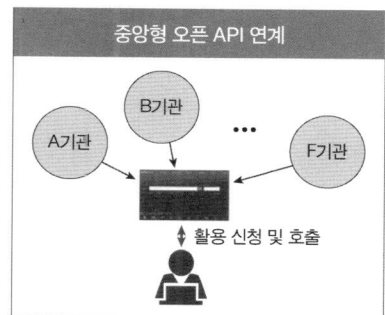

자료: 한국지능정보사회진흥원(NIA)(2024b).

오픈 API 중, 민간 수요가 높은 주요 오픈 API를 대상으로 우선적으로 클라우드 환경 전환 및 재설계를 추진하고 있다. 멀티 클라우드(G-클라우드, 민간 클라우드)의 유기적 연계를 통한 오픈소스 기반의 중앙형 오픈 API 시스템 및 분산형 오픈 API 시스템 환경을 구현하여 안정적인 운영관리 및 기술을 지원하도록 추진하고 있으며, 또한 긴급 국가 재난 상황에 대비한 오픈 API와 신규 오픈 API의 개발, 등록 및 표준 API 명세 저공을 지원할 계획이다(<그림 2-6> 참조).

다. 메타데이터 관리 및 데이터 통합

공공데이터포털의 메타데이터 관리는 공공데이터에 대한 통합관리체계를 구현하는 핵심적인 요소이다. 정부는 중앙행정기관, 지자체, 공공기관에 메타관리체계를 적용하여 각 기관이 보유·개방하고 있는 메타데이터[3]의 수집·

관리 체계를 마련했다. 또한, 표준(데이터)용어사전 기반의 메타데이터 표준화 관리를 통해 보유·개방 데이터의 표준화 및 품질 확보를 위한 노력도 함께 추진했다.[4] 해당 데이터 통합 관리 플랫폼을 확장하여 공동활용데이터를 등록 및 저장하고 타 데이터 시스템과 연계하는 공동활용데이터 등록 관리 시스템 개발을 추진했다. 이를 바탕으로 정부는 범정부 데이터 분석 시스템을 통해 공공데이터포털, 중앙메타데이터, 공동활용데이터를 기반으로 행정·공공기관의 데이터 제공·연계 및 공동 활용, 데이터 분석 등을 지원하는 범정부 공통시스템 구축을 추진하고 있다.

4) 차세대 공공데이터포털 구축 사업

현재 정부는 효율적인 공공데이터 제공 체계를 확립하고 데이터 융합·활용을 강화하기 위해 차세대 공공데이터포털 구축을 추진하고 있다. 이는 기존의 데이터 관리 및 운영의 비효율성을 해소하고, 범정부 차원의 데이터 통합 제공 체계(One Portal)를 마련하기 위함이다.

차세대 공공데이터포털 구축 사업은 크게 디지털 원(One) 플랫폼 구축, 서비스 고도화, 멀티클라우드 기반 인프라 설계·구축으로 나뉜다. 디지털 원(One) 플랫폼 구축을 통해 범정부 데이터 통합 제공·관리 체계 및 오픈 API의 중앙화를 추진한다. 서비스 고도화 측면에서는 검색 서비스를 기존의 키워드 방식에서 자연어 기반 시맨틱 검색 등의 딥러닝 방식을 활용하여, 이용

---

3   데이터의 구조·속성·특성·이력 등을 표현한 자료.
4   범정부 메타데이터 관리시스템 도입을 통해 메타데이터를 수집, 탐색하고 데이터 관계도를 검색하는 DCAT 기반의 표준 메타데이터 관리 체계를 도입했으며, 중앙행정기관(2019년도)과 지자체 및 공공기관(2020년도)도 구축. 2025년 4월 현재 국내 803개 기관이 메타데이터관리시스템의 도입을 완료했다.

자가 원하는 데이터를 보다 직관적이고 정확하게 탐색할 수 있도록 개선할 예정이다. 또한, 추천 서비스 역시 협업 기반 필터링과 콘텐츠 기반 필터링 방식에 새로운 알고리즘을 도입하고, 국가데이터맵 서비스에서는 데이터 결합 및 연관도 시각화를 통해 다형·대량의 데이터를 제공함으로써 이용자의 편의를 높이도록 설계되었다. 마지막으로, 멀티클라우드 기반 인프라 설계·구축을 통해, 기존에 통합 DB로 운영되던 서비스를 모듈화하여 개별 DB구조로 전환할 계획이다.

3. 빅데이터 플랫폼

1) 빅데이터 플랫폼 개요

빅데이터 플랫폼은 민간과 공공데이터를 수집·저장·분석·거래할 수 있도록 구축된 데이터 유통·활용 시스템이다. 정부는 데이터의 원활한 유통을 위해 플랫폼에 데이터를 제공하는 공급자(기업·기관)와 데이터를 운영·유통하는 데이터센터를 지원하여, 데이터 수요자(기업·연구자 등)가 효과적으로 데이터를 활용할 수 있도록 지원하고 있다. 빅데이터 플랫폼은 초기에는 데이터를 거래하고 유통하는 기능에 집중했지만, 점차 데이터를 직접 분석하고 활용할 수 있도록 지원하는 기능까지 확대하고 있다. 이에 따라, 빅데이터 플랫폼은 단순한 데이터 거래소를 넘어, 데이터 공급자·수요자·중개자가 함께 참여하는 데이터 생태계를 형성하며, 새로운 인사이트와 비즈니스 가치를 창출하는 장을 제공하고 있다(<그림 2-7> 참조).

빅데이터 플랫폼은 산업수요에 맞춰 수집·가공·분석된 데이터 상품을 수요자들이 구매할 수 있도록 개방적인 유통·거래 환경을 제공한다. <표 2-3>에

<그림 2-7> 빅데이터 플랫폼의 구성 및 운영 체계

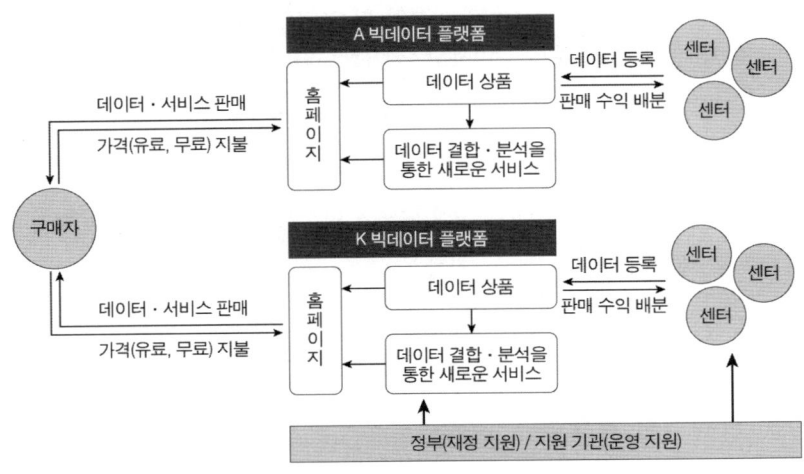

자료: 정준화(2020).

서 제시된 바와 같이, 2024년 3월 기준으로 통신·금융·환경·복지 등 21개 분야별 플랫폼[5](약 230개 센터)이 구축되어 있다.

이용자가 한곳에서 빅데이터 플랫폼의 데이터를 쉽게 검색하여 활용할 수 있는 통합 데이터지도[6]에서 각 분야별 플랫폼 확인이 가능하다. 현재, 빅데이터 플랫폼은 플랫폼을 통한 대기업·중소기업 간 데이터 활용 격차 해소 및 데이터 기반 기업 경쟁력 강화를 위한 분석서비스 지원 사업을 추진 중이며, 총 7만 4,436개의 파일 데이터와 1만 1,813개의 오픈 API, 1만 1,010개의 표준데

---

5 빅데이터 플랫폼: 시장 수요에 맞춰 데이터 가공·분석 및 유통 기반을 제공.
   빅데이터 센터: 활용 가치가 높은 데이터를 생산하여 플랫폼에 공급.
6 통합 데이터지도(www.bigdata-map.kr)는 21개 빅데이터 플랫폼의 데이터 상품을 종합적으로 보여주고, 통합 검색하여 데이터 상품의 소재를 쉽게 찾을 수 있도록 하는 포털의 역할을 수행한다.

<표 2-3> 21대 분야 빅데이터 플랫폼의 구성과 데이터 상품

	분야	플랫폼 주관 및 운영	센터	데이터 상품 및 주요 내용
1	금융	비씨카드	11개(노타, 닐슨컴퍼니코리아, 바이브컴퍼니, 이노핀, 여기어때컴퍼니, 해빗팩토리, KT, 한국감정평가사협회, 기융정보통신, 깃플, 부산광역시)	금융(카드소비, 보험, 증권), 비금융(통신, 소셜, 유통, 미디어, 상권) 데이터를 활용하여 생활금융에 대한 데이터 공급, 가공·컨설팅까지 빅데이터 원스톱 서비스 제공
2	환경	한국 수자원공사	12개(한국기상산업기술원, 국립생태원, 한국환경연구원, 한국지질자원연구원, GDS컨설팅그룹, 그린에코스, 한국과학기술원, 노바코스, 에코앤파트너스, 국립중앙과학관, 강원대학교 삼척 산학협력단, 한국해양과학기술원)	물, 기상기후, 미세먼지, 지질·재해, 생태자원, 화학물질, 환경 SNS 및 환경법규 등의 데이터를 융합하여 대기질 분석기반 공원 추천 및 언론 환경이슈 분석 서비스 등 제공
3	문화	한국문화 정보원	15개(국립중앙도서관, 국민체육진흥공단, 한국문화예술위원회, 한국청소년활동진흥원, 부산정보산업진흥원, 야놀자, 레드테이블, 레드타이, 데이터마케팅코리아, 티엔엠에스, 원투씨엠 제주관광공사, 컨슈머인사이트, 한국문화원연합회, 히어로웍스)	문화, 숙박, 레저, 음식, 상권, 도서, 트렌드 등의 데이터융·복합을 통한 문화여가 종합정보 서비스 및 정책의사결정 지원을 위한 SOC 대시보드 서비스 등 제공
4	교통	한국 교통연구원	12개(울산정보산업진흥원, 포항테크노파크, 아이나비시스템즈, KT, 코리아크레딧뷰로, 성남시청, 진주시청, 대전광역시청, 서울특별시청, 한국부동산원, 오픈메이트온, 한국철도기술연구원)	전국(이력)교통량, 대중교통, 열차, 고속도로, 내비게이션, 유동인구, 부동산 등의 데이터를 융합하여 교통 서비스 고도화 및 발굴을 위한 데이터 지원
5	헬스 케어	국립암센터	10개(삼성서울병원, 연세암병원, 건양대병원, 대구가톨릭대학교의료원, 전북대병원, 분당서울대병원, 서울대학교 산학협력단, 화순전남대병원, 아주대학교병원, 가천대길병원)	10대 암종별 임상데이터를 융합하여 암 진단·치료 의사결정 및 항암 치료제 연구개발 등 활용
6	유통 소비	매일방송	13개(나이스디앤알, 바이브컴퍼니, 데이블, 로플랫, 빌트온, 식신, 온누리에이치엔씨, 지인플러스, 코리아크레딧뷰로, 한국우편사업진흥원, 나이스디앤비, 경동도시가스, 어반유니온)	유통 상품, 카드결제 택배송장, 통신, 부동산, 상권, 물류, 맛집, 중고차 시세, SNS 등의 데이터를 융합하여 라이프스타일별 선호 외식업종 서비스 및 지역별 온라인 상품 구매정보 서비스 등 제공
7	통신	KT	14개(비씨카드, 한국인터넷진흥원, 인천테크노파크, 소상공인연합회, 경기대, 어메이징푸드솔루션, 두잉랩 코난	유동인구, 상권, 카드 소비, 관광, 교통카드 정보, SNS 등의 데이터를 융합하여 상권 분석 서비스 및

분야		플랫폼 주관 및 운영	센터	데이터 상품 및 주요 내용
			테크놀로지, 오픈메이트, 넥스트이지, 네스, 한국스마트그리드사업단, 제로투원파트너스, 모토브	생활인구 분석 서비스 등 제공
8	중소기업	더존비즈온	12개(빅밸류, 한국생산성본부, 한국무역정보통신, 와이즈넛, NICE평가정보, 한국산업기술진흥협회, 인크루트, 녹색기술센터, 선도소프트, 한국물가정보, 한국법령정보원, 한국경영인증원)	중소기업 회계정보, 부동산, 보험계약, 기업 고용·복리후생, SNS 등의 데이터를 융합하여 기업 경영정보 분석 서비스 및 일자리 수요예측 서비스 등 제공
9	지역경제	경기도청	10개(경기도일자리재단, 더아이엠씨, 경기신용보증재단, 한국평가데이터, 국토연구원, 한양대학교 산학협력단, 한국생산기술연구원, 코나아이, 펌프킨 한국신용데이터)	지역화폐 결제정보, 기업정보, 일자리, 신용평가, 카드사정보 경기도 인구·주거·환경 등의 데이터를 융합하여 지역 소비패턴 분석 서비스 및 맞춤형 일자리 매칭 서비스 등 제공
10	산림	한국임업진흥원	12개(비글, 아로정보기술, 인포보스, 한국산림복지진흥원, 시선아이티, 우림엔알, 삼아항업, 에이콘컴퍼니, 마켓링크, 한국한의학연구원, 에코아이 에너지엑스)	임업, 등산로 숲길·자전거, 대중교통, 산악기상, 산림재해 항공 영상 등의 데이터를 융합하여 트레킹 서비스 및 임산물 정보 등 서비스 제공
11	소방안전	소방청	9개(서울소방본부, 부산소방본부, 한국소방산업기술원, 한국화재보험협회, 올라이트라이프, 업데이터, 한방유비스, 예측진단기술, 강원도청)	소방재난안전 및 소방산업 데이터 수집·분석을 통한 양질의 소방재난안전정보 제공 및 유통·거래 기반 마련
12	스마트치안	경찰대학	10개(너치트, 경남도청, 인피니그루, 서울신용보증재단, 지란지교데이터, 에스투더블유, 이투온, 아이티로 서울특별시청, 연합뉴스)	위험 예측·분석이 가능한 민간·공공의 치안 데이터를 융합하여 대국민 안전 보호 기반 마련
13	해양수산	한국해양수산개발원	11개(해양교통안전공단, 광주과학기술원, 한국해양대산학협력단, 울산과학기술원, 목포대학교 산학협력단랩오투원, 전략해양, 에이치더블유, 해운항만물류정보협회, 빌리언21, 올시데이터)	해양, 해운, 수산, 항만 전 분야 데이터 수집 체계를 구축하고 데이터 융합, 가공, 유통 가능한 해양수산 빅데이터 마켓플레이스 구축
14	농식품	한국농수산식품유통공사	10개(와이즈레이크, 로지스올시스템즈, 장보고식자재마트, 나이스지니데이타, 케이플러스, 만개의레시피, 한국무역통계진흥원, 전남정보문화산업진흥원, 원데이터기술 플랜인피닛)	농식품 생육 통계 암돈 통계, 농식품 유통 거래지역 및 거래 패턴 데이터 등을 활용하여 농식품 데이터 유통 거래 활성화를 위한 통합 데이터 허브 구축

분야	플랫폼 주관 및 운영	센터	데이터 상품 및 주요 내용
15 라이프 로그	원주세브란스 기독병원	12개(고려대학교의료원, 강원대학교 산학협력단, 한림대학교 산학협력단, 아이센스, 베이글랩스, 휴레이포지티브, 굿닥, 대한청각학회, 케이데어, 헬스맥스, 헬스브릿지, 엘지유플러스)	생애 전 주기(출생에서 사망까지) 라이프로그(일상 기록) 데이터의 수집, 분석, 활용이 가능한 라이프로그 빅데이터 구축 및 산업 생태계를 육성
16 디지털 산업 혁신	한국산업 기술시험원	10개(에프앤가이드, 퓨처메인, 한국M&A거래소, 대덕넷, 알리콘, 이앤씨지엘에스, 한국인사이트연구소, 헤브론스타, 벡스인텔리전스, 광개토연구소)	국내기업정보, 해외기업정보, 과학기술정보 기술특허 정보 등의 데이터를 활용하여 빅데이터 플랫폼을 구축하고 이를 통해 산업 위기 대응 및 정책 수립 활용, 민간 개방을 통한 산업별 새로운 비즈니스를 창출
17 감염병	한국과학기술 연구원	10개(국립중앙의료원, 더브레인, 옴니시스템, 매지스비네아, 셀키, 이화여자대학교 산학협력단, 레몬헬스케어, 비엘티, 용인시산업진흥원)	코로나19 데이터의 기록 보존과 활용 분석 기반 마련, 신종 감염병 출현에 효율적, 신속한 대응이 가능한 생태계구축
18 공간	한국국토 정보공사	10개(지앤티솔루션, 공간정보기술, 에이모, 펜타시스템테크놀러지, 한컴위썸텍, 재단법인차세대융합기술연구원, 이지스, 호정솔루션, 아파트엔, 제타럭스시스템)	민간·공공 협업 공간정보 거래플랫폼 구축으로 공간정보 데이터 생태계 성장 촉진, 융합 시너지 창출, 공간정보 데이터 기반 비즈니스 창출 기회 확대
19 부동산	한국부동산원	10개(한국교통연구원, 공간정보산업진흥원, 스페이스워크, 오아시스비즈니스, 이에이트, 알스퀘어, 직방, 리파인, 피타그래프, 데이터웨이)	주거 및 상업 부동산 시세정보, 건축 도면, 교통환경·공간 정보 융합 데이터를 활용한 부동산 신산업(프롭테크) 육성과 공공·민간산업 데이터 연계 기반 조성에 이바지
20 스마트팜	네이버 클라우드	10개(한국산업기술시험원, 한국동식물의공학연구원, 홍익솔루스, 경남티크노파크, 유비엔, 엑스텐정보, 농업회사법인웰니스파머, 뉴컨, 휴미텀, 렛츠팜)	에너지·탄소중립 데이터 가공 및 융합 공공데이터, 가축질병(돼지) 진단·예찰 관리 데이터 등을 활용하여 유통 활성화 중심의 디지털 농업 기반 조성
21 연안	한국해양과학 기술원	10개(국립해양조사원 국립수산과학원, 인하대학교 산학협력단, 해양정보기술, 비엔티, 오서닉, 중앙지도, 일렉오션, 지오시스템리서치, 엔에스원소프트)	연안 기상, 기후, 지형, 연안 재해, 해양쓰레기 데이터 등을 활용하여 사회현안 해결 신산업 육성 및 공공·민간 데이터 결합을 통한 데이터 생태계 조성, 연안 재난 및 안전에 대한 국가적 대응 체계 기반 마련

자료: 한국지능정보사회진흥원(NIA)(2024c).

이터셋을 유통하고 있다(2024년 12월 기준).

2) 빅데이터 플랫폼 주요 제공 서비스

빅데이터 플랫폼의 핵심 기능은 수요자들이 데이터 상품을 검색하고 구매할 수 있는 개방적인 거래 환경을 조성하는 것이다. 데이터 수요자는 누구나 간단한 회원가입 절차를 거친 다음 플랫폼에서 자신이 원하는 데이터 상품을 유료 또는 무료로 구입할 수 있다. 빅데이터 플랫폼은 데이터 상품에 대한 키워드 기반 검색 기능을 제공하며 이용자는 데이터 상품에 대한 다양한 카테고리와 키워드를 기반으로 검색하여 데이터 상품의 상세 정보를 열람할 수 있다. 이러한 데이터 상품은 각 센터에서 제공되며, 구매자는 플랫폼을 통해 해당 센터로부터 데이터를 직접 다운로드하거나 API를 통해 연동할 수 있다.

다만, 일부 플랫폼의 경우에는 데이터 상품의 특성을 고려하여 회원가입 조건과 데이터 이용 조건 등을 제한하고 있다(<그림 2-8> 참조). 이러한 제한은 데이터의 보안 및 윤리적 이용을 위해 필요하다. 예를 들어, 중소기업 플랫폼의 경우 중소기업 대상 맞춤형 데이터 제공 및 지원에 집중하기 위해 회원 자격을 기업회원만으로 제한하고 있다. 이는 중소기업의 데이터 활용 역량 강화를 목표로 하며, 개인 사용자나 대기업의 데이터 남용을 방지하기 위한 조치이다. 또한, 헬스케어 플랫폼의 경우 환자들의 민감한 정보를 포함하고 있기에, 개인정보보호법 및 생명윤리 관련 규정을 준수해야 한다. 따라서 일부 원시데이터는 생명윤리위원회(IRB)의 승인을 받은 연구자나 기관에게만 제공된다.

빅데이터 플랫폼은 이용자와 데이터 공급자를 연결하는 '데이터 114' 서비스를 운영하며, 필요 데이터를 가공해 제공할 수 있는 기업을 중개한다. 또한, '거래지원센터'를 운영하여 데이터 거래 관련 정책을 지원하고, '표준화된 데

<그림 2-8> 빅데이터 플랫폼의 데이터 종류별 사용 권한

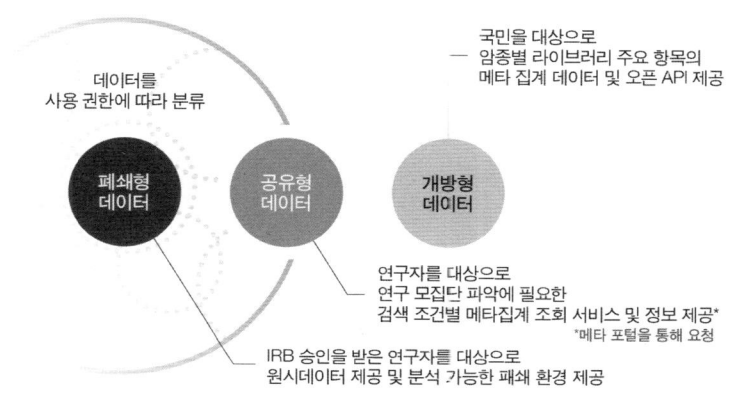

자료: 빅데이터 플랫폼 홈페이지(www.bigdata-cancer.kr).

이터 가격산정 모델'을 적용하여 거래를 체계적으로 관리한다.

특히, 빅데이터 플랫폼의 차별화된 서비스 중 하나는 데이터 결합 기능이다. 이는 서로 다른 데이터를 융합하여 새로운 데이터 상품을 창출하는 것으로, 예를 들어 날씨 데이터와 신용카드 매출 데이터를 결합하여 날씨별 쇼핑 트렌드 데이터를 제공하는 방식이다. 또한 연안 빅데이터 플랫폼에서는 연안 기상, 기후, 지형 데이터를 결합하여 연안 재해 예측 및 피해 규모 분석을 수행한다(<그림 2-9> 참조).

빅데이터 플랫폼은 공공·민간에서 제공하는 데이터를 한곳에서 쉽게 검색·활용할 수 있도록 통합 데이터지도를 지원한다. 2025년 4월 현재 21개 분야 플랫폼과 230개 센터, AI Hub 등에서 생산된 데이터를 한눈에 볼 수 있는 통합 데이터지도(<그림 2-10> 참조)를 통해, 사용자는 키워드 및 상세 검색 기능을 활용해 원하는 데이터를 쉽게 찾고, 데이터 현황을 시각적으로 파악할 수 있다. 추가로, 데이터 프로파일링 및 데이터 스토리 서비스도 제공하여 데

<그림 2-9> 연안 빅데이터 플랫폼 안전 서비스 '위기의 도시' 화면

자료: 연안 빅데이터 플랫폼 홈페이지(www.bigdata-coast.kr).

<그림 2-10> 통합 데이터지도 홈페이지

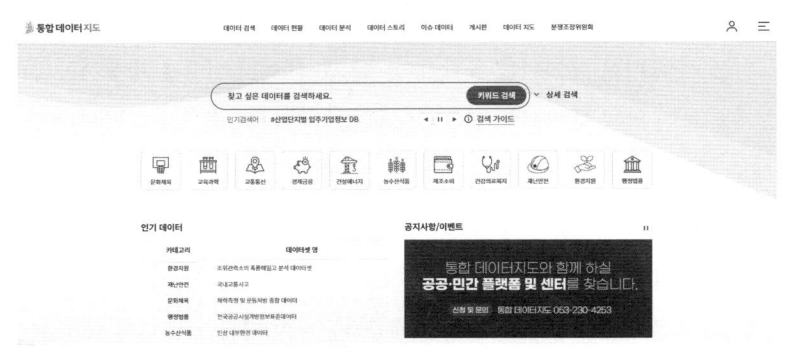

자료: 통합 데이터지도 홈페이지(www.bigdata-map.kr).

이터의 정확도와 문제점을 확인할 수 있도록 지원한다.

빅데이터 플랫폼은 빅데이터 플랫폼 기반 분석 서비스 사업 또한 진행하고 있다(<그림 2-11> 참조). 2022년 20개의 수요기업과 6개의 분석기업이 참여

<그림 2-11> 빅데이터 플랫폼 기반 분석서비스 사업 개요

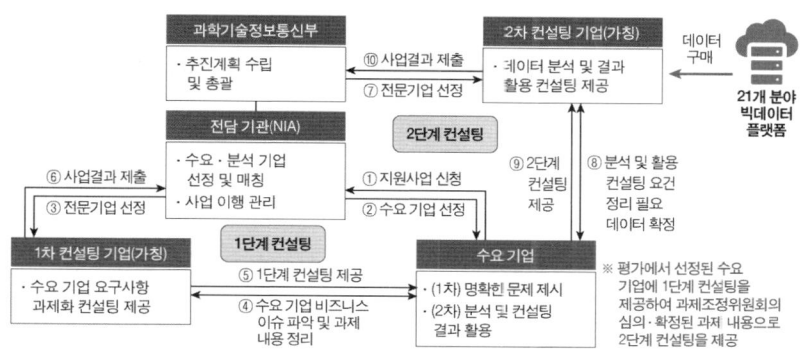

자료: 한국지능정보사회진흥원(NIA)(2024d).

했고, 2023년 49개의 수요기업과 19개의 분석기업이 참여했다. 빅데이터 플랫폼은 해당 지원사업의 규모를 확장하고 중소·벤처기업 비즈니스 혁신 창출을 위해 수요기업과 분야별 데이터 분석기업이 협력하는 데이터 분석·컨설팅 지원 체계를 구축할 예정이다.

해당 사업은 총 2단계의 컨설팅으로 구성되어 있는데, 1단계는 분석 과제 기획·지원 전략 수립 컨설팅으로 전문 컨설팅 기업의 심층 인터뷰를 통해 수요기업의 비즈니스 이슈를 파악하고 데이터를 활용해 해결할 문제 및 요구사항을 구체화하여 분석 지원을 위한 과제를 도출하는 단계이다. 2단계는 1단계 컨설팅 결과를 토대로 활용할 수 있는 수요기업의 보유 데이터 및 필요 데이터를 확인하고, 데이터 분석 및 활용 컨설팅을 통해 수요기업에 문제 해결 방안 및 중장기 활용 방안을 제시하는 단계이다.

이는 위의 단계들을 통해 다양한 수요기업과 전문 분석기업을 매칭하여 데이터를 통해 기업의 경쟁력을 강화할 수 있는 전략 수립을 지원하는 서비스이다. 이를 바탕으로 중소기업의 데이터 부족 문제를 해결하고, 데이터를 활

<그림 2-12> 빅데이터 공유 및 연동 체계

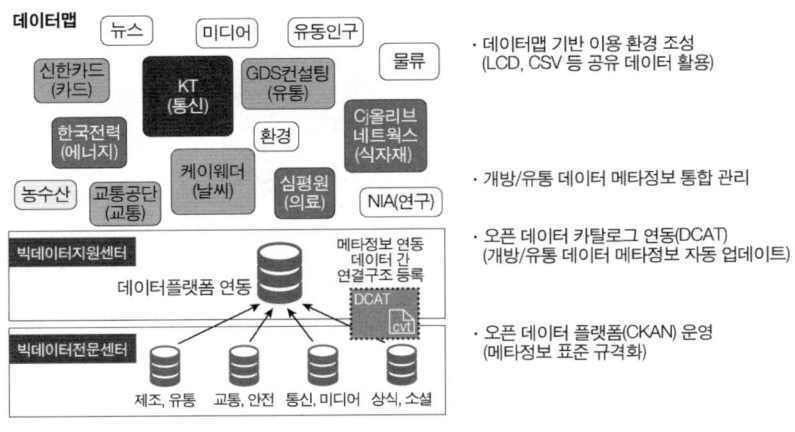

자료: 통계청 통계교육원(2019).

용한 비즈니스 혁신을 이룰 수 있도록 지원한다. 해당 사업은 중소기업들이 직면한 다양한 현안을 해결하고, 실질적인 성과를 창출할 수 있도록 분야별 전문 분석기업을 통해 맞춤형 분석 및 활용 컨설팅을 제공한다. 또한, 데이터 시장의 수요와 공급 순환 체계를 구축하여 기업들이 데이터 기반의 새로운 기회를 발견하고, 성장할 수 있도록 지원하고 있다.

3) 빅데이터 플랫폼의 기술 기반

빅데이터 플랫폼의 인프라는 개별 플랫폼과 센터가 보유한 데이터 특성에 맞춰 설계되었으며, 타 플랫폼과의 연계를 고려한 표준 가이드가 제공된다. 대용량 트래픽 처리 및 보안을 위해 민간 클라우드 기반의 공통 인프라를 활용하며, CKAN(하비스트),[7] NiFi, 오픈 API 등의 기술적 기반을 적용하여 데이터 관리, 검색, 개방, 유통을 지원한다(<그림 2-12> 참조).

데이터 허브형 모델을 기반으로 구축된 플랫폼은 CKAN과 DCAT(Data Catalog Vocabulary) 표준을 활용하여 공공 및 민간 데이터 개방과 연계를 지원하며, 데이터맵 구축을 통해 이용자가 데이터를 쉽게 탐색할 수 있도록 돕는다. 또한, RDF 및 LOD를 활용하여 데이터 상호운용성을 강화하며, 데이터 품질과 신뢰성을 보장하기 위해 객체식별자(OID, Object Identifier)를 적용하여 데이터 유통 기반을 마련하고 있다.

4. AI Hub

1) AI Hub 개요

AI Hub는 AI 기술 및 제품·서비스 개발을 위한 AI 데이터, AI 소프트웨어 API, 컴퓨팅 자원을 지원하는 통합 플랫폼이다. 인공지능의 성능은 학습 데이터의 양과 질에 크게 영향을 받기 때문에, 고품질 대규모 AI 학습용 데이터셋 확보가 필수적이다. 그러나 데이터 수집과 가공에는 많은 시간과 비용이 필요하므로 스타트업, 중소기업, 대학 등에서 인공지능을 연구개발하거나 활용하는 데 높은 장벽이 존재했다. 이에 따라, 국내 실정에 맞는 AI 학습용 데이터 확충에 대한 요구가 급증했다.

AI Hub는 '인공지능 학습용 데이터 구축 지원사업'을 통해 구축한 14개 분야(한국어, 영상 이미지, 헬스케어, 교통물류, 재난안전, 농축수산, 문화관광, 스포츠, 교육, 로보틱스, 제조, 지식재산, 법률, 금융 등)의 인공지능 학습용 데이터셋

---

7 CKAN: Comprehensive Knowledge Archive Network로 웹 기반 오픈 데이터의 저장과 유통이 가능한 기반 플랫폼.

<그림 2-13> AI 학습용 데이터 구축 생애주기 기반 품질관리 체계

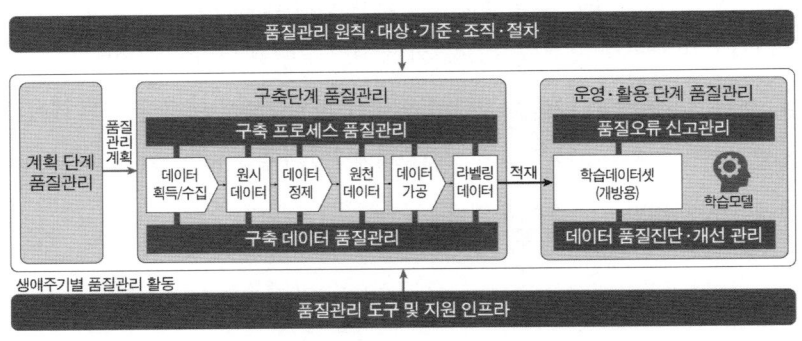

자료: 한국지능정보사회진흥원(NIA)(2023b).

을 공개하고 있다. 대부분의 데이터는 정부 주도로 구축되었으며, 추가적으로 국가에서 축적된 활용 가치가 높은 데이터도 함께 제공된다.

AI Hub는 비영리 연구 목적뿐 아니라 민간기업의 제품·서비스 개발 등 영리적 사용도 허가한다. 이를 위해 기술·산업적으로 유망하며 범용적으로 활용 가능한 AI 학습용 데이터셋을 구축·개방하고, 전담 운영 기관인 한국지능정보사회진흥원(NIA)은 데이터 구축 분야별 표준 가이드라인과 다단계 품질 검증 절차를 마련하여 데이터의 신뢰성을 확보하고 있다(<그림 2-13> 참조).

AI Hub의 목표는 공공이 AI 기술개발을 위한 기반 데이터를 제공하고, 민간이 이를 활용해 기술적으로 확장하며, 확장된 데이터를 다시 개방하는 선순환 생태계를 조성하는 것이다. 데이터뿐만 아니라 데이터 라벨링 도구 및 AI 서비스 모델도 함께 공개하여 AI 기술 개발과 서비스 확산을 동시에 지원한다. 정부는 AI 학습용 데이터 구축 지원 사업에 대규모 예산을 투입하여 양질의 데이터를 확보하는 동시에, 데이터 구축 과정에서 라벨러(labeler, 크라우드 워커) 일자리를 창출하는 효과도 기대하고 있다.

2) AI Hub 주요 제공 서비스

AI Hub는 AI 연구 및 산업 활성화를 위해 데이터 제공, 컴퓨팅 지원, AI 솔루션 도입 지원 등의 서비스를 운영하고 있다. 먼저, AI Hub는 2025년 4월 현재 14개 분야의 847종의 AI 학습용 데이터를 제공하고 있다. 인공지능 학습용 데이터 구축 지원사업을 통해 라벨링 작업이 완료된 데이터셋을 구축하고 개방하고 있으며, 이외에도 국내외 기관·기업에서 보유한 AI 학습용 데이터를 함께 제공하고 있다. 이러한 데이터셋은 메타데이터, 원천데이터, 라벨링 데이터(Labeling Data)로 공개되며 각 데이터들에 대한 활용교육 동영상 및 활용 AI 모델 및 코드 또한 제공한다. 추가적으로, AI Hub는 AI 활성화를 위한 서비스로 데이터뿐 아니라 AI Hub의 오픈 API, 다양한 수준별·유형별·연도별 교육 정보와 함께 한국어 LLM 리더보드[8]를 제공한다. 해당 서비스들을 통해서 AI Hub는 단순한 AI 학습용 데이터셋만이 아닌, 여러 오픈 API와 다양한 교육 정보 및 SW 기술들을 서비스로 제공한다(<그림 2-14> 참조).

다음으로는 AI 컴퓨팅 서비스는 AI 연구·개발에 필요한 학습용 고성능 컴퓨팅 자원을 민간 클라우드사로부터 임차하여 중소·벤처기업, 대학 등에 지원하는 서비스이다. 기업과 기관에 GPU 서버를 제공하여 인공지능 모델 학습을 지원한다(<그림 2-15> 참조).

마지막으로는, AI 바우처 서비스는 인공지능 솔루션을 개발한 중·소벤처기업(공급기업)이 AI 솔루션 적용이 필요한 중·소벤처/중견기업(수요기업)에게 AI 솔루션을 도입하도록 바우처를 발급하여, 새로운 시장 창출의 기회를 제공하고 AI 산업 생태계 조성과 확산에 기여하는 서비스이다. 해당 서비스는 현

---

[8] 한국지능정보사회진흥원(NIA)와 업스테이지가 공동으로 주관하는 Open Ko-LLM 리더보드로, 한국어 초거대 언어 모델의 성능을 평가하고 순위를 경쟁하는 리더보드.

<그림 2-14> AI Hub의 홈페이지 화면

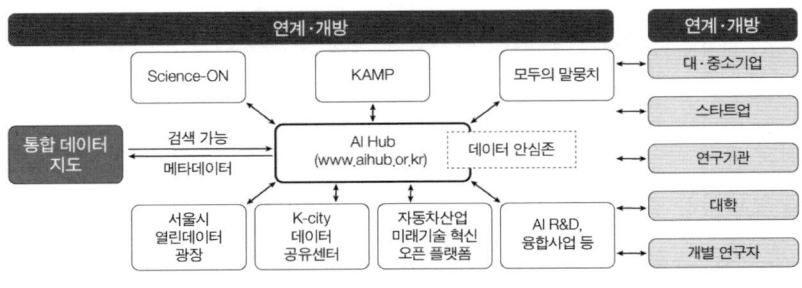

자료: AI Hub 홈페이지(www.aihub.or.kr).

<그림 2-15> AI Hub의 AI 컴퓨팅 서비스 관리 체계

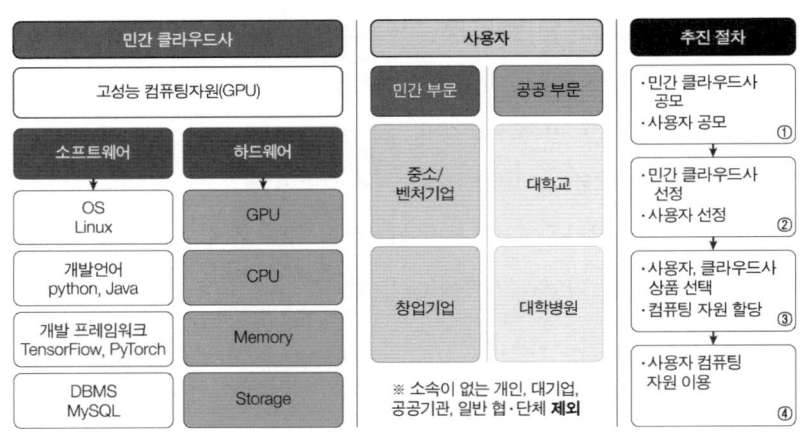

자료: AI Hub 홈페이지(www.aihub.or.kr).

재 1,390개 업체의 분석지능, 시각지능, 언어·음성지능, 행동지능 등 다양한 분야의 AI 솔루션이 등록되어 있다(2025년 1월 기준). 각 솔루션들은 머신러닝 모델의 학습과 운영을 돕는 MLOps 솔루션부터 에지 디바이스(Edge device)

기반 임베딩 솔루션과 딥러닝 기반 솔루션까지 다양한 기능을 포함하고 있다.

3) AI Hub의 기술 기반

AI Hub는 인공지능 학습용 데이터 구축, 데이터 연계 및 관리 체계, 포털 시스템, 활용 서비스로 구성되어 있다. 또한 데이터 거버넌스와 성과 관리 체계를 구축하여 품질 높은 AI 데이터를 제공하며, 오픈 API를 통해 공공 및 민간기관과 연동하고 메타데이터를 중앙에서 통합 관리한다.

AI Hub의 클라우드 인프라는 'AI Hub 포털'과 'AI 학습용 데이터셋 서비스'로 구성된다. 먼저, 'AI Hub 포털' 부분은 인공지능 데이터 검색, 활용 기능, 통계 및 품질오류 신고 등 기본적인 서비스 기능을 중심으로 구현되어 있다. 추가적으로 민감 정보를 포함한 데이터의 안전성 확보를 위해 '민감 정보 처리 방침'을 수립하여 데이터 유출 및 권리 침해에 대한 우려 없이 데이터를 활용할 수 있는 기반을 제공한다. AI Hub 포털 부분의 하위 영역은 민감 정보 분석 기능, 그리고 메타 관리, 데이터 품질관리, 스토리지 관리를 수행하는 지원시스템 영역과 데이터 연계 및 거버넌스 부분 등으로 구성되어 있다. 추가로, 포털 내에서는 사용자 권한별 접근 제어가 이루어져, 데이터 검색 및 활용 과정에서 사용자별로 허용된 범위 내에서만 민감 정보에 접근할 수 있도록 하는 안심존 서비스도 구축했다. 이를 통해 외부 연계 기관과의 협업 시 데이터 접근 이력 관리 및 암호화 전송 방식을 사용함으로써, 보안성을 유지한다. 다음으로 'AI 학습용 데이터셋 서비스'는 대용량 처리 기술과 편리한 데이터 검색과 파일 접근을 위한 오브젝트 스토리지(Object Storage) 기술을 적용하고 있다. 오브젝트 스토리지 기술을 통해 메타데이터, 중복데이터 관리, 콘텐츠 수명 관리를 위한 식별자를 지정하여 데이터에 대한 접근을 용이하게 하며, 비정형 데이터 관리에 대한 효율성을 확보하고 클라우드 서비스 내에

<그림 2-16> AI Hub의 안심존 개요

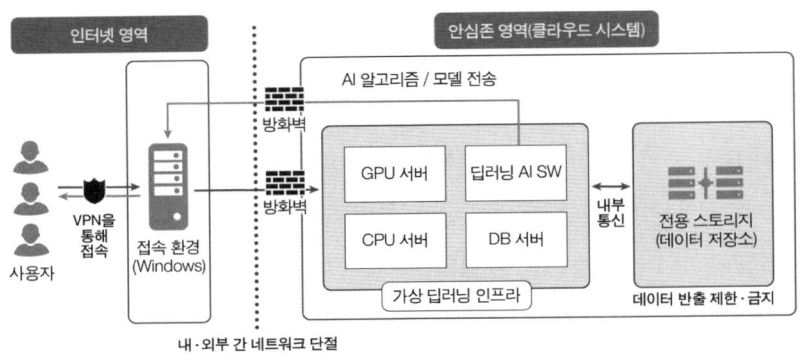

자료: AI Hub(2023).

서 제공되는 다른 서비스들과 통합 및 연동 기능을 제공한다. 아울러, 사용자 친화적인 인터페이스를 통해 대용량 데이터셋의 업로드 및 다운로드 과정을 모니터링하고 제어할 수 있으며, 데이터셋 버전 관리 기능을 통해 모델 학습 과정에서 데이터셋의 재사용과 특정 시점의 데이터셋 상태로의 복원을 지원한다.

<그림 2-16>에서 보는 바와 같이, AI Hub는 헬스케어 등 민감한 정보를 포함한 데이터를 안전하게 활용할 수 있도록 '안심존' 서비스를 도입했다. 안심존은 온라인과 오프라인 환경에서 데이터 반출 없이 AI 모델을 개발할 수 있는 공간을 제공한다. 온라인 안심존은 보안이 보장된 온라인 네트워크를 통해 집, 연구실, 사무실 등 어디서나 접속하여 데이터에 접근하고 분석할 수 있도록 지원한다. 오프라인 안심존의 경우 추가적 보안이 필요한 데이터를 대상으로 지정된 물리적 공간에서만 접속하여 데이터에 접근하고 분석하도록 하는 서비스이다. 이에는 의료 데이터 중 얼굴, 피부, 머리 등 민감도가 높

은 데이터가 속한다.

　안심존은 VPN 접속을 통해 외부 네트워크와 내부 인프라를 분리하고, 데이터 반출을 통제하며, 가상 딥러닝 인프라를 활용한 AI 모델 개발 환경을 제공한다. 이를 통해 사용자는 보안이 강화된 환경에서 AI 모델을 학습하고, 필요 시 학습된 모델과 코드만 반출할 수 있도록 설계되어 있다.

| 제3장 |

한국의 데이터 정책의 성과와 과제

1. 데이터 정책의 성과

1) 공공데이터 개방의 성과

공공데이터 개방 성과는 다음과 같다. 첫째, 공공데이터 개방의 내용과 범위가 대폭적으로 확대되었다. 2013년 제공된 공공데이터는 총 5,272건으로 이 중 파일 데이터가 4,718건, 오픈 API가 554건이었다. 이후 완만한 증가 추세를 보이다가, 2018년 전체 공공기관(약 780개)을 대상으로 하는 공공데이터 보유 현황 전수조사가 실시되었고, 그 결과에 따라 2019년 3만 3,600건의 데이터집합이 공공데이터로서 개방되었다(<그림 3-1> 참조). 이후 공공데이터 개방이 본격적으로 확대되면서 공공데이터 제공 누적 건수는 2023년 8만 7,682건(파일 데이터 7만 6,485건, 오픈 API 1만 1,197건)이다.

부동산 실거래가 정보, 상권 정보, 건축물 정보에 관한 데이터와 같이 전체 공공데이터 중에서 개방 시 민간에서 적극 활용하여 국가적인 차원에서 파급효과가 높은 고수요(고가치) 데이터인 국가중점데이터도 <표 3-1>에서 볼 수 있듯이 2015년부터 4차에 걸친 국가중점데이터 개방계획에 따라 2023년

<그림 3-1> 공공데이터 제공 추이 (단위: 건)

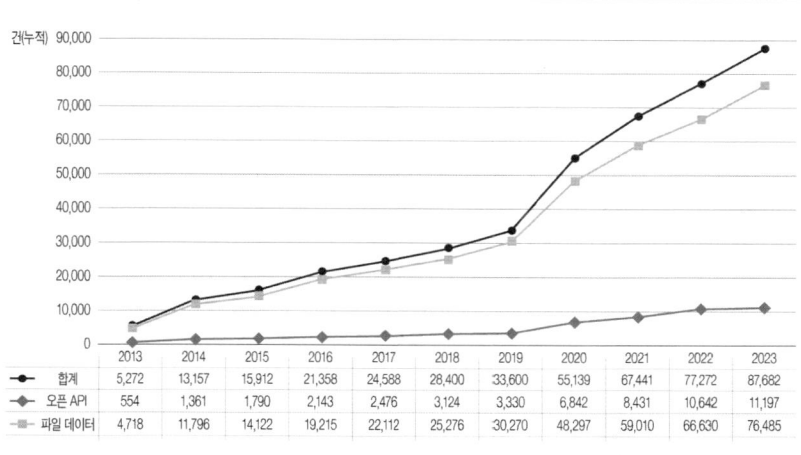

	2013	2014	2015	2016	2017	2018	2019	2020	2021	2022	2023
합계	5,272	13,157	15,912	21,358	24,588	28,400	33,600	55,139	67,441	77,272	87,682
오픈 API	554	1,361	1,790	2,143	2,476	3,124	3,330	6,842	8,431	10,642	11,197
파일 데이터	4,718	11,796	14,122	19,215	22,112	25,276	30,270	48,297	59,010	66,630	76,485

자료: 통계청; e-나라지표.

<표 3-1> 1~4차 국가중점데이터 개방 실적

차수	연도	개방 데이터
1차	2015~2016	건축물 정보, 부동산 실거래가 정보, 상권정보 등 33개 데이터
2차	2017~2019	공간융합 정보, 의료영상 정보, 다국어 음성 정보 등 63개 데이터
3차	2020~2022	자율주행통합관제, 119 구급 정보, 산재심사결정문 등 73개 데이터
4차	2023~2025 (추진 중)	여권진위 확인 서비스, 가맹사업정보공개서 등 30개 데이터(계속)

주: 2023년 12월 말 기준.
자료: 행정안전부(2024).

까지 총 198개 데이터를 개방했다.

둘째, 공공데이터의 활용 건수도 대폭 증가했다. 공공데이터포털에서 개방하는 파일 데이터와 오픈 API 활용 건수는 <그림 3-2>에 나타난 바와 같이 2023년 6,100만 건을 넘어섰다. 공공데이터 활용 누적 건수는 2013년 5,272건(파일 데이터 4,718건, 오픈 API 554건)이었으며 이후 크게 증가하여, 2024년

<그림 3-2> 공공데이터 활용 추이   (단위: 건(누적))

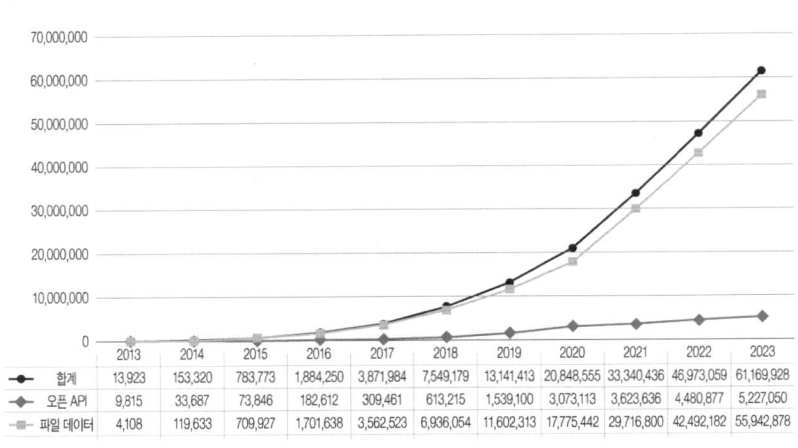

자료: 통계청; e-나라지표.

6,116만 9,928건(파일 데이터 5,594만 2,878건, 오픈 API 522만 7,050건)이다.

나아가, 2,724건 이상의 공공데이터 활용 민간 서비스가 확대되었다. 공공데이터를 활용하여 개발된 국내외 서비스 사례와 가공데이터 수는 2025년 1월 현재 총 3,126건이다. 분야별로는 교육 분야 150건, 국토관리 251건, 공공행정 229건, 재정금융 92건, 산업고용 155건, 사회복지 80건, 식품건강 76건, 문화관광 666건, 보건의료 261건, 재난안전 64건, 교통물류 384건, 환경기상 393건, 과학기술 105건, 농수축산 169건, 통일외교안보 18건, 법률 33건이다(data.go.kr, 검색일: 2025.1.20). 공공데이터 민간 활용 서비스의 사례는 '아이엠스쿨'(학교 공지, 가정통신문 등 학교 알림장 정보 제공), '직방'(원룸, 아파트, 오피스텔 등 부동산 매물 및 전월세 정보 제공) 등이다. 또한, 공공데이터를 활용한 창업 활성화와 성장이 지원되었다. 공공데이터 활용과 창업 지원 공간 '오픈스퀘어-D'가 2016년 서울, 2017년 부산, 2018년 강원·대전, 2019년 대구·광주에서 개소 및 운영되었고, 13개 전문기관들의 협업을 통해 77개 공공데이터 활용 기업의 130여 건의 사업에 대한 종합적인 지원이 이루어졌다. 셋째, 공공데이터 표준화 등 데이터 관리 체계가 마련되었다. 정부는 2021년부터 「공공데이터의 제공 및 이용 활성화에 관한 법률」 제11조(공공데이터 관리지침) 및 공공데이터 관리지침에 근거하여 공공데이터 제공 관리 실무 매뉴얼이 제작, 활용되었다. 이 매뉴얼은 공공기관이 준수해야 하는 관리원칙과 기준을 제시한 「공공데이터 관리지침」(이하 "관리지침"이라 한다)을 바탕으로 기관이 실제 공공데이터 제공·관리 업무를 수행하는 과정에서 활용할 수 있는 구체적인 설명과 예시를 안내하고 있다(행정안전부, 2021).

공공데이터의 활용도를 높이기 위해, 민간 수요가 높은 다수 기관이 공동으로 보유하고 있는 데이터(예: 주차장, 공중화장실, 지진해일대피소 등 전국 단위 통합 개방 시 파급효과가 높은 데이터)를 위한 개방 표준 120종이 제정되었다. 또한 "공공데이터를 누구나 자유롭게 이용하도록 제공"한다는 이념에 따라 일반 소프트웨어에서 공공데이터를 읽고 자유롭게 수정, 변환, 추출 등 가공하여 활용할 수 있도록 공공데이터의 오픈포맷[1](법 제3조, 관리지침 제3조 제3항) 비중을 지속적으로 증가했다. 공공데이터 중에서 기계 판독이 가능한 오픈포맷 형태의 공공데이터 비중 93%를 확보했다. 공공데이터 오픈포맷 비중은 2018년 81.9%, 2019년 88.7%, 2020년 92.2%, 2021년 93.4%이다(<그림 3-3> 참조).

넷째, 공공데이터 국제평가 수준이 상승했다. 한국은 OECD 공공데이터 평가에서 4회 연속 세계 1위를 달성했다(2015, 2017, 2019, 2023년). 2023년

---

[1] 오픈포맷(open format)은 비용 또는 그 밖의 사용에 제약 없이 최소 한 가지 이상의 무료·자유·오픈소스 소프트웨어로 처리(수정, 편집 등)할 수 있는 기계 판독 가능한 데이터포맷이다. 오픈포맷의 형식은 이미지, 텍스트, 테이블 또는 지리데이터 등 데이터 유형에 따라 다를 수 있으며, 비정형 데이터는 국제표준규격을 준수하여야 한다. 대표적인 오픈포맷은 <그림 2-4>와 관련 내용 참조.

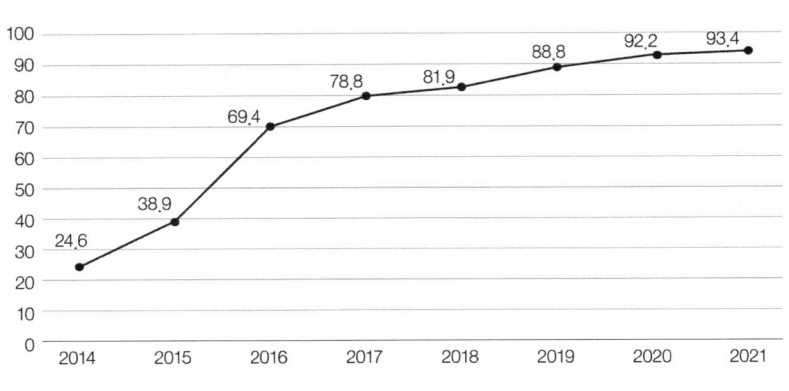

<그림 3-3> 공공데이터 오픈포맷 비중 추이 (단위: %)

자료: 한국지능정보사회진흥원(NIA)(2022); 공공데이터 개방현황 통계.

OECD 공공데이터 평가 결과 보고서에 따르면 한국은 종합 0.91점(1점 만점)으로 평가에 참여한 40개국 중 1위를 기록했다. 이는 OECD 평균(0.48점)보다 두 배가량 높은 수준으로, 한국의 뒤를 이은 프랑스, 폴란드 등 상위 국가들에 비해 크게 앞선 것이었다(<그림 3-4> 참조).

OECD 공공데이터 평가는 국제 공공데이터 헌장(International Open Data Charter)을 바탕으로 OECD 조사 대상국의 공공데이터 정책과 성과 평가를 위한 지수(OURdata Index)를 산출하고 이에 입각하여 국가별 순위를 도출한다. 평가지표는 사회문제 해결에 공공데이터를 활용한 정도를 평가하는 '가용성(Data Availability)', 국민의 공공데이터를 쉽게 활용할 수 있는 정도를 평가하는 '접근성(Data Accessibility)', 그리고 민간협업, 교육 등 공공데이터 정책을 위해 정부의 지원 정도를 평가하는 '정부 지원(Government support for data reuse)' 총 세 가지 분야로 구성되어 있다. 한국은 '가용성' 분야 0.84점(OECD 평균 0.48점), '접근성' 분야는 0.9점(OECD 평균 0.59점), '정부지원' 분야는 회원국 중 유일하게 1점 만점(OECD 평균 0.37점)을 기록했다. 정부지원 부문은

<그림 3-4> 2023 OECD 공공데이터 평가 종합순위

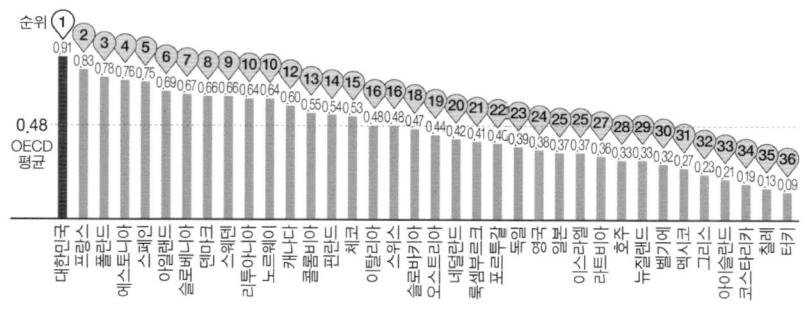

자료: 행정안전부(2024).

1위, 데이터 가용성, 접근성에서는 2위를 차지했다.

2) 빅데이터 플랫폼 구축 성과

빅데이터 플랫폼 사업 추진 결과, 21개 분야별로 빅데이터 플랫폼이 구축되었으며, 이를 통해 관련 산업과 정책 수립에 필요한 데이터가 공급되고 있다. 또한 각 빅데이터 플랫폼에 새로운 데이터를 지속적으로 공급하기 위해 다양한 분야에 걸쳐 중앙행정기관, 지방자치단체, 공공기관 및 민간기업이 주도하는 총 233개 데이터 센터가 구축·운영되고 있다.

빅데이터 플랫폼의 주요 성과는 다음과 같다. 첫째, 빅데이터 플랫폼은 데이터 분석을 지원한다. 일부 플랫폼(56개, 43.4%)은 이용자가 플랫폼에 축적된 데이터를 용이하게 활용하도록 데이터 분석 환경을 지원하고 있다. 이들 플랫폼은 온·오프라인에 파이썬(Python), R, 오토 ML(AutoML) 등과 같은 분석 도구를 마련하거나 플랫폼 또는 분석기업이 이용자에게 데이터 분석 서비스를 제공한다.

:: 사례 ::

공공데이터 개방의 효과: COVID-19 코로나맵 개발 사례

이와 같은 데이터 개방에 따른 정량적 성과에 더하여, COVID-19 발생 이후 공공데이터 개방이 확대되면서 이를 활용한 다양한 민간 부문의 서비스들이 등장했다. 그 대표적인 예가 COVID-19 확산 대응을 위한 공공데이터의 개방과 이를 활용한 코로나맵 및 관련 서비스의 제작과 확산이다. 질병관리본부는 2020년 1월 20일 국내 첫 COVID-19 확진자가 확인된 이후 COVID-19에 관한 데이터(예: 확진자 이동 경로, 확진자 격리 장소, 확진자 수, 유증상자 수 등에 관한 데이터)를 오픈 거버먼트 데이터 플랫폼(Open Government Data Platform)과 자체 웹사이트를 통해 파일 혹은 오픈 API 형태로 제공했다.

질병관리본부의 COVID-19 관련 공공데이터 개방 하루 만에 '코로나맵'이 등장했다. 한 대학생이 2020년 1월 30일 질병관리본부가 제공하는 COVID-19에 관한 공공데이터를 활용하여 하루만에 '코로나맵'을 제작하고 무료로 공개한 것이다. 코로나맵 접속자들은 질병관리본부에 의해 제공되는 확진자 데이터를 활용하여 실시간으로 업데이트되는 확진자 동선을 확인할 수 있었다. 코로나맵은 서비스 개시일 다음 날인 2020년 1월 31일 누적 조회수 240만 회를 기록했고, 2020년 2월 13일 기준으로 하루 평균 방문자수 100만 명 및 누적 조회수 1,300만 회를 기록했다.

코로나맵이 등장한 이후 민간 부문 개발자들과 업체들은 COVID-19 확산에 대처하고 다른 감염병 예측을 위한 서비스를 활발하게 개발하고 제작했다. 일부 개발자들과 업체들은 질병관리본부뿐만 아니라 국토지리정보원, 한국지역정보개발원 등에서 공공데이터를 다운로드 받아 고도화되고 정밀화된 'COVID-19 종합상황지도'를 제작했다. 'COVID-19 종합상황지도'는 각기 다른 사용자의 목적(예: 확진자의 동선 확인, 확진자의 격리 장소 확인, 진단 및 치료를 위한 병원 위치 확인)을 충족시킬 수 있는 맞춤화된 서비스를 제공했다. 일부 개발자들과 업체들은 인공지능과 기계학습을 활용하여 COVID-19 동선 추적 데이터집합을 개발하고 이를 오픈 소스(open source)로 공개하거나, COVID-19 현황 파악을 위한 시각화 서비스와 COVID-19와 다른 감염병 예측을 위한 모델을 개발했다.

코로나맵 등 공공데이터를 활용하여 개발된 서비스는 국가와 사회 차원에서 데이터 개방을 통한 창의적이고 혁신적인 공공서비스 개발의 잠재력을 확인하는 계기가 되었을 뿐만 아니라, 공공 부문과 민간 부문이 공공 가치 구현을 위한 창의적이고 혁신적인 공공서비스 개발에 협력하고 이를 위한 데이터 개방의 중요성을 확인하는 계기가 되었다. 나아가, 공공데이터 개방의 필요성과 중요성에 대한 공무원과 국민들의 인식 제고와 공감대 형성에 기여했다.

둘째, 데이터 거래의 활성화이다. 빅데이터 플랫폼을 중심으로 오픈마켓 형태의 유통채널이 형성되고 있다. 데이터 거래는 전통적으로 금융·기업 정보나 마케팅, 광고, 소매 등 데이터의 활용이 금전적 가치로 바로 이어지는 특정 분야에 집중되고 있으며, 최근 맞춤형으로 데이터를 수집·가공해 제공하거나, 수요기업이 원하는 데이터 분석 모형을 개발·판매하는 등 사업모델이 다양화되고 있다.

셋째, 데이터 유통 기반을 마련했다. 공공·민간 협업 기반의 빅데이터 플랫폼 구축과 거래 체계 지원을 통해 데이터 플랫폼 중심의 거래 활성화를 유도하고 있다. 빅데이터 플랫폼의 데이터를 한곳에서 검색 가능한 '통합 데이터 지도' 서비스가 개시(2020.3)되었으며, AI 허브, 데이터스토어, 무역빅데이터(2021.2) 및 한국관광 데이터랩(2021.4) 등 다른 플랫폼들과의 연계도 확대되고 있다. 이와 같은 유통기반 마련을 위해 데이터 판매자와 구매자가 거래 시 참고할 수 있는 가격·품질·법률 분야의 구체적 정보를 제시하는 가이드라인(3종)을 개발(2020.12)했다.

넷째, 빅데이터 플랫폼은 데이터 표준화·품질 제고를 촉진한다. 공공데이터 플랫폼과 빅데이터 플랫폼을 중심으로 데이터의 원활한 연계와 활용을 위한 표준화와 품질관리를 추진하고 있다. 빅데이터 플랫폼은 데이터 구축 단계부터 표준화 및 품질관리 가이드를 제작(2019년)하고 플랫폼별 데이터 구축·관리에 적용하고 있다. 아울러, 공공데이터 공통표준용어를 토대로 빅데이터 플랫폼에 필요한 각 산업의 공공·민간 용어 등을 정리하여 연계표준사전을 제작했다.

3) AI Hub 구축 성과

2017년부터 인공지능 학습용 데이터 구축을 시작한 이래, 2019년까지 법

<그림 3-5> AI Hub 방문자 수 및 사용자 회원 가입 수(2018~2020)

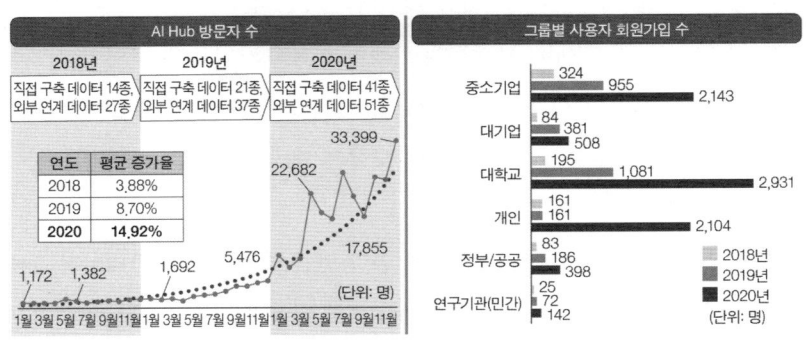

자료: 한국지능정보사회진흥원(NIA)(2021). AI Hub 및 내부데이터 이용 통계.

률, 특허, 한국어 음성, 이상행동 CCTV 등 21종 4,650만 건, 2020년 170종 4억 8,000만 건, 2021년 191종 5억 8,000만 건, 2022년 310종을 개방하여 총 14대 분야(한국어, 영상 이미지, 헬스케어, 교통물류, 재난안전, 농축수산, 문화관광, 스포츠, 교육, 로보틱스, 제조, 지식재산, 법률, 금융 등) 691종 25억 9,050만 건의 대규모 AI 데이터를 제공했다. 이후 2024년에는 AI 학습용 데이터 142종을 개방하여, 총 847종의 데이터셋(Data Set)을 지원하고 있다(2025년 1월 기준). 2025년에는 903종의 학습용 데이터가 개방 예정이다.

이와 같은 AI HUB 구축과 AI 학습용 데이터셋 구축 및 민간 제공은 다음과 같은 유·무형의 성과를 거두었다. 첫째, AI 데이터에 대한 관심 증가이다. 구체적으로 최근 방문자 수가 급격히 증가하고 있으며, 특히 인공지능 자원에 대한 접근성이 상대적으로 낮은 중소기업·스타트업 및 학생·개인의 관심이 높은 것으로 분석되었다(<그림 3-5> 참조).

둘째, 2017년 말 오픈 이후 데이터 다운로드 실적이 크게 증가했다. 2020년에는 4만 9,085회, 2021년, 13만 901회(누적) 다운로드 되었다. 데이터 활용

<그림 3-6> AI Hub 주요 서비스 이용 실적(2018~2020)

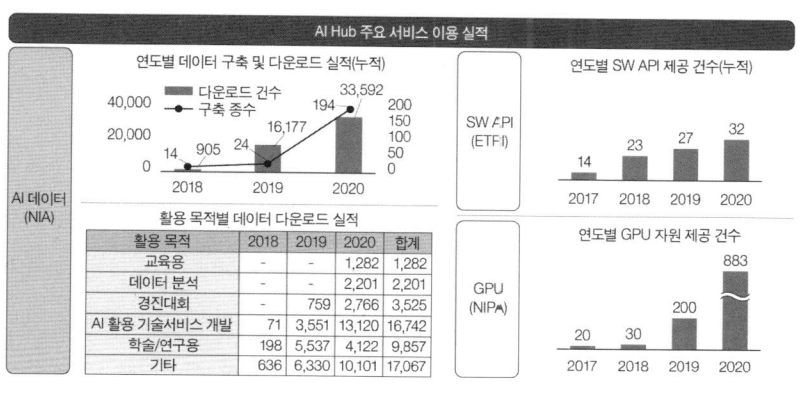

자료: 한국지능정보사회진흥원(NIA)(2021); AI Hub 및 내부데이터 이용 통계.

목적도 초기 기술·서비스 개발과 학술연구 용도에서 교육 및 경진대회 참가 등으로 활용 범위가 다양해지고 있다. 인공지능 활용과 관련된 인프라 제공 건수도 증가 추세를 보이고 있다. 예를 들면, 연도별 SW API 제공 건수와 연도별 GPU 자원 제공 건수 측면에서 크게 증가하고 있다(<그림 3-6> 참조).

셋째, AI 학습용 데이터셋 구축과 민간에의 개방을 통해 인공지능 혁신 서비스의 개발과 확산이 본격화되었다. 2021년 12월 기준으로 AI 학습용 데이터셋 활용을 통한 AI 서비스 개발 및 고도화가 110건, AI 서비스 확산이 33건 이루어졌다. 국내외 학술연구 및 지식재산권 등록도 활성화되어 79건의 연구가 이루어졌고, 65건의 지식재산권이 등록되었다. 경제적 측면에서도 성과가 나타나고 있다. 데이터 구축에 국내 주요 인공지능 전문 기업, 지자체, 대학, 병원 등과 청년·경력단절 여성을 포함한 대규모 인력이 참여하고 있다. 2020년에는 525개 기업·기관, 4만 165명 참여했으며, 2021년에는 552개 기업·기관, 4만 2,197명이 참여하여 목표를 상회하는 성과를 거두었다.

2. 데이터 정책의 특성과 성공 요인

1) 데이터 정책의 특성

한국 데이터 정책의 특성은 세 가지로 정리할 수 있다. 첫째, 정부주도형(government-initiated)이다. 정부는 데이터 정책에서 단순한 심판자(규제자)가 아니라, 데이터의 생산, 유통, 분석 및 활용 등 전 과정을 주도하는 행위자(player)로서 적극적인 역할을 하고 있다. 데이터 수집 및 생성 측면에서 정부는 외부에서 생산된 데이터를 구매하고, 기존에 보유한 데이터를 민간에 개방하는 한편, AI 학습용 데이터 구축사업과 같은 프로젝트를 통해 직접 데이터를 구축하고 배포해 왔다. 또한, 데이터의 유통·분석·활용을 촉진하기 위해 공공데이터 개방 포털, 빅데이터 플랫폼, AI Hub 등 다양한 데이터 플랫폼을 구축했다. 나아가 데이터 거래 활성화 및 데이터 시장 창출을 위해 민간 기업이 플랫폼 구축에 참여하도록 유도하고, 이들이 보유한 데이터를 플랫폼에 제공하도록 지원하는 정책을 추진하고 있다. 뿐만 아니라, 데이터 자산 보호, 데이터 가치 평가 및 품질 관리, 데이터 거래사 제도 도입 등 데이터 시장의 창출과 활성화를 위한 다양한 제도적 장치를 마련하고 있다. 더 나아가, 민간 부문과 사회의 데이터 활용 수준을 높이기 위해 공공데이터활용지원센터와 같은 기관을 설립하고, 데이터 관련 인력 양성과 교육 체계를 구축하는 데도 힘쓰고 있다. 결론적으로, 정부는 데이터의 생산, 유통, 분석 및 활용뿐만 아니라, 데이터 시장 형성과 관련 제도 구축, 국가적인 데이터 활용 환경 조성 등 데이터 정책의 모든 영역에서 전 방위적인 정책을 추진하고 있다. 이는 데이터 산업 발전과 디지털 경제로의 전환을 목표로 하는 정부의 강한 의지를 반영하는 것이다.

둘째, 위험 부담형(risk-taking)이다. 데이터는 공공재적 성격을 가지고 있어, 시장에서 거래가 활성화되기 어렵다는 특성이 있다. 특히, 데이터는 분석과 활용 이전에는 그 가치를 평가하기 어려워 기업들이 데이터 구축 및 활용에 적극적으로 투자하기 어려운 환경을 만든다. 이로 인해 데이터 관련 투자가 사회적으로 바람직한 수준에 미치지 못하는 시장 실패가 발생할 가능성이 높다.

국내에서도 데이터 경제로의 전환에 대한 논의는 오래전부터 이루어졌으나, 데이터의 공공재적 성격과 구축 과정에서 발생하는 경제적 위험으로 인해 데이터 활용 수준이 낮았고, 디지털 경제로의 전환도 지연되고 있었다. 이에 따라, 활용성이 높고 결합 가치가 큰 데이터를 선별하여 가용성을 높이고, 적극적인 데이터 정책을 통해 데이터 성숙도를 제고할 필요성이 대두되었다.

이를 해결하기 위해 정부는 데이터 구축과 활용 촉진을 위한 다양한 플랫폼 구축과 정책을 추진했으며, 이를 위한 재정 지출을 통해 데이터 경제 고도화에 필요한 사회적 위험을 부담하는 역할을 수행했다. 정부는 공적 투자를 통해 데이터 구축과 활용 기회를 창출하고, 다양한 이해관계자와 협력하며, 불확실성이 높은 초기 사업과 데이터 관련 산업 육성을 지원하는 한편, 데이터 관련 서비스와 상품의 상업화 과정을 감독하고 지원했다. 이러한 정부의 적극적인 개입은 민간 기업이 사업을 수행하는 과정에서 부담해야 할 위험과 비용을 줄이는 역할을 했으며, 동시에 데이터 산업 발전과 디지털 경제로의 전환 기회를 확대하는 데 기여했다. 또한, 이러한 과정에서 정부와 민간 부문 간의 긴밀한 협력과 파트너십이 형성되었으며, 데이터 정책 추진에 있어 민관 협력 모델이 중요한 요소로 자리 잡았다.

셋째, 사회와 산업 혁신 지향적(innovative)이다. 한국의 데이터 정책이 본격화된 2010년대는 디지털 경제로의 도약이 필요했던 시기였다. 특히, 인공지능(AI)과 지능정보기술의 발전, 4차 산업혁명으로 인한 산업구조 변화, 데이터 활용을 통한 고부가가치 창출 필요성이 커지면서, 디지털 경제로의 전환이 필수적이라는 인식이 확산되었다. 또한, 코로나19 팬데믹으로 인한 경제 위기 극복 역시 중요한 과제로 떠올랐다. 코로나19로 인해 최악의 경기 침체와 일자리 충격을 겪으면서, 이를 극복하고 코로나 이후 글로벌 경제를 선도할 국가 발전 전략이 필요했다. 이에 따라, 정부는 데이터 정책을 단순한 데이터 구축 및 활용 정책이 아닌, 국가 혁신 전략의 핵심 정책으로 추진했다. 정부는 "추격형 경제에서 선도형 경제로, 탄소 의존 경제에서 저탄소 경제로, 불평등 사회에서 포용 사회로" 대한민국을 근본적으로 바꾸고, "대한민국의 새로운 100년을 설계"한다는 비전 아래 데이터 정책을 추진했다.

결과적으로, 한국의 데이터 정책은 데이터 구축과 활용 수준을 높이는 데 그치지 않고, 코로나19와 같은 경제·사회적 위기를 극복하고, 한국 사회와 산업의 혁신 및 도약을 위한 국가적 전략으로 자리 잡았다.

2) 한국의 데이터 정책의 성공 요인

첫째, 데이터 정책에 대한 국가 리더십의 뒷받침이다. 데이터 정책은 데이터의 생산, 플랫폼 구축 외에도 공공 및 민간 부문에서의 활용 수준 제고와 제도화에 오랜 시간과 많은 유·무형의 자원이 소요된다. 또 데이터 정책이 기대한 효과를 거두기 위해서는 민간 부문의 데이터 관련 기업들의 유인 체계뿐만 아니라 공공 부문 내 다양한 법 제도 및 제도적 기반들이 함께 개선되고 재구축되어야 한다. 이와 같은 데이터 정책의 특성은 데이터 정책이 성공하기 위해서는 정책을 지속적으로 추진할 강력한 리더십과 다양한 자원을 동원할 수 있는 강력한 정책 거버넌스 체계를 갖추어야 함을 의미한다.

한국은 1970년대부터 국가정보화와 전자정부 구현을 대통령 국정과제(presidential agenda)로 채택하여 지속적으로 추진해 왔으며 재정적·제도적 지원을 제공해 왔다. 2010년대부터 본격적으로 추진된 데이터 정책 역시 대통령 국정과제로 채택되었다. 특히, 2017년 이후에는 대통령의 리더십이 뒷받

침된 '8.31 데이터 경제 선언'(2018), 'AI 국가전략'(2019), '디지털 뉴딜 선언'(2020) 등 데이터 정책이 발표되었다. 대통령 국정과제로서의 데이터 정책의 위상 덕분에, 데이터 정책 추진을 위한 과감하고 지속적인 재정 투자와 데이터 정책 및 산업 육성 등을 위한 관련 법 제도의 개편이 순조롭게 진행될 수 있었다.

둘째, 데이터 정책 추진을 위한 정책 역량의 구축이다. 데이터 정책을 성공적으로 추진하기 위해서는 국가 리더십의 뒷받침과 함께, 공공 부문과 민간 부문의 다양한 이해 당사자간의 조정과 협력을 촉진하기 위한 거버넌스 체계, 그리고 데이터 플랫폼과 기술 기반 구축을 위한 기술적 전문성, 행정·재정적 자원의 확보 등 다양한 측면에서의 정책 역량이 요구된다. 특히, 새로운 정책 환경과 정책 목표에 부합하는 기획 역량, 신속하고 타당한 의사결정 역량, 사업 추진의 결과를 평가하고 기존 정책을 새로운 정책 과정에 맞게 수정하는 평가 및 환류 역량도 필요하다.

한국 정부는 1990년대부터 국가정보화를 추진해 온 과학기술정보통신부(미래창조과학부)를 데이터 정책의 총괄 부처로 하여 정책의 전문성과 연속성을 확보하고 공공 부문과 민간 부문 간의 다양한 이해관계자들과의 조정과 협력을 진행토록 했다. 아울러 한국지능정보사회진흥원(NIA), 한국인터넷진흥원(KISA), 정보통신정책연구원(KISDI), 한국지역정보개발원(KLID), 정보통신산업진흥원(NIPA), 한국전자통신연구원(ETRI) 등의 전문기술 지원기관 등을 설립하여 데이터 정책 추진 과정에서의 기술적인 이슈에 적극적으로 대응했다.

셋째, 법·제도 등 제도적 기반의 정비이다. 데이터 정책의 성공적 추진을 위해서는 법 제도의 개편이 필수적이다. 특히, 한국에서는 데이터 정책의 본격적 추진 과정에서 개인정보의 보호와 활용과 관련된 다양한 법적 이슈가 제기되었다. 이를 해소하기 위해, '데이터 3법'이라 불리는 '개인정보보호법', '정보통신망법', '신용정보법'이 개정(2020)되었다. 또한 기존의 국가정보화,

전자정부 관련 법령들 역시 데이터 활용 수준 제고를 위해 개정되었다. 아울러, '공공데이터법'(2013), '데이터기반행정법'(2020), '데이터산업기본법'(2022) 등이 새로이 제정되어 데이터 정책의 추진에 걸림돌이 되는 제도적 장애 요인 개선을 위한 초석을 제공했다.

넷째, 과거 국가정보화와 전자정부 추진 과정에서 축적된 디지털 자원과 인적 자원의 활용이다. 앞서 1장에서 언급한 바와 같이, 한국은 1980년대부터 2000년대까지 '국가기간전산망사업', '국가 DB 구축사업', '전자정부 사업' 등을 추진해 왔다. 이 과정에서 국가사회 각 부문의 기본 데이터가 축적되었을 범정부 차원의 전자정부 시스템 등 디지털 자원이 축적되었다. 이렇게 축적된 디지털 자원은 지능정보기술 환경 변화에 따른 새로운 데이터 정책으로의 전환을 원활하게 하는 기술적 기반으로 작용했다.

아울러, 1980년대부터의 국가사회의 정보화 추진 과정에서 다양한 정책적 경험과 전문성을 갖춘 인적자원이 확보되었다. 이들 인적자원은 산·학·연·관을 아우르는 정책 네트워크를 형성하면서 새롭게 대두되는 지능정보기술의 발전과 데이터 환경에 발맞추어 새로운 정책 아이디어를 제공하고, 정부의 각종 위원회에 위원으로 참여하면서 데이터 정책 결정과 집행 과정에 그들의 전문성과 경험을 투입했다. 이와 같은 전문가 정책 네트워크의 활동은 데이터 정책의 타당성을 높이고 정책 집행의 신속성을 높이는 데 기여했다.

3. 데이터 정책의 문제점과 한계

1) 데이터 수집 및 품질 문제

위와 같은 성과와 성공 요인에도 불구하고 여전히 극복해야 난제들이 많다. 개별 사업 단위에서 성과가 있기는 하지만, 여전히 데이터 개방과 활용 수준은 데이터 선도국에 비해 높지 않은 것으로 평가된다. 공공 부문 내에서의 기관 간 협업을 촉진하고 부처의 경계를 넘어서는 데이터 공동활용을 지향하고 있으나 여전히 플랫폼 간 단절과 '굴뚝효과(silo effect)'가 높은 것으로 진단되고 있다. 아울러, 여전히 공공 부문 내의 데이터 활용 역량이 높지 않고 기관 간 편차가 큰 것으로 보고되고 있다. 구체적으로는 다음과 같은 문제점들이 지적되고 있다.

첫째, 데이터 수집 및 생성 영역에서는 여전히 양질의 데이터가 부족하다. 정부와 공공기관은 가치 있는 데이터 생산 및 제공에 필요한 지원과 혜택이 부족하여 수요자 맞춤형 데이터 공급에 소극적이다. 기업 입장에서는 활용 가치가 있는 데이터의 발굴과 유통을 통해 데이터 기반의 새로운 사업과 혁신을 창출할 수 있는 기회와 유인이 부족하다.

둘째, 데이터 생산·수집 역량의 차이와 분야별·기업별 데이터 격차가 발생하고 있다. 그동안 금융·통신 등 일부 분야에서 대기업 중심으로 데이터 생산·수집이 주로 이루어져 분야별 다양한 데이터 구축 필요성이 증대되고는 있으나 기업·기관별 데이터 중요성에 대한 인식, 전문 인력 확보 수준, 데이터 활용 필요성 등의 차이가 데이터 생산·수집 격차로 연결되고 있다.

2) 데이터 유통 거래 측면

첫째, 수요의 불확실성과 유통 채널 부족은 데이터 거래의 활성화를 제약하고 있다. 데이터 공급 기업은 정확한 시장 수요를 파악하지 못해 판매를 위한 데이터 생산·수집·가공에 투자를 꺼려하는 상황이다. 데이터 판매자는 데이터 플랫폼을 통한 판매를 선호하나, 데이터 플랫폼 기반 유통 채널이 부족하다고 인식하고 있다(정보통신정책연구원, 2021). 이와 같은 수요와 공급의

불일치는 데이터 거래의 활성화를 막는 제약 요인으로 작용한다.

둘째, 데이터 소재 파악이 어려워 높은 데이터 거래비용이 발생하고 있다. 다양한 데이터 플랫폼 등장은 역설적으로 유통 채널의 파편화를 가져와 이용자가 원하는 데이터 관련 거래비용을 증대시킨다. 특히, 개별 데이터 플랫폼마다 메타데이터 형식이 다르고 중요 항목이 누락된 경우도 있어, 통합적인 데이터 관련 메타 정보의 관리가 필요하다.

셋째, 표준화, 품질, 가격 산정 등 정보비대칭으로 인해 거래 협상에 제약이 있다. 데이터 플랫폼별로 상이한 표준화와 품질 관리를 적용할 경우 이용자가 데이터 상품을 신뢰하기 어렵게 하는 요인으로 작용할 우려가 존재한다. 예를 들면, 교통을 비롯한 높은 수준의 원시데이터가 확보된 영역에서도 수집 주체마다 목적이 달라 표준화와 품질 형식의 차이가 발생할 우려가 있다. 특히, 데이터의 특성상 데이터를 실제 분석하기 전까지 해당 데이터의 가치 판단이 어려워 플랫폼에서 거래가 제약을 받고 있다.

3) 민간 활용과 혁신 부족

첫째, 기업과 기관별로 데이터 분석과 활용 역량의 격차 존재한다. 규모가 큰 기업·기관, 데이터 전문 기업과는 달리 중소기업과 일반 기업은 활용 역량이 부족하여 산업·사회 전반의 데이터 활용이 더딘 상황이다. 2020년 기업의 빅데이터 도입률은 13.4%, 1000억 원 이상 기업은 35%에 머무르고 있다(한국데이터산업진흥원, 2021). 데이터 기업의 약 65%가 데이터 분석 전문 인력을 보유하고 있는 반면, 일반 기업은 41%에 머무르고 있다(정보통신정책연구원, 2021). 데이터 가공·분석 역량이 열악한 예비 창업자, 스타트업 등의 경우에는 데이터를 확보하더라도 필요에 맞는 직접 활용이 제한적이다.

둘째, 가치 있는 데이터를 융합하고 결합할 수 있는 기반이 미흡하다. 대부분의 데이터 플랫폼이 데이터의 개방과 공유에 중점을 두다 보니, 실질적 데이터 활용에 필요한 분석과 활용 인프라 제공이 미흡한 실정이다. 데이터 플랫폼들이 기본적인 분석 도구에 치중하고, 클라우드 기반 고도화된 분석 기능이 부족한 것으로 평가되고 있다. 아울러, 데이터 3법 개정에 따른 가명정보 결합이 요구되고 있지만, 결합 유인 부족, 복잡한 절차, 개인정보침해 우려, 종합적 지원 부족으로 인해 가명정보 활용이 저조하다.

셋째, 수요자 요구사항 반영이 어렵고 데이터 활용성과 체감이 부족하다. 데이터가 잘 활용되기 위해 수요자의 활용 목적에 맞게 구축되어야 하나, 수요자의 요구사항을 전달하고 반영할 수 있는 체계가 미흡한 실정이다. 데이터의 활용 성과가 공공과 민간의 잠재적인 수요자에게 전달될 수 있게 하여 데이터 서비스의 이용 저변을 확대할 필요가 있다.

4. 데이터 정책의 향후 과제

1) 견고한 데이터 거버넌스 구축

한국의 데이터 정책이 지속 가능하고 성과를 제고하기 위한 첫 번째 과제는 응집적이고 종합적인 데이터 거버넌스 구축이다. 데이터 거버넌스는 데이터 활용과 관련 정책 추진의 비전과 목표, 데이터 정책과 관련된 참여 조직과 분업 체계, 데이터 정책과 관련된 권한과 책임의 배분 구조를 의미한다. 좋은 데이터 거버넌스는 다양한 이해관계자와 기관들이 공통의 비전과 목표를 가지는 데 기여하며, 응집적이고 일관된 데이터 관련 정책 집행과 조정이 이루어질 수 있도록 지원한다. 이와 함께 제도와 규제, 그리고 기술적 역량을 강화하여 데이터의 가치를 창출하기 위한 통제와 관리 수준을 높인다. 또한, 데이터의 수집, 구축, 저장, 보호, 처리 및 공유와 재활용 과정에서 신뢰 수준을 높이고 가치를 창출할 수 있다.

OECD(2019)에 따르면, 공공부분 데이터 거버넌스의 구성 요소를 크게 전략적 층위(strategic layer), 전술적 층위(tactical layer), 서비스 전달 층위(delivery layer)로 구분하고 전략적 층위는 (1) 리더십과 비전, 전술적 층위는 (2) 거버넌스의 응집적 집행 역량, (3) 규제, 그리고 서비스 전달 층위는 (4) 데이터 가치 주기, (5) 데이터 인프라, (6) 데이터 아키텍처로 구성되어 있다(<그림 3-7> 참조). 그리고 거버넌스의 효과성과 견고성은 데이터 거버넌스 요소들이 상호 응집적으로 결합되고 각 구성 요소들이 상호 선순환 할 때에 구현될 수 있다.

한국의 데이터 거버넌스는 분산적 성격을 가지고 있다. OECD(2019)가 제시한 공공 부문 데이터 거버넌스의 전략적 층위와 전술적 층위 측면에서 한국 데이터 거버넌스를 분석해 보자. 공공데이터 개방, 빅데이터 플랫폼, 개인정보보호, 데이터 기반 행정 등 데이터 관련 하위 정책과 세부 기능들이 여러 부처와 위원회, 법령 등에 산재되어 있을 뿐만 아니라, 관련 부처나 위원회의 위상이나 역할, 기능 등이 체계적이고 응집적이지 못하다. 조정 기능을 담당하고 있는 위원회들의 경우, 권한과 기능이 모호할 뿐만 아니라, 집행력을 가지기 어렵다. 아울러, 데이터 정책의 정책 과정(계획-예산-심의-집행-평가)이 분절적으로 이루어져서 데이터 정책의 계획과 예산이 연동되지 못하고 있을 뿐만 아니라, 데이터 정책의 결과가 다시 계획과 예산 및 정책 결정으로 환류되지 못하는 문제점이 나타나고 있다.

서비스 전달 층위인 데이터 가치 주기, 데이터 인프라, 데이터 아키텍처를 포함하는 데이터 관련 기술 기반 및 관리 체계 역시 분절적이다. 예를 들면, 현재 운영 중인 공공데이터 포털 및 관련 데이터 개방 플랫폼 간의 자료의 공동 운영이 어려운 실정이다. 범정부 차원의 공공데이터 포털과 각 지방자치

<그림 3-7> 공공 부문 데이터 거버넌스

6. 데이터 아키텍처
표준, 참조 데이터, 상호운용성,
데이터 간 관계, 시맨틱

1. 리더십과 비전
CDO, 데이터 정책(데이터 개방, 접근,
공동 활용, 보안, 보호), 데이터 전략과 로드맵,
정착 도구

2. 거버넌스의 응집적인 집행 역량
데이터위원회와 태스크포스,
데이터 스튜어드, 역량 및 훈련,
재정적 지원, 실험 및 혁신

5. 데이터 인프라
데이터 페더레이션, 데이터 등록,
데이터 카탈로그, 데이터 저장소,
API, 클라우드 컴퓨팅
시스템 기반 기술

3. 규제
규칙과 가이드라인, 데이터 제공,
공개, 공동 활용,
상호운용성에 대한 지침 등

4. 데이터 가치 주기
이용자, 역할 및 기술적 역량, 데이터 관리
(데이터 진실성, 업무 프로세스 혁신,
데이터 공동 활용 및 통합, 데이터 개방과 재활용,
데이터 소유권 및 합의, 데이터 편향 및 품질 유지 등)

자료: OECD(2019).

단체가 구축한 데이터 포털 간의 연계와 데이터 공동 활용이 어렵다. 중앙행정기관과 지방자치단체, 공공기관들이 운영하는 전자정부 시스템들이 단절되어 있어 시스템 간 데이터 공동 활용 역시 어려운 실정이다. 아울러, 정부 내 데이터 분석 시스템과 공통데이터 등록 시스템, 메타관리 시스템들이 별도의 통합 리포지토리(repository)를 구성하고 있어서 이들 시스템과 공공데이터 포털 및 빅데이터 플랫폼과의 상호 운용성 확보가 필요한 실정이다.

결론적으로 한국의 데이터 정책이 향후 지속 가능하고 기대효과를 거두기 위해서는 공공 부문과 민간 부문을 아우르는 견고한 데이터 거버넌스 구축이 요구된다. 견고한 데이터 거버넌스의 구축을 통해 데이터 전 주기(표준화-수집-축적-가공-활용)의 선순환 생태계를 만들고 이는 다시 데이터 활용 성과를 향상하기 위한 데이터 통합관리 필요성 증가로 이어지도록 만들어야 한

<그림 3-8> 데이터 생태계의 구성

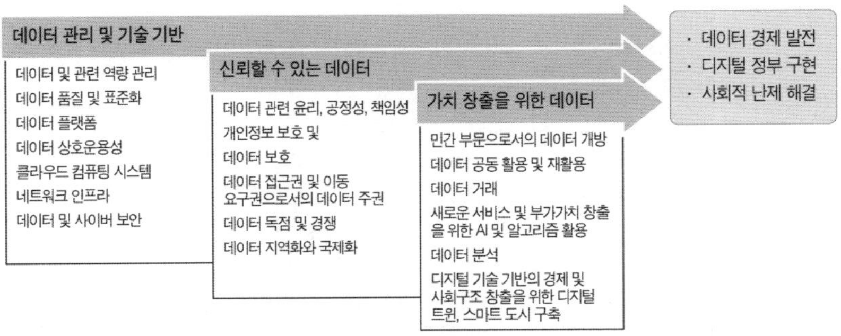

데이터 관리 및 기술 기반	신뢰할 수 있는 데이터	가치 창출을 위한 데이터	• 데이터 경제 발전 • 디지털 정부 구현 • 사회적 난제 해결
데이터 및 관련 역량 관리 데이터 품질 및 표준화 데이터 플랫폼 데이터 상호운용성 클라우드 컴퓨팅 시스템 네트워크 인프라 데이터 및 사이버 보안	데이터 관련 윤리, 공정성, 책임성 개인정보 보호 및 데이터 보호 데이터 접근권 및 이동 요구권으로서의 데이터 주권 데이터 독점 및 경쟁 데이터 지역화와 국제화	민간 부문으로서의 데이터 개방 데이터 공동 활용 및 재활용 데이터 거래 새로운 서비스 및 부가가치 창출을 위한 AI 및 알고리즘 활용 데이터 분석 디지털 기술 기반의 경제 및 사회구조 창출을 위한 디지털 트윈, 스마트 도시 구축	

자료: OECD(2019)의 내용을 바탕으로 재구성.

다. 아울러, 국가 차원의 데이터 거버넌스 마련을 통해 데이터 정책기획 향상, 각 부처·민간 데이터 구축의 중복 방지, 효율적 예산 투입 등이 가능해질 수 있을 것이다.

이를 위해서는 데이터 생태계를 고려하는 종합적인 접근법이 필요하다 (<그림 3-8> 참조). 데이터 관리 및 기술 기반 구축을 바탕으로, 데이터 윤리, 개인정보보호, 데이터 권리 등 데이터의 신뢰성 확보 방안, 마이데이터, AI 기반 행정서비스, 디지털 트윈, 스마트시티 등 향후 본격적으로 추진될 데이터 기반 행정서비스와 국가 디지털 전환 등 가치 창출을 위한 데이터 가치 창출이 종합적으로 고려되어야 한다.

둘째, 데이터 거버넌스 구축을 통해 데이터의 통합 관리, 데이터 관련 부처와 기관들의 협력과 이를 위한 조정 체계의 강화, 정부 부처, 민간 기업, 해외 국가들과의 네트워크 강화를 이룰 필요가 있다. 또한 데이터 거버넌스의 강화를 통해 데이터 정책 과정에서 이해관계자들 간에 발생할 수 있는 문제들을 해결, 조정할 수 있으며 필요한 데이터를 수집, 활용할 수 있는 기술 기반과 인프라의 활용, 데이터와 플랫폼 간의 연계와 통합, 민간·공공 데이터의 표준화 및 검색 연계, 데이터 플랫폼 우수사례 공유 등 플랫폼 전반의 유기적 통합 활용 방안 협의·추진이 가능하게 될 것이다.

2) 수요자와 사용자 중심의 플랫폼 구축

앞서 언급한 데이터 개방 및 플랫폼 구축 성과에도 불구하고, 여전히 데이터 활용 수준 및 데이터의 산업적 활용이 선도국들에 비해 낮거나 당초의 기대 수준에 미치지 못하고 있다는 평가가 있다. 그 원인 중 하나로 공급자 중심적 시각에서의 데이터 개방과 플랫폼 구축을 들 수 있을 것이다. 데이터 제공 기관이 선정한 개별 데이터 중심으로 개방되어 수요가 높은 핵심, 대용량 데이터는 제한적으로 개방되고 있는 것이 원인으로 지적되고 있다. 데이터를 보유하고 있는 기관이 선별적으로 데이터를 개방하는 것이 아닌, 원칙적으로 모든 데이터를 개방(open by default)한다는 관점에서 모든 데이터를 개방해야 한다.

데이터 개방 및 플랫폼 구축에 있어 수요자 중심/사용자 중심의 원칙이 충실히 지켜져야 할 것이다. 쓸모 있는 양질의 데이터를 모으고 개방하는 것이 중요하다. 접근성에 있어서 쉽게 접근하고 편리하게 활용될 수 있도록 데이터 접근성을 개선하고 클라우드상에서 수집, 가공과 컴퓨팅 자원이 이용될 수 있도록 데이터 전 주기 활동을 지원하는 토털 서비스가 제공되어야 할 것이다. 데이터 포맷과 품질에서도 사용자들이 손쉽게 활용하고 분석할 수 있는 포맷으로 개방되어야 할 것이다. 마지막으로는 누구나 쉽게 데이터를 찾고 활용하여 유통이 촉진되도록 다양한 데이터 플랫폼을 '통합 데이터지도'와 연계되어야 한다.

아울러, 적극적인 데이터 수요 발굴 작업도 필요하다. 민간·공공의 데이터

<표 3-2> 사용자 유형별 공공데이터 서비스

유형	서비스	주요 내용
전문가	카탈로그 서비스	- 데이터 플랫폼에서 제공되는 데이터셋에 대한 정보 상세 제공 - API를 이용한 데이터 제공
	업데이트 알림 서비스	- 관심 있는 개별 데이터셋 및 API 서비스에 대한 변경이 발생하면 문자·이메일 등으로 알림 제공
	상세검색 서비스	- 연관단어 검색, 특정 단어 포함 또는 제외한 검색 등 다양한 상세 검색 서비스 제공 - 공공데이터 개방, 정보 공개 등 다양한 데이터원에 대한 통합 검색
일반 시민, 일반 공무원	데이터 추천 서비스	- 사용자들이 주로 찾는 데이터 제시, 자동완성 기능
	인공지능 검색 서비스	- 분석 목적, 적용 도메인 등에 따라 초보자들이 사용할 수 있는 분석 기법 및 이용 데이터를 추천

자료: 저자 작성.

플랫폼 운영 주체와 관련 부처·기관 및 민간 전문가의 참여를 바탕으로 데이터 개방 및 활용과 관련된 신규 수요를 창출하고 일정 요건을 갖춘 데이터 플랫폼에서 기업 등 수요자가 자유롭게 구매 또는 가공을 지원받을 수 있도록 바우처 이용을 고도화하는 방안도 고려할 필요가 있다. 데이터 플랫폼 이용자의 데이터 활용 및 구매 현황을 분석하고 이용자 의견을 반영하여 맞춤형 데이터를 발굴할 필요가 있다. 데이터의 잠재적 수요자를 대상으로 플랫폼의 데이터와 서비스를 소개하는 일종의 데이터 거래 촉진(brokerage) 및 스튜어드십(stewardship) 활동도 고려해 볼 필요가 있다.

데이터 활용 및 분석의 주체를 고려할 때, 소수의 의사결정자나 전문가 중심으로 사고하기보다는 일반 시민과 일반 공무원을 중심으로 고려하면서 이들과 전문가들 간의 협업과 토론을 촉진하는 기술 기반과 문화 창출을 지향해야 한다. 이를 위해 <표 3-2>에 제시된 바와 같이 전문가를 위한 서비스와 일반 시민 및 공무원을 위한 서비스를 차별적으로 구성하는 것도 하나의 방안이 될 수 있을 것이다.

3) 정부 주도형에서 시장 친화형 데이터 정책으로의 변화

미국 등 데이터 선도국에서는 빅테크 기업을 중심으로 데이터의 구축과 활용이 활성화되고 있고 데이터 가공 시장 등이 데이터 시장의 성장을 견인하고 있는 반면, 한국은 공공데이터 개방, 유통 및 거래(빅데이터 플랫폼), 새로운 데이터의 제작 및 구축(AI 학습용 데이터셋) 등 데이터 정책의 모든 측면에서 정부 주도적으로 진행되고 있다. 이와 같은 정부 주도의 데이터 정책이 데이터의 활용과 생태계 활성화에 기폭제 역할을 하고 있다는 점은 부인할 수 없는 사실이다. 시장 형성의 초기 단계에서 정부의 지원을 통해 데이터의 유통과 거래 기반이 구성되고 개별 기업이나 기관이 구성하기 힘든 AI 학습용 데이터셋을 정부가 주도적으로 구축하여 제공함으로써 AI와 데이터 산업의 초기 형성과 발전이 가속화될 수 있었다. 그러나 이와 같은 정부 주도형 데이터 정책이 앞으로도 장기적으로 지속 가능한 것인지에 대해서는 검토가 필요하다. 이미 구축되었거나 구축 중인 플랫폼과 데이터의 활용성 증진과 함께 데이터 정책이 지속적으로 성장하고 고도화될 수 있는 시장 친화적인 선순환 모델을 창출해야 한다.

첫째, 플랫폼 설계와 운용 측면에서는 공공·민간이 자발적으로 양질의 데이터를 공급하고 개방할 수 있는 인센티브 설계를 토대로 데이터 플랫폼 기반 공급 체계를 강화할 필요가 있다. 이용자가 데이터 플랫폼을 통해 데이터에 쉽게 접근하고 검색(편의성)하고 믿고 거래(신뢰성)할 수 있도록 데이터의 유통과 거래 역량을 강화하는 데 역점을 둘 필요가 있다.

둘째, 시장 친화적인 데이터 생태계 구축도 필요하다. 전략적 확충이 필요한 데이터 확보, 수요자 편의와 데이터 활용성 증진을 위한 정부의 지원과 필요한 규제는 지속적으로 추진하면서도, 민간 부문 내에서 자생적으로 데이터의 가치 창출이 이루어질 수 있는 생태계의 창출이 필요하다. 이를 위해, 데이터 거래 환경의 강화 등 사회적 인프라 구축에 역량을 투입할 필요가 있다. 또한, 산업의 분야별 특성에 따라 하위 생태계를 구축한다든지 영역별 특성에 맞는 데이터 수요와 공급을 활성화하는 방안도 고려할 필요가 있다.

셋째, 데이터 활용의 사회적 기반 확충이 필요하다. 데이터에 대한 수요와 공급이 이루어지기 위해서는 데이터 산업의 발전과 사회 부분의 데이터 활용 역량을 강화할 필요가 있다. 데이터 관련 기업의 창업을 지원하고 기존 기업들이 데이터 관련 서비스를 활용할 수 있도록 지원할 필요가 있다. 특히, 일반 시민과 학생들에 대한 데이터 활용 교육과정을 제공하여 데이터 구축과 활용의 저변을 확대하고 관련 직업과 경력으로 연결될 수 있도록 학교와 직업 교육을 연계하는 작업이 필요하다.

마지막으로는 정부주도형 데이터 정책을 시장 친화형으로 변화시키기 위한 세부적인 계획과 로드맵이 필요하다. 데이터 정책을 추진하는 데 있어 정부가 개입해야 할 부분과 민간이 주도해야 할 영역과 기능을 구체적으로 정의하고, 시급성, 시장성 등의 평가 기준에 입각하여 이행 계획을 수립해야 한다. 특히, 이 과정에서 분야별로 산·학·연 전문가들이 참여하여 로드맵을 구성하고 이에 입각하여 시장 친화적 데이터 정책으로 변화를 추동하는 작업이 필요하다.

:: 사례 ::

데이터 정책과 활용의 한계와 도전: e아동행복지원시스템

아동은 우리 사회의 미래이자 자산이다. 아동이 잠재력을 충분히 발휘하고 건강하게 성장하도록 지원하는 것은 부모뿐 아니라 국가의 책임이다. 이에 한국 정부는 2018년 3월 이래 데이터 분석 기반의 'e아동행복지원시스템'을 구축하여 위기 징후의 아동들을 식별하고 필요한 서비스를 연결해 왔다. 이 시스템은 매 분기 영유아 건강검진 및 예방접종 미실시, 의료기관 미진료 장기결석 등의 정보를 수집·분석하여 고위험으로 추정되는 아동의 명단을 지방자치단체에 통지한다. 아동의 명단을 통지받은 기관은 공무원과 사회복지사 등을 가정방문 하게 하여 아동학대가 발생하지 않았는지 조사하고 필요시 조치를 취하게 된다.

실제로 2018년 3월부터 2019년 10월까지 장기 결석, 정기건강검진 미실시 등 아동특화정보(9종)와 복지사각지대 발굴 변수(27종), 사회보장정보원 보유 정보(5종) 등 총 41종의 정보를 수집·분석하여, 아동학대 등 위기 가능성이 높은 가구를 추출하고, 지방자치단체에 위기가구 추출 정보를 정기적으로 공유하여 위기아동 예측에 활용하여 대상자를 방문·조사·사례 관리 등을 시행했다. 그 결과, 총 12만 4,134명의 아동 가정을 방문하여 4,414명을 복지서비스와 연계했으며, 68명 사례는 아동학대로 신고 조치가 이루어졌다(보건복지부, 2019).

그러나 기대와는 달리 'e아동행복지원시스템'을 통한 아동학대 조기 발굴의 실효성은 매우 저조한 것으로 보고되고 있다. 시스템 구축 후에도 관악구 탈북 모자 사망 사건(2019.8), 원주 여아 사망 사건(2020.2), 천안 아동 사망 사건(2020.6), 창녕 여아 빌라 탈출 사건(2020.2), 인천 형제 방임·학대 사건(2020.9) 등 아동학대 중대 사건이 끊임없이 발생했다. 특히, 2020년 양천구 16개월 입양 아동 사망 사건을 계기로 아동학대 예방 및 조기 발견의 중요성에 대한 전 국민적 경각심이 높아진 가운데, 'e아동행복지원시스템'의 실효성에 대한 언론의 관심도 높아졌다.

위 시스템이 기대효과를 거두지 못하는 주요한 원인으로는 크게 (1) 데이터 요인과 (2) 분석 모형 요인, (3) 서비스 요인으로 구분할 수 있다(김진숙 외, 2023; 한은희 외, 2022; 한은희 외, 2021; Eom and Kim, 2024). 첫째, 데이터 요인은 다음과 같다. 현재 'e아동행복지원시스템'에 연계되고 있는 아동특화 정보는 외부 변수 10종과 내부 변수 6종, 총 16종이다. 외부 연계 변수는 '행복e음시스템'에 없는 변수로 외부 기관을 통해 연계하는 정보로서, 건강보험공단의 ① 영유아 검진 미실시, ② 의료기관 미진료, ③ 특정코드 진단결과 정보, 질병관리본부의 ④ 정기예방 미접종 정보, 교육부의 ⑤ 초·중교 장기 결석, ⑥

유치원 장기 결석과 관련된 정보, 여성가족부의 ⑦ 학교 밖 청소년 정보, 중앙아동보호 전문기관의 ⑧ 아동학대 사례 관리 정보, 복지부(보육통합정보시스템)의 ⑨ 어린이집 결석 정보, 그리고 경찰청의 ⑩ 가정폭력 피해아동 정보 등이다. 내부 변수는 '행복e음시스템' 내부 정보 중 아동과 관련된 정보를 별도로 추출한 변수로 ① 아동 시설 등에서 귀가 조치 된 아동에 관한 정보, ② 자살시도·자살·자해로 입원한 아동 또는 가구에 관한 정보, ③ 특정 유형 가구(한부모, 조손, 미혼 부모, 미성년 출산)에 관한 정보, ④ 양육수당 또는 보육료 지급대상자 중 신청 이력이 없는 아동에 관한 정보, ⑤ 장애인으로 등록된 아동 또는 가구에 아동이 있는 가구에 관한 정보, 그리고 ⑥ 아동수당 신청 이력이 없는 아동 정보 등이다.

'e아동행복지원시스템'에서 연계하는 가구 단위 정보는 '행복e음시스템' 조사 가구를 기반으로 하는데, 이로 인해 분석 데이터는 편향성 및 부정확성 등의 문제가 생긴다. 편향성의 원인은 두 가지로 요약된다. 첫째는 수집된 데이터가 정제되고 결합되는 과정에서 '행복e음시스템' 가구 정보가 있는 경우만 분석 대상자로 추출된다. 예를 들어, 교육부에서 연계되는 장기 결석 정보는 주민등록 기반이 아닌 생년월일+이름+성별 기반 정보이며, 행복e음의 주체 ID와 1:1 관계가 아닌 경우 분석 대상자에서 제외된다. 두 번째는 가구 단위 정보 생성 및 가구 확장의 근거가 되는 것이 행복e음시스템의 조사 가구이기 때문이다. 행복e음시스템의 조사 가구는 편향성 외에도 가구 범위의 비일관성과 가구원 정보 현행화 문제가 있다. 행복e음시스템의 조사 가구의 범위는 사업에 따라 달라질 수 있으며, 가구 내의 모든 18세 미만 아동을 포함하지 않을 수 있다. 또한 조사가구가 생성된 후 가구원 구성 정보가 현행화 되었는지도 알 수 없다. 가구 단위 정보의 편향성 및 부정합성 문제를 해소하기 위해서는 주민등록 세대 정보를 기반으로 가구 정보 생성 및 가구 확장을 고려할 필요가 있다.

둘째, 분석 모형의 현황과 문제점은 다음과 같다. 2021년 1월부터 운영 중인 학대예측 모형은 2021년 이전에 활용되었던 모형에 비해 학대예측 성능이 향상된 것으로 평가되지만, 예측 모형의 성능을 개선하기 위한 지속적인 노력이 필요한 것으로 보인다. 특히, 2021년 7월 이후 건강보험공단에서 입수되는 특정코드 진단 정보의 입수량이 크게 증가하는 등 분석 데이터의 변화가 있었다. 데이터의 품질 변화는 모형의 성능에 영향을 미칠 수 있기 때문에 신규 학습 데이터를 구축하여 예측 모형을 고도화할 필요가 있다. 또한 e아동행복지원시스템 위기변수의 종단적 특성을 예측 요인으로 활용하여 인공신경망(Neural Network) 기반의 MLP(Multi-Layered Perceptron) 모델을 적용할 필요가 있다. 위기변수를 종단적으로 활용하여 위기아동을 예측하기 위해서는 분석 데이터 구축 단계부터 개선이 필요하다. 매해 4분기에는 만 3세 전수조사를 실시하기 때문에 분석 데이터가 생성되지 않는다. 단, 외부로부터 연계된 데이터는 시스템 저수지(Lake)에 존재하게 된다. 각 위기 정보들의 연계 주기가 다르기 때문에 분석 데이터를 기반으로 분기별 종단

데이터를 생성하는 것은 비효율적일 수 있다. 1차 필터링을 통해 지난 차수와 동일 변수를 가지고 있거나 지난 차수보다 위기변수 개수가 감소한 아동은 제외되기 때문에, 6개월 이상 동일 변수 보유자가 과소 추정될 수 있다. 결론적으로 연계 정보를 기반으로 종단 데이터를 구축하고, 위기 요인의 누적 효과 등을 분석하여 예측 모형 개선이 지속되어야 한다.

셋째, 서비스 요인 관련 문제점은 다음과 같다. 다양한 시스템 사용자와 분석 결과의 최종적 활용자인 시민 개개인에 대한 맞춤형 서비스가 필요하다. 'e아동행복지원시스템'인 중앙행정기관의 정책결정자뿐만 아니라, 지방자치단체의 사회복지 업무의 실무자들, 아동복지를 연구하는 연구자, 그리고 분석 결과를 통보받는 국민 개개인들의 상황과 그들의 목적과 기대에 부합하는 정보 및 서비스를 제공해야 한다. 현재의 시스템은 다양한 사용자와 국민의 기대와 목적에 부합하는 맞춤형 서비스를 제공하고 있지 못한 것으로 평가된다.

위기징후 아동 식별을 위한 'e아동행복지원시스템'의 개선은 몇 종류의 데이터를 더하고, 분석 모형을 개선하는 것으로는 기대효과를 충분히 달성하기 어려울 것으로 판단된다. 첫째, 데이터 요인과 관련하여 정부와 공공 부문이 보유하고 있는 데이터뿐만 아니라, 민간 부문이 보유하고 있는 데이터를 모두 결합하여 분석하지 않고서는 그 기대효과를 달성하기 어렵다. 정부와 공공 부문이 보유하고 있는 다양한 데이터 결합과 함께, 그것의 현행화를 비롯한 데이터 품질을 상시적으로 확인하고 개선할 수 있는 시스템이 필요하다. 이와 같은 개선을 위해서는 이 연구가 제시하는 'AI 기반 정부'의 구현이 필요하다. 데이터의 품질 제고 및 다양한 데이터의 연계는 'AI 기반 정부'의 중요한 데이터 인프라의 한 부분이 될 것이고 이를 위해서는 구조적인 개선이 필요하다.

둘째, 분석모형 요인과 관련하여, 'e아동행복지원시스템'이 추구하는 기대효과 개선을 위해서는 일회성의 알고리즘 개선으로는 부족하다. 분석에 활용되는 데이터의 변화와 정책 상황에 따라 알고리즘이 진화하는 시스템이 필요하다. 투입되는 데이터의 변화와 함께, 분석 결과의 피드백(feedback)에 따라 필요한 데이터를 식별하고 알고리즘 개선을 자동화·자율화 할 수 있는 진화적 시스템이 필요하다. 이와 같은 개선을 위해서는 이 연구가 제시하는 'AI 기반 정부'의 구현이 필요하다. 데이터의 품질 제고 및 다양한 데이터의 연계는 'AI 기반 정부'의 중요한 데이터 인프라의 한 부분이 될 것이고 이를 위해서는 구조적인 개선이 필요하다.

셋째, 맞춤형 서비스를 제공하는 AI 기반 정부가 필요하다. 다양한 사용자들이 시스템에 접근할 때, 그들의 차별화된 기대와 요구를 이해하면서도 동일한 데이터와 알고리즘을 활용해 대응하여 다양한 사용자라 하더라도 일관된 정보와 서비스를 제공하는 시스템이 요구된다. 이와 같은 개선을 위해서는 이 연구가 제시하는 'AI 기반 정부'의 구현이 필요하다. 'AI 기반 정부'는 AI 시스템이 사용자의 요구사항을 이해하고 그들의 요구와 기대에 차별적인 서비스와 정보를 제공하면서도 그것이 다른 관련 이해관계자나 사용자들에게 제공하는 정보화 서비스와의 일관성을 높일 수 있을 것이다.

결론적으로, 'e아동행복지원시스템'의 기능 및 성능 개선뿐만 아니라, 이 시스템이 추구하는 데이터 기반 아동학대 방지, 나아가 AI 기반의 고도화된 아동복지행정 및 정책 추진을 위해서는 기존의 전자정부 개선이나 데이터 및 알고리즘 등 시스템의 일부 개선이 아닌, 공공과 민간 부문이 보유한 데이터의 결합과 통합적 관리, 알고리즘 및 시스템 기능의 진화, 사용자의 기대와 요구에 따른 맞춤형 서비스 제공이 이루어질 수 있는 차세대 AI 기반 전자정부가 필요하며, 이를 위한 구조적 개선이 요구된다.

| 제4장 |

한국의 데이터 정책 추진의 교훈

1. 정책 추진의 적시성

　정부의 정책에 있어서 가장 중요한 요인들 중 하나가 적시성(Timing)이다. 아무리 좋은 정책이라도 정책이 발표되는 시기가 너무 이르거나 너무 늦으면 정책은 시장에 어떠한 효과도 주지 못하고 사장되고 만다. 정부의 인공지능 학습용 데이터 구축사업은 이러한 의미에서 매우 적절한 시기에 정책이 발표되어 정책적 목표와 효과를 동시에 달성했다고 평가할 수 있다. 인공지능 학습용 데이터 구축사업과 관련한 정부의 정책적 노력은 구글의 알파고(AlphaGo)와 이세돌 9단이 바둑 대결을 펼친 2016년으로 거슬러 올라간다.

　국내에서 인공지능에 대한 관심은 2016년에 벌어졌던 구글의 알파고와 이세돌 9단의 바둑 대결 전과 후로 나뉜다. 이 대결이 벌어지기 전에 알파고가 이길 것인가 아니면 이세돌 9단이 이길 것인가에 대한 예측이 분분했다. 이세돌 9단은 "이기는 것이 문제가 아니라 5 대 0이냐, 한 판이라도 내주느냐가 신경 쓰일 뿐"이라고 이야기할 만큼 자신감에 차 있었고, 대결 상대인 구글은 50 대 50으로 예측하고 있었다. 그러나 이 대결의 결과는 우리가 모두 알고 있듯이 4 대 1이라는 압도적인 결과로 알파고가 승리했다. 이러한 알파고의 압도적인 승리는 한국인들에게 인공지능에 대한 폭발적인 관심을 불러일으키는 데 커다란 역할을 했다.

정부는 알파고와 이세돌 9단의 대결에서 입증되었듯이 4차 산업혁명시대의 핵심 기술인 인공지능에 대한 국가 경쟁력을 높이기 위해 당시에 인공지능에 대한 국민적 관심을 유지할 뿐만 아니라 결집하기 위한 신속한 정책이 필요했다. 이를 위해, 정부는 2016년 4월에 '지능정보사회[1] 중장기 종합대책 추진계획'을 국무회의에 보고하고 9월에는 총리훈령에 근거해 6개 부처(기재부, 교육부, 미래부, 행자부, 산업부, 고용부) 공무원들과 민간 전문가로 구성된 '지능정보사회추진단'을 출범하여 12월에 '지능정보사회 중장기 종합대책'을 신속히 수립하고 발표했다.

정부는 이 대책에서 지능정보기술[2]이 4차 산업혁명의 동인이 될 것이라는 것을 예상하고 2030년까지 지능정보기술을 육성하기 위한 정부의 중장기 정책 방향을 발표했는데 여기에서 가장 강조한 부분이 미래 경쟁력의 원천인 데이터 자원에 대한 집중적인 투자였다.

정부는 이렇게 확정된 정책 방향을 바탕으로 AI 학습용 데이터셋(Data Set)에 대한 투자를 본격적으로 시작했다. 그러나 투자 첫해인 2017년에는 29억 원이라는 적은 규모의 예산을 투입했다. 그 이유는 한국에서 인공지능 스타트업이 차지하는 비중이 전체 스타트업의 1.6%로 매우 낮아 대규모 예산을 투입하여 인공지능 학습용 데이터를 구축한다고 해도 이를 활용할 수 있는 기업

---

[1] 고도화된 정보통신기술 인프라(IoT, 클라우드, 빅데이터, 모바일)를 통해 생성·수집·축적된 데이터와 인공지능이 결합된 지능정보기술이 경제·사회·삶 모든 분야에 보편적으로 활용되어 새로운 가치가 창출되고 발전하는 사회.

[2] 인간의 고차원적 정보처리를 ICT를 통해 구현하는 기술로 인공지능으로 구현되는 "지능"과 데이터·네트워크 기술(IoT, 클라우드, 빅데이터, 모바일)에 기반한 "정보"가 결합된 상태.

들이 극히 제한적이었기 때문이었다. 또한, 이미 구축한 데이터는 기술의 발전에 따라 끊임없이 갱신해 주지 않으면 도움이 되지 않거나 사용할 수 없기 때문에 시장의 상황을 정확히 분석하여 투자하는 것이 무엇보다 중요했다.

정부의 AI 학습용 데이터셋 구축에 대한 투자 규모는 2020년에 와서 3,000억 원 규모로 대폭 확대되었다. 이러한 예산의 대폭 확대에는 두 가지 요인이 작용했다. 첫 번째는 한국 내의 인공지능 시장의 성장이었다. 2016년에 1.6%이던 인공지능 스타트업 비중은 매년 약 1.53%씩 성장해 2020년에는 5.5배인 8.8%로 성장했다(중소벤처기업부, 2021). 이렇게 시장이 성장함에 따라 정부에 대한 기업들의 요구도 증가했는데 이러한 요구들 중에서도 모든 인공지능 기업들이 정부에 공통적으로 지원을 요청하는 사항이 정부가 대규모 투자를 통해 AI 학습용 데이터셋을 구축하여 개방해 달라는 것이었다.

두 번째는 한국을 강타한 코로나19 팬데믹으로 인해 실업률이 급격하게 상승했다. 한국의 고용노동부 산하에 있는 노동연구원에 따르면, 코로나19가 시작된 2020년 3월과 4월 두 달 동안 취업자 수는 102만 명 감소했고, 일시 휴직자는 99만 명 증가해 약 200만 명의 일자리가 충격을 받은 것으로 조사되었다. 따라서 정부는 대규모 고용 창출이 가능한 국책사업의 조속한 추진이 필요했는데 인공지능 학습용 데이터 구축사업이 이러한 조건을 가장 확실하게 충족하는 사업이었다.

다시 말해, 정부가 2020년부터 2022년까지 1조 2,459억 원을 투입하여 대규모 AI 학습용 데이터셋을 구축하기로 결정한 이유는 대규모 AI 학습용 데이터셋을 활용할 수 있는 초기 시장이 만들어져 투자의 효과를 거둘 수 있을 것으로 판단했으며 더 이상 미룰 경우 인공지능 선진국들과의 기술 격차가 너무 벌어져 향후에는 따라잡기 어려운 상황에 놓일 수 있다는 판단에서였다. 또한, 전 세계를 강타한 코로나19로 인한 실업률 증가 문제를 해결할 수 있고 4차 산업혁명시대를 대비할 수 있는 대규모 국책사업의 추진이 필요했

<그림 4-1> 기업의 AI 도입 저해 요인 및 일자리 창출 효과

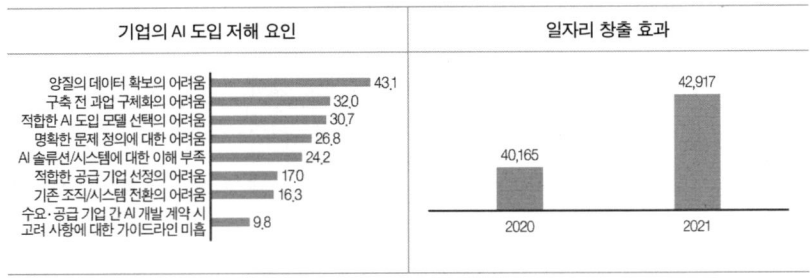

자료: 이경선·김성옥(2021).

는데 인공지능이 학습할 수 있도록 사람이 데이터에 라벨링을 해야 하는 인공지능 학습용 데이터 구축사업은 대규모 인력이 필요할 뿐만 아니라 4차 산업혁명 시대의 동인인 인공지능 기술 개발을 위해 필수적인 요소이기 때문이었다.

2. 신속하고 올바른 의사결정과 정책 실행

사람들은 흔히 '시대가 영웅을 만든다'고 말한다. 좋은 정책도 마찬가지다. 위에서 언급했듯이 하나의 정책이 성공하기 위해서는 정확한 타이밍에 정책이 수립되고 실행되어야 한다. 그런데 이렇게 정책이 정확한 타이밍에 수립되고 실행되기 위해서는 공무원들의 정책 결정이 필요하다. 한국의 ICT 발전에 있어서 가장 중요한 중심축 중의 하나가 공무원의 정확하고 빠른 정책 결정이다. 공무원들의 이러한 빠르고 정확한 의사결정은 빛의 속도로 변화하는 최근의 ICT 분야에서는 더욱 중요해졌다.

데이터가 중심을 이루는 디지털 뉴딜의 시작은 2020년 초로 거슬러 올라간다. 전 세계를 강타한 코로나19는 2020년 1월부터 예외 없이 한국을 강타했다. 수출, 취업률, 성장률 등 한국의 경제를 나타내는 모든 지표는 사상 최악으로 추락했다. 정부는 이러한 국가적 위기 상황을 타개하기 위해 신속히 움직였다. 이러한 국가적 위기 상황을 타개하기 위한 정책의 수립에서 가장 효과적인 방식은 하향식(Top-Down) 방식이다. 모든 국가의 정부 구조는 관료제 권력 구조를 따르고 있어 상향식(Bottom-Up)으로 수립되고 실행되는 정책은 민간 기업보다 오랜 시간이 소요될 수밖에 없다. 그에 반해, 하향식 방식은 정책의 수립과 실행에 관련된 모든 공무원들이 이미 의사결정을 내릴 준비가 되어 있다는 것이다. 따라서 민간 기업에 버금가는 때로는 민간 기업보다 빠른 의사결정이 이루어질 수 있다.

정부의 최종 의사결정 기관인 청와대는 기획재정부를 중심으로 한 경제 부처들에게 코로나19로 인한 경제 위기를 타개하기 위한 정책의 수립을 2020년 1월에 지시했다. 청와대의 지시를 받은 경제 부처들은 각 부처를 지원하는 산하기관들과 함께 코로나19로 인한 경제 위기를 극복하기 위한 각종 정책을 수립하여 청와대에 보고하는데 이 중의 하나가 과학기술정보통신부가 한국지능정보사회진흥원(NIA)와 함께 수립한 데이터 중심의 디지털 뉴딜이었다.

기획재정부는 각 부처에서 제안한 각종 정책들을 현재와 미래의 경제적 효과 측면에서 면밀히 검토했다. 제안된 정책이 수출, 취업률, 성장률 등 당장의 실물경제에 얼마나 효과가 있는지를 평가하는 것이 현재의 경제적 효과 측면이라면, 제안된 정책이 새로운 산업의 창출에 기여할 수 있는지를 평가하는 것이 미래의 경제적 효과 측면이었다. 기획재정부에 의해 선정된 정책들은 최종적인 의사결정을 받기 위해 청와대에 보고되었고, 이렇게 탄생한 것이 '한국판 뉴딜'이었다.

그런데 여기서 중요한 점이 이렇게 '한국판 뉴딜'이라는 정책이 만들어지기까지 얼마의 시간이 소요되었는가인데 정부가 '한국판 뉴딜'을 만들기까지 소요한 시간은 약 7개월이었다. 그렇다면 정부는 향후 5년간 160조 원이라는 막대한 정부 예산이 투입되는 '한국판 뉴딜'과 같은 정책을 어떻게 이렇게 단기간에 만들어낼 수 있었을까? 이에 대한 답은 각 부처의 산하에서 부처의 정책 수립을 지원하고 사업을 관리하는 300여 개의 산하기관에서 찾을 수 있다.

각 부처의 산하기관들은 오랜 기간 동안 해당 분야의 이슈와 트렌드를 연구하고 분석하면서 깊고 폭넓은 도메인 지식을 축적하고 있다. 따라서 '한국판 뉴딜'과 같이 부처에서 산하기관들로 긴급하게 정책 수립을 지원해 달라는 요청이 들어오면 산하기관들은 오랜 기간 동안 연구하고 분석한 결과를 바탕으로 현재와 미래의 관점에서 국가에 적합한 정책을 신속히 수립하고 이렇게 수립된 정책에 대해 공무원들은 실행을 결정하는 것이다.

3. 집단 지성 "크라우드 워커"의 활용

정부는 디지털 뉴딜을 통해 2025년까지 2조 5,000억 원을 투입하여 1,300종의 AI 학습용 데이터셋을 구축한다고 발표했다. 다시 말해, 정부는 2025년까지 매년 평균 5,000억 원을 투입하여 260종의 AI 학습용 데이터셋을 구축한다는 계획을 수립한 것이다(<그림 4-2> 참조).

이 계획에 따라 한국 정부는 지난 2년간(2020년~2021년) 6,630억 원을 투입하여 340종의 AI 학습용 데이터셋을 구축했다. 연초에 수립된 인공지능 학습용 데이터 구축사업의 당초 계획은 2020년에 390억 원을 투입해 20종의 AI 데이터셋를 구축하는 것이었다. 그러나 이 사업이 디지털 뉴딜의 핵심 사업으로 선정됨에 따라 2020년 10월부터 2021년 3월까지 약 5개월간 2,925억 원을 추가로 투입해 150종의 AI 데이터셋을 추가로 구축하는 계획으로 대폭 확대되었다.

이렇게 인공지능 학습용 데이터 구축사업의 규모가 최초 계획보다 7.5배

<그림 4-2> 정부의 AI 학습용 데이터셋에 대한 연도별 투자 계획

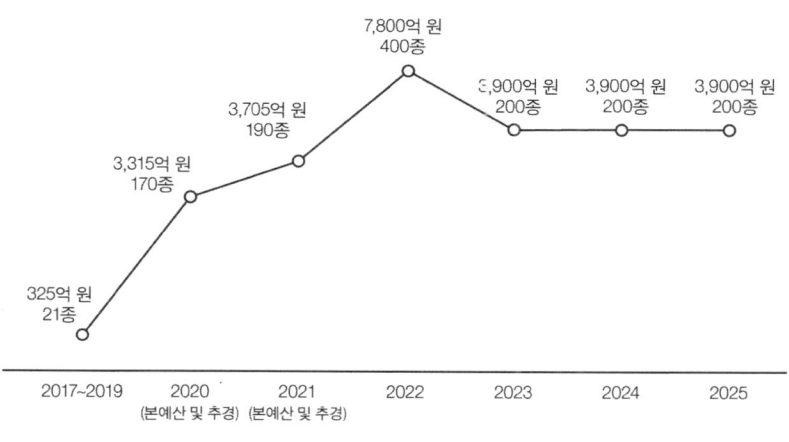

자료: 저자 작성.

가까이 확대되면서 대규모 AI 학습용 데이터셋 구축을 위한 인력 수급 문제가 부상했다. 정부의 내부 분석에 따르면, 2,925억 원의 예산이 추가로 투입되어 150종의 데이터셋을 추가로 구축하기 위해서는 데이터 라벨러가 5만 명이 필요한 것으로 추산되었다. 그런데 이러한 추가 인력 수요는 기존의 390억 원을 투입해 20종의 데이터셋을 구축하는 데 필요했던 7,000명의 데이터 라벨러와 비교해 7.5배나 증가한 수요였다. 따라서 기존과 같이 사업공고 절차를 거쳐 사업자를 선정하고 이렇게 선정된 사업자가 자사가 보유하고 인력을 활용해 데이터를 라벨링 하는 사업 방식으로는 도저히 사업 추진이 불가능한 상황이었다. 따라서 정부는 기존의 사업 방식에서 과감히 탈피하여 디지털 역량을 갖춘 국민이면 누구나 데이터 라벨링 작업에 참여할 수 있는 새로운 사업 방식의 도입을 고민했고 다양한 의견 수렴을 거쳐 크라우드소싱을 새로운 사업 방식으로 확정했다.

크라우드소싱(Crowdsorcing)은 'crowd'와 'outsourcing'의 합성어로 언제 어디서나 온라인 플랫폼을 통해 디지털 역량을 갖춘 국민이면 누구나 원하는 시간에 원하는 만큼 데이터의 수집·정제·가공·검수 과정에 참여할 수 있는 방식을 뜻한다. 크라우드소싱 방식으로 사업을 추진하게 되면 기업의 입장에서는 한정된 기간 안에 인력을 유연하게 고용해 프로젝트를 수행할 수 있다는 장점이 있고, 크라우드 워커(crowd worker)의 입장에서는 언제 어디서나 일할 수 있다는 장점이 있다. 크라우드 워커는 집, 카페, 야외 등 인터넷을 통해 크라우드소싱 플랫폼에 접속해 작업이 가능한 장소면 어디에서든 데이터 라벨링 작업을 수행할 수 있고, 10분을 일하든 100시간을 일하든 자신의 상황에 따라 원하는 시간에 원하는 만큼의 작업을 수행할 수가 있다. 이러한 크라우드소싱의 장점 때문에 코로나19 상황하에서 취업난을 겪고 있는 청년, 경력단절 여성, 장애인, 은퇴자 등 사회적 약자들에게 일할 수 있는 기회를 제공함과 동시에 정기적이고 일정한 수입의 보장을 통해 최소한의 생활을 영위할 수 있도록 지원하여 기업뿐만 아니라 일반 국민에게서도 긍정적인 반응을 이끌어낼 수 있었다.

이러한 크라우드소싱 방식을 통해 사업을 성공적으로 추진하기 위해서는 몇 가지 유의할 사항이 있다. 첫째, 국가적으로 ICT 인프라가 잘 갖추어져 있어야 한다. 위에서도 언급했듯이, 크라우드소싱은 크라우드 워커가 언제 어디서나 크라우드소싱 기업의 플랫폼에 접속해 이미지, 영상, 음성 등 대용량 파일에 실시간으로 라벨링을 수행하는 방식이기 때문에 어느 특정한 장소가 아닌 국가 전체적으로 빠른 네트워크가 잘 갖추어져 있어야 한다. 한국은 OECD 회원국들 중에서 초고속 광섬유 비중(81.7%), 모바일 브로드밴드 이용량(24GB/월), 인터넷 다운로드 속도(156Mbps) 등에서 1위를 차지하고 있을 정도로 네트워크가 잘 갖추어져 있다(OECD, 2020). 따라서 데이터 라벨링 작업에 참여를 원하는 크라우드 워커 누구나 원하는 장소와 시간에 구애 받지 않고 데이터 라벨링 작업에 참여할 수 있었다.

둘째, ICT 활용 능력을 갖춘 풍부한 인력이 필요하다. 데이터 라벨링 작업은 인공지능 모델링이나 프로그래밍과 다르게 진입 장벽이 낮아 일반인도 쉽게 참여할 수 있는 업무 중의 하나에 속한다. 그러나 아무리 진입 장벽이 낮다고 해도 아무나 데이터 라벨링 작업을 수행할 수 있는 것은 아니다. 데이터 작업을 수행하기 위해서는 기본적으로 컴퓨터를 능숙하게 다룰 수 있고 소프트웨어를 다운로드-설치-사용하는 데 익숙해야만 인터넷을 통해 크라우드소싱 플랫폼에 접속해 플랫폼에서 제공하는 다양한 툴을 활용해 데이터에 라벨링 할 수 있다.

2020년 7월을 기준으로 한국의 전체 가구 중 인터넷 접속이 가능한 가구의 비율은 99.7%이며, 만 3세 이상 인구 중에서 91.9%가 일주일에 평균 20.1시간 인터넷을 이용하고 있다. 특히, 데이터 라벨링 작업에 가장 활발하게 참여한 20대부터 50대까지의 인터넷 이용률은 거의 100%로 나타났는데 이는 결과적으로 약 3,100만 명이 데이터 라벨링 작업에 참여할 수 있다는 의미다(한국지능정보사회진흥원(NIA), 2021).

셋째, 대규모 크라우드 워커들이 원격으로 접속해 작업할 수 있는 크라우드소싱 플랫폼을 가진 다수의 기업이 있어야 한다. 위에서도 언급했듯이 데이터 라벨링은 인공지능 분야에서 일반인도 쉽게 수행할 수 있는 작업이다. 그러나 크라우드 소싱 방식을 통해 데이터 라벨링에 대한 경험과 이해도가 상이한 수만 명의 일반인들을 효과적으로 관리하여 고품질의 AI 학습용 데이터셋을 생산해 내는 것은 쉬운 일이 아니다. 따라서 대규모 인공지능 학습용 데이터 구축사업을 추진하기 위해서는 이러한 대규모 AI 학습용 데이터셋 물량을 소화해 낼 수 있는 경험과 노하우를 축적한 크라우드소싱 기업이 필요한 것이다. 정부가 대규모 인공지능 학습용 데이터 구축사업을 추진키로 결정한 2019년에 한국에는 수년간 다양한 프로젝트 수행을 통해 경험과 노하우

<표 4-1> 크라우드 워커에 대한 비용 처리 검증 체계

단계	상세 내용
1단계	모든 크라우드 워커와는 정부가 제시하는 표준계약서 작성 의무화
2단계	매월 고액 수령자(200만 원 이상) 대상 작업 결과물 전수 조사
3단계	플랫폼의 로그 기록을 통한 개인별 작업 결과 무작위 검증
3단계	크라우드 워커 비용 처리 부정 신고 사이트 운영
4단계	개인별 작업량에 따른 비용 지급 내역 제출 의무화 및 전수 확인

자료: Superb AI(2021).

를 가진 14개의 크라우드소싱 기업이 자신들의 플랫폼을 통해 크라우드 워커를 모집하여 작업할 수 있는 환경을 이미 갖추고 있었고, 이러한 크라우드 소싱 기업은 정부가 인공지능 학습용 데이터 구축사업에 투자를 확대함에 따라 지난 3년간 매년 증가하여 2021년에는 92개로 26.74% 증가했다. 현재 한국에 있는 92개의 크라우드소싱 기업들은 수만 명에서부터 수십만 명을 모집해 데이터 라벨링 작업을 수행할 수 있어 정부가 발주한 물량을 충분히 소화할 수 있는 역량을 갖추고 있다.

넷째, 크라우드소싱 기업들이 크라우드 워커에 대한 비용 처리를 검증하기 위한 검증 체계가 있어야 한다. 크라우드 소싱 방식은 처음부터 사업 참여자를 특정하고 이렇게 특정된 참여자만이 과정을 수행하고 이에 따른 비용을 지급받는 방식이 아니라 사업이 지속되는 기간 동안 참여를 원하는 불특정 다수가 원하는 만큼 작업을 수행하고 이에 따른 비용을 지급을 받는 방식이기 때문에 비용 처리에서 부정이 발생할 가능성이 기존 사업 방식보다 높다. 예를 들어, 작업을 수행하지 않은 사람을 작업 수행자로 등록해 비용을 처리한다거나 크라우드 워커가 실제로 작업한 양보다 부풀려 비용을 지급하는 방식으로 부정을 저지르는 경우가 발생할 수 있다. 정부는 이러한 부정을 방지하기 위해 <표 4-1>과 같이 비용 처리에 대한 몇 가지 검증 체계를 갖추었다.

4. 데이터 거버넌스 및 품질 관리

1) 데이터 정책 기획 및 실행을 위한 전담조직 설립

정부가 이렇게 거대한 국책사업을 단시일 내에 추진할 수 있었던 배경에는 정부의 정책과 사업을 밀착 지원하고 있는 전담기관의 역할이 컸다. 정부 조직구조는 새로운 정부가 들어서는 5년을 주기로 변화하는 국내외 상황에 따라 변화한다. 예를 들면, 2008년에 ICT를 총괄하던 정보통신부를 없앴다가 2013년에 과학기술과 ICT 기능을 합쳐 미래창조과학부(현 과학기술정보통신부)를 신설한 사례가 대표적이다.

이렇게 새로운 정부가 들어설 때마다 정부의 조직구조에 변화를 주는 것은 변화하는 대외 환경에 정부가 신속하고 집중적으로 대응할 수 있다는 점에서 바람직하다. 반면에 정부 조직구조의 잦은 변화는 기존의 부처가 수년 또는 수십 년에 걸쳐 업무를 수행하는 과정에서 축적한 지식-경험-노하우를 이어가지 못하고 분실할 매우 위험이 높다. 이렇게 정부의 조직구조가 변화하는 과정에서 기존 부처가 축적한 지식-경험-노하우가 소실되면 정부의 기존 정책과 사업은 기존대로 추진이 되고 새로운 정책과 사업은 새롭게 추진이 되어 결국에는 정부의 정책과 사업에 일관성과 연속성이 떨어져 결국에는 정책과 사업의 효과성에도 부정적인 영향을 미치게 된다.

정부는 이러한 문제점을 해결하기 위해 부처 산하에 부처가 수립하고 추진하는 각종 정책과 사업을 밀착 지원하는 전담기관을 두어 업무를 추진하는 과정에서 축적한 지식-경험-노하우를 유지할 뿐만 아니라 새로운 정책을 수립하고 새로운 사업을 만들어 추진하는 과정에서 이들을 적극 활용하고 있다. 이번 디지털 뉴딜을 중심으로 한 대규모 인공지능 학습용 데이터 구축사업의 추진에 있어 과기부 산하의 한국지능정보사회진흥원(NIA)이 커다란 역할을 수행했다.

한국지능정보사회진흥원(NIA)은 1987년에 설립되어 정부의 ICT와 관련한 각종 국가 차원의 정책의 수립, 사업 기획, 사업 추진 등을 수행했고, 이러한 과정에서 축적된 지식-경험-노하우는 고스란히 한국지능정보사회진흥원(NIA) 조직에 내재되어 있어 ICT와 관련해 정부가 원하는 시점에 원하는 주제로 새로운 정책의 수립을 지원할 수 있는 역량을 보유하고 있다.

한국지능정보사회진흥원(NIA)이 가진 장점은 크게 세 가지로 요약할 수 있다. 첫째, 지난 36년간 정부의 ICT 정책의 수립을 지원하고 사업을 추진하는 과정에서 축적한 지식-경험-노하우이다. 1987년에 정부가 국가적 차원에서 최초로 계획하고 추진한 ICT 정책인 국가기간전산망사업의 실무 총괄부터 최근의 디지털 뉴딜의 기획을 지원하고 디지털 뉴딜의 가장 핵심인 데이터 관련 사업을 추진한 경험까지 한국의 ICT 관련 모든 지식-경험-노하우가 한국지능정보사회진흥원(NIA) 조직 내에 그대로 녹아 있다고 해도 과언이 아니다.

둘째, 한국지능정보사회진흥원(NIA)이 보유한 방대한 인적 네트워크이다. 한국지능정보사회진흥원(NIA)은 정부-기업-학계 모두에 탄탄한 인적 네트워크를 구축하고 있다. 좋은 정책은 최고의 전문가가 모였을 때 만들어진다. 하지만 최고의 전문가가 모였다고 최고의 정책이 만들어지지는 않는다. 이러한 최고의 전문가들을 모으고 의견을 조율하며 최고의 정책을 만들 수 있는 조직이 있어야 가능하다. 한국지능정보사회진흥원(NIA)은 의료, 교육, 환경, 국방 등 한국 내의 각 분야 최고의 전문가들과 상시 소통하며 최신 기술과 서비스에 대해 논의하고 분석하며 함께 지식을 쌓아나간다. 따라서 한국지능정보사회진흥원(NIA)은 이와 같이 한국 내 최고의 전문가로 구성된 탄탄한 인적 네트워크를 바탕으로 정부가 요구하는 각종 ICT 정책을 신속하고 효과적으로 수립하고 실행할 수 있다.

:: 사례 ::

**한국지능정보사회진흥원(NIA)의 인적 네트워크를 활용한
국가 마스크 대란 해결**

　2020년 1월 20일, 한국 내에 첫 코로나19 확진자 발생을 시작으로 감염병 확산 상황에 맞서 정부는 공적 마스크 수급 안정화 대책을 발표했다. 하지만 공적 마스크 현황 정보를 파악할 방법이 없어 국민들이 장시간 줄을 서는 문제가 발생했고, 마스크 구매를 위한 밀착된 줄 서기는 국민을 2차 감염의 위험에 노출시켰다. 이에 따라, 코로나19 확산 방지를 위해 시빅해커(Civic Hacker)들은 코로나19와 관련한 공공데이터 개방 요구에 나섰다. 마스크 판매 현황 데이터 개방에 대한 일선 약국들의 거부감이 있었으나 대한약사회를 통해 약국 현장의 애로 사항과 문제점을 적극적으로 청취하여 데이터 개방과 서비스에 반영했다.

　시민개발자의 아이디어를 실제 서비스 구현까지 추진하기 위한 다양한 이해관계자의 참여는 필수 사안으로, 보수나 대가 없이 자발적 참여와 기여로 실현할 수 있도록 한국지능정보사회진흥원(NIA)은 공공데이터 활용 기업과 시민개발자를 참여시키고, 네이버, KT 등과 같은 클라우드 기업의 협업을 이끌어냈다. 한국지능정보사회진흥원(NIA)은 PM 역할을 수행하며 약사, 시민개발자, 스타트업, 포털사, 클라우드 기업, 이용자, 정부 등 모든 이해관계자가 서로 잘하는 역할을 맡도록 의사소통과 협력을 지원했다.

　그 결과, 기존에 마스크를 구매하기 위해 코로나19 감염의 위험을 무릅쓰고 긴 줄에서 대기해야 했던 국민은 대기 없이 앱을 통해 자신의 구매 날짜에 마스크를 구매할 수 있게 되어 마스크 수급을 조기에 안정화시킬 수 있었고, 정부의 코로나19 정책에 대한 신뢰를 높이는 데 크게 기여했다.

자료: 「적극 행정 펴져 나가다」, 인사혁신처, 국무조정실, 행정안전부, 2021.6.

　셋째, 한국지능정보사회진흥원(NIA)은 정책의 수립을 지원할 뿐만 아니라 정책의 실행을 위한 주요한 사업들도 함께 수행함에 따라 시장의 상황을 고려한 현실적이고 구체적인 정책 수립의 지원이 가능하다. 각종 사업의 추진을 통해 정확한 시장 현황, 문제점, 걸림돌, 대안 등을 알 수 있었고 이러한 경험들이 정책의 수립 과정에 녹아 들어감에 따라 지금과 같이 현실적이고 구체적인 정책의 수립을 지원할 수 있었다.

2) 데이터 품질 향상을 위한 전략: Quality, Quality, and Quality!!!

인공지능 학습용 데이터가 성공적으로 구축되었는가를 판가름하는 가장 중요한 기준은 다른 무엇보다도 구축된 데이터의 품질이다. 최근 들어, 인공지능 기반의 서비스 개발에 필요한 대부분의 인공지능 모델은 각종 문헌을 통해 공개된 신경망 모델을 활용하면 모든 문제에 대해 충분하지는 않지만 주요한 문제에 대해서는 충분히 활용이 가능하다. 결국, 인공지능 기반의 서비스 성능을 결정짓는 요인은 인공지능 모델에 학습시키는 데이터의 품질이 얼마나 우수한가에 달려 있다고 말할 수 있다(MIT Technology Review, 2021). 제4차 산업혁명의 핵심인 인공지능을 학습시키기 위해서는 많은 양의 데이터가 필요하다는 것은 인공지능 연구자라면 누구나 동의하는 사실이다. 그렇지만 무조건 많은 양의 데이터로 성능이 좋은 인공지능을 만들 수 있는 것은 아니다. 아무리 대규모 데이터를 확보했다고 해도 편향된 데이터로 학습된 인공지능은 성능 문제를 넘어서 사회적·윤리적 문제까지 일으켜서 연구자나 기업에게 돌이킬 수 없는 피해를 가져올 수 있다. 이렇게 기업들이 데이터의 품질에 더욱 관심을 갖게 된 배경에는 최근에 데이터의 품질에 문제가 있어 발생했던 사건들도 커다란 영향을 미쳤다.

우리에게 잘 알려진 글로벌 ICT기업 중에서 아마존(Amazon)은 2018년에 자체 개발한 인공지능 채용 프로그램을 실제 적용하기 전 최종 시뮬레이션 과정에서 남성 지원자가 여성 지원자보다 지속적으로 더 높은 점수를 받는 편향이 발생하여 폐기했다. 인공지능 채용 프로그램에 이러한 편향이 발생하게 된 원인을 분석한 결과, 아마존이라는 기업의 직원 구성에 그 원인이 있었다. 인공지능 채용 프로그램은 해당 기업에서 높은 성과와 좋은 평가를 받았던 직원들의 데이터를 기준으로 판단하게 되는데, 아마존은 ICT 기업으로서 개발자가 전체 직원 수의 70% 이상을 차지했고, 이러한 개발자 중 남성 직원

수가 여성보다 압도적으로 많았다. 당연히 성과가 높은 직원들의 대부분이 남성 직원들이었고 이를 근거로 판단한 인공지능은 남성 지원자를 우대할 수밖에 없었던 것이다.

한국에서는 2021년에 인공지능 전문 스타트업인 스캐터랩에서 출시한 인공지능 챗봇 '이루다'가 사회적으로 큰 파장을 일으키며 오픈한 지 3주 만에 서비스를 중단했다. 이루다는 20세 여대생으로 설정된 인공지능 챗봇이다. 우리가 SNS 메신저로 가족, 친구, 동료 등과 대화하듯이 가상의 인공지능 챗봇과 대화하는 것이다. 이루다는 10대~20대 청소년들에게 크게 인기를 끌면서 2주 동안 75만 명이 넘는 사람들이 이용했다. 그런데 이렇게 이용자가 늘어나자 이루다가 여성, 동성애, 장애인 등 사회적 약자와 소수자를 차별한다는 문제가 대두되었다. 이루다가 "레즈비언은 끔찍하고 소름 끼친다", "장애인은 불편하다", "지하철 임산부석은 혐오스럽다" 등의 발언을 쏟아낸 것이다. 이루다가 사회적 약자와 소수자를 차별하는 원인을 분석한 결과, 여러 가지 원인들 중의 하나가 데이터의 품질이었다. 스캐터랩은 이루다를 개발하는 과정에서 자사가 보유한 다른 서비스에서 연인들이 나누는 대화를 정제하지 않고 그대로 학습시켰다. 따라서 연인들 간에 나눈 대화에서 사회적 약자와 소수자를 향한 편향적인 대화들이 그대로 이루다에 학습되면서 이러한 문제가 발생했던 것이다.

위의 두 가지 사례 이외에도 인공지능이 낮은 품질의 데이터(편향된 데이터 포함)를 학습해 문제가 된 사례는 최근 들어 더욱 빈번해지고 있다. 예를 들면, 마이크로소프트(MicroSoft)가 2016년에 선보인 챗팅봇 '테이(Tay)'가 일부 사용자들의 욕설, 성차별 발언, 자극적인 정치조 발언 등을 그대로 학습하면서 인종차별적이고 성차별적인 발언을 쏟아내면서 서비스를 공개한 지 16시간 만에 운영을 중단했던 사례도 있었다. 이러한 사례들은 데이터의 품질이 인공지능 서비스를 넘어 기업의 이미지와 존립에도 커다란 영향을 미칠 수

<표 4-2> 4대 필수 품질 검증 지표

지표	설명
다양성	AI의 학습에 필요한 카테고리별로 데이터량이 균일한지를 검사
구문 정확성	데이터 구조, 형식, 입력값 등이 정확하게 입력되어 있고 누락된 정보는 없는지를 검사
의미 정확성	데이터에 객체를 식별하는 라벨링이 정확하게 이루어졌는지를 검사
유효성	구축된 데이터의 학습으로 인공지능 모델의 성능이 제시된 목표를 달성했는지를 검사

자료: 과학기술정보통신부·한국지능정보사회진흥원(NIA)(2023b).

있다는 것으로 여실히 보여주고 있다.

정부는 이러한 데이터 품질의 중요성을 인식하고 인공지능 학습용 데이터 구축사업 초기부터 데이터 품질을 높이기 위해 세 가지 노력을 기울였다. 첫째, 구축된 데이터가 제대로 구축되었는지를 검증하기 위해 〈표 4-2〉와 같이 4대 필수 품질 검증 지표를 선정했다.

다양성은 최초에 기획한 인공지능의 학습 목적에 부합하도록 실제 세상의 데이터와 유사한 특성을 가진 데이터를 확보했는가를 검증한다. 예를 들어, 인공지능 기반의 자율주행 서비스를 개발하기 위해 도로 위 자동차 영상 데이터를 구축한다면 세단, 트럭, SUV 등 실제 도로 위에서 볼 수 있는 다양한 자동차 영상이 수집되어야 자율주행 서비스가 도로상의 모든 자동차를 인식하여 오류 없이 자율주행 임무를 수행할 수 있다.

구문 정확성은 인공지능 학습용 데이터로 구축된 데이터의 라벨링 구조, 입력값 범위, 데이터 형식 등이 사전에 정의한 구문 규칙에 따라 정확하게 입력되었고 누락된 데이터가 없는지를 검증한다. 예를 들어, 자동차 폴더 안에 강아지가 들어가 있거나 강아지인데 고양이로 라벨링 되어 있다면 구문 정확성을 검사하는 과정에서 걸러진다.

의미 정확성은 원천 데이터에 객체의 식별을 위한 라벨링 작업이 정확히

<그림 4-3> 한국의 데이터 검증 절차

① 데이터 구축 기업 자체 점검 → ② 데이터 오류 수정·보완 → ③ 전문기관에 의한 데이터 정밀 검증 → ④ 데이터 오류 수정·보완 → ⑤ 기업 활용을 통한 데이터 검증 → ⑥ 데이터 오류 수정·보완 → ⑦ 완료

자료: 과학기술정보통신부·한국지능정보사회진흥원(NIA) (2023b).

이루어졌는지를 검증한다. 예를 들어, 고양이를 라벨링 하는 과정에서 데이터에 나와 있는 고양이의 전체를 라벨링 한 것이 아니라 머리, 몸통 등 고양이의 일부분만을 라벨링 했다면 의미 정확성을 검사하는 과정에서 걸러지게 된다.

유효성은 구축된 데이터를 인공지능 모델에 학습시켰을 때 목표로 제시한 성능을 달성했는지를 검사한다. 예를 들어, 최초에 제시된 인공지능 모델에 데이터를 학습시키기 전의 성능이 80%였고 데이터를 학습시킨 후의 목표 성능을 90%으로 설정했다면 제시된 인공지능 모델에 데이터를 학습시켜 목표 성능인 90%를 만족시키는지를 검사한다.

둘째, 각각의 데이터를 구축하는 과정에서 3단계에 걸친 품질 검증 절차를 거치도록 했다(<그림 4-3> 참조). 1단계는 데이터를 구축한 사업자를 통한 자체 검증이다. 사업자는 구축이 완료된 데이터를 제출하기 이전에 위에서 정의된 4대 필수 품질 검증 지표 각각에 대해 자체적으로 검증한 후에 그 결과를 데이터와 함께 제출해야 한다. 자체 검증한 결과에서 어느 하나라도 미흡한 결과가 있다면 이를 보완하고 데이터를 제출해야 한다.

2단계는 데이터 품질 검증 전문기관을 통한 검증이다. 비록 1단계에서 자체 품질 검증을 통과했다 하더라도 제3의 기관을 통한 객관적인 검증은 필수이다. 따라서 2단계에서는 1단계를 통과해 제출된 데이터를 대상으로 데이터 품질 검증 전문기관을 통해 4대 지표에 대해 목표 대비 달성도를 측정해 미달성 데이터에 대해서는 보완 조치한다.

3단계는 2단계에서 품질이 미흡한 데이터에 대한 보완과 재검증이다. 2단계의 검증 결과는 각각의 데이터에 따라 매우 상이하다. 어떤 데이터는 모든 지표의 목표를 달성한 반면에 어떤 데이터는 모든 지표의 목표를 미달성하는 경우가 발생한다. 그러면 전문기관은 미달성된 지표를 달성할 때까지 사업자에게 보완을 요청한다.

   셋째, 데이터를 개방하기 이전에 인공지능 전문 기관과 전문 기업을 대상으로 데이터를 활용하게 하고 문제점을 도출하여 개선한다. 아무리 공을 들여 구축한 데이터라도 대규모 데이터를 구축하게 되면 어딘가에 오류가 있기 마련이다. 따라서 AI 학습용 데이터셋을 필요로 하는 기업과 기관에 미리 데이터를 써보도록 하고 구체적이고 실질적인 문제점을 찾아내 보완하여 데이터의 품질을 높이는 것이다.

   이러한 노력을 통해 정부는 2020년에 구축한 170종의 AI 학습용 데이터셋에 대해 다양성 100%, 구문 정확성 99.2%, 의미 정확성 87.2%, 모델 유효성 81.3%를 달성했다. 이는 전 세계에서 SOTA로 인정받고 있는 MS COCO나 구글의 이미지넷(ImageNet)의 데이터와 동일한 수준이다.

3) 개인정보 보호 및 윤리 강화(Sacrifice Quality, but Elevate Privacy)

   위에서도 언급했듯이 인공지능 서비스 개발에서 데이터 품질은 그 무엇과도 바꿀 수 없을 정도로 가장 중요한 요소이다. 그러나 아무리 데이터의 품질이 인공지능 서비스 개발에 중요하다 하더라도 프라이버시보다 중요할 수는 없다.

   우리의 개인정보보호법은 개인과 관련한 데이터를 수집하고 활용하는 것에 대해 매우 엄격하게 규정하고 있다. 정보 주체의 사전 동의 없이 개인정보를 수집 또는 이용하거나 제3자에게 제공하면 위법행위로 간주되어 제제를 받게 된다. 그런데 AI 학습용 데이터셋을 구축하기 위해 데이터를 수집하는 과정에서 개인정보보호법을 위반할 위험성이 매우 높다. 예를 들면, 한국에서 유명한 건물, 공공기관, 관광 명소, 편의 시설 등과 같이 한국을 대표할 수 있는 랜드마크 이미지 데이터를 구축하는 과정에서 건물을 출입하거나 관광 명소를 지나가는 사람의 얼굴이 함께 수집될 수 있는 가능성은 매우 높다. 또한, 자율주행을 위한 도로주행 영상 데이터를 수집하는 과정에서 동의를 받지 않은 개인 소유의 자동차 번호판 데이터가 수집되는 것은 피할 수 없다.

인공지능 서비스를 개발하는 전문 기업들은 이렇게 사전 동의 없이 수집된 데이터 그대로를 활용해 데이터 라벨링을 해주기를 원한다. 왜냐하면, 현실 세계에서는 건물이나 관광 명소에 사람들이 드나드는 것이 너무나 당연하고, 도로 위의 차들은 모두 번호판을 부착하고 있기 때문에 이러한 데이터를 인공지능이 학습했을 때 더욱 정교한 인공지능 서비스를 개발할 수 있기 때문이다.

그러나 정부는 기업의 요구를 들어주기보다는 기업을 설득해 현재의 법 제도 테두리 안에서 AI 학습용 데이터셋을 구축하는 것으로 정책의 방향을 설정했다. 이러한 결정을 내리게 된 이유는 크게 두 가지였다. 첫째, 개인정보 보호와 활용에 대한 사회적 논의가 여전히 활발히 진행 중인 상황에서 특별법, 대통령령, 장관고시 등 인공지능 학습용 데이터 구축사업을 예외로 인정하기 위한 제도적인 장치를 별도로 만들어 추진하는 것은 사회적으로 소모적인 논쟁을 불러일으켜 오히려 사업의 추진을 어렵게 만들 수 있었기 때문에 기존의 법 제도 테두리 안에서 사업을 추진키로 결정했다.

둘째, 정부가 데이터의 유출을 막기 위해 아무리 보안관리 체계를 철저히 구축한다 해도 인공지능 데이터 플랫폼(AI 허브)를 통해 공개하기 때문에 결국에는 데이터가 유출될 수밖에 없는 상황이었다. 우리 모두가 경험을 통해 알고 있듯이 온라인을 통해 한번 유출된 데이터는 정부가 어떠한 노력을 기울여도 완벽히 회수하거나 유통을 막을 수 있는 방법이 사실상 불가능하다. 이에 따라, 정부는 데이터 유출에 따른 국민의 프라이버시 침해를 방지하기 위해 개인정보를 철저히 준수한 상태에서 인공지능 학습용 데이터 구축사업을 추진키로 결정했다.

셋째, 정부는 국내 인공지능 전문 기업의 글로벌 진출을 지원하기 위해 현재의 법 제도 준수를 결정했다. 현재 각국은 기업들이 불법적으로 획득한 데이터를 활용해 인공지능 서비스를 개발하는 것을 방지하기 위해 노력하고 있다. 따라서 정부는 향후 몇 년 내에 기업들이 자신들이 개발한 인공지능 서비스를 출시하기 위해서는 출시하려는 각국 정부에 인공지능 학습에 활용된 데이터의 전 생애주기의 합법성을 의무적으로 증빙해야 할 수도 있을 것으로 예상했다. 이에 따라, 정부는 비록 당장은 법 제도 준수에 따라 인공지능 서비스의 성능이 다소 떨어진다 하더라도 장기적인 관점에서는 국내 기업들이 해외 시장을 진출함에 있어 걸림돌이 사라지기 때문에 훨씬 이익이 된다고 판단했다.

그 결과, 한국 정부가 구축한 모든 AI 학습용 데이터셋은 사전에 동의를 받지 않은 사람들에 한해서 얼굴, 이름, 주소, 전화번호, 차량 번호판 등의 개인정보에 대한 비식별화 조치를 완료한 데이터만을 대상으로 데이터 라벨링 작업을 수행했다. 특히, 개인정보의 노출이 우려되는 데이터에 대해서는 샘플 검사가 아닌 전수 검사를 통해 개인정보의 보호를 위해 노력했고, 헬스케어, 국토 초정밀 사진 등 개인과 국가에 민감한 정보에 한해서는 일반에 개방하지 않고 온라인과 오프라인 안심존에서만 데이터를 활용할 수 있도록 하여 개인정보의 보호를 위해 최대한 노력했다.

제2부

AI 정부

제5장 인공지능 서비스의 특징과 AI 정부
제6장 AI 정부의 두뇌, 정부 인공지능 기본 모델 구현
제7장 AI 정부 에이전트 구현 방안
제8장 AI 정부 구현을 위한 도전과 과제

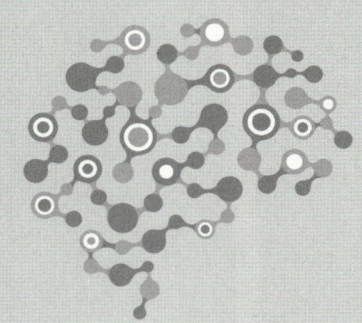

| 제5장 |

인공지능 서비스의 특징과 AI 정부

1. AI의 개념, 작동 방식과 구성 요소

1) AI의 개념과 작동 방식

AI(Artificial Intelligence, 인공지능)는 "기계가 인간처럼 학습하고 판단할 수 있도록 만드는 기술"로 지난해 말 통과된 AI 기본법('인공지능 발전과 신뢰 기반 조성 등에 관한 기본법')은 AI(인공지능)를 "학습, 추론, 지각, 판단, 언어의 이해 등 인간이 가진 지적 능력을 전자적 방법으로 구현한 것"이라고 정의하고 있다. 이는 기존의 ICT가 정보(데이터 등)를 수집, 저장, 전송, 처리하는 기술이었다면, AI는 방대한 데이터를 분석하여 패턴을 발견하고 자동으로 의사결정을 내릴 수 있다는 점에서 차별화된다.

AI의 발전은 정부 행정에도 영향을 미치고 있으며, 정책 결정, 행정 효율성 증대, 맞춤형 시민 서비스 제공 등 다양한 방식으로 활용될 수 있다. AI는 단순 반복적인 행정 업무를 자동화할 뿐만 아니라, 복잡한 사회적 문제를 분석하여 최적의 정책 대안을 도출하는 데 기여할 수 있다.

따라서 AI의 핵심은 학습과 판단으로 크게 ① 데이터 처리 → ② 학습 →

<그림 5-1> AI 발전의 역사

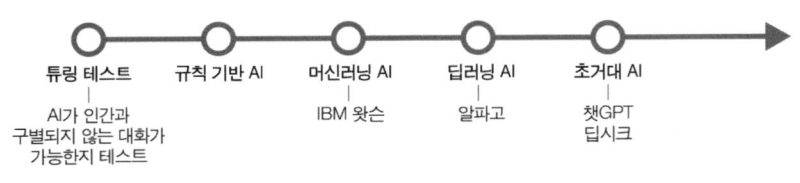

자료: 저자 작성.

<그림 5-2> AI 작동 방식

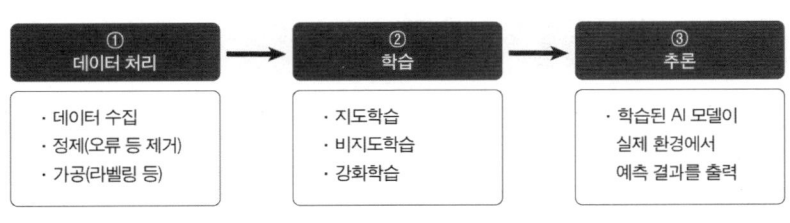

자료: 저자 작성.

③ 추론(예측 및 판단)의 세 가지 과정을 통해 작동한다.

① 데이터의 처리 과정

AI가 사람처럼 판단하고 작동하기 위해서는 맨 처음 시작은 데이터의 수집과 처리에서부터이다. 이는 AI가 학습할 수 있는 데이터(텍스트, 이미지, 음성 등)를 수집하고 전처리(불필요한 데이터를 제거하고 정제한 후 학습에 적절하도록 라벨링) 과정을 통해 AI가 학습할 수 있는 데이터로 만들어준다. 즉, 데이터는 수집·저장 → 정제 → 가공의 절차를 거쳐 AI 학습에 활용된다.

첫 번째로는 기존에 이미 있는 데이터(웹사이트 등)를 모으거나 필요시 데

<표 5-1> 데이터 처리 과정

데이터 처리 과정	처리 내용
데이터 수집·저장 (원시데이터)	인공지능의 기계학습에 필요한 데이터를 현실 세계에서 직접 생성하거나 이미 보유하고 있는 조직이나 시스템 등으로부터 인공지능 학습에 필요한 데이터를 확보하는 등 '원시데이터'를 확보하는 활동
정제(원천데이터)	- 획득한 원시데이터를 기계학습에 필요한 형식이나 크기로 맞추고 데이터의 중복을 제거하고 포함된 개인정보를 비식별화하는 등의 처리 과정을 통해 '원천데이터 확보 - 이 단계에서 확보된 '원천데이터'는 라벨링이 부여되지 않은 상태의 데이터를 의미(원천데이터는 원시데이터를 라벨링 작업에 투입하기 위해 필요한 정제 작업을 수행한 데이터)
가공/검수(라벨링데이터)	- 인공지능이 기계학습에 활용할 수 있도록 기능이나 목적에 부합하는 라벨을 원천데이터에 부착하는 '라벨링' 작업 수행 - 여기서 생성된 '라벨링데이터'는 '원천데이터'에 부여한 참값 파일(형식, 해상도 등의 데이터 속성과 설명과 주석 등이 포함된 '어노테이션'의 집합을 의미) - 데이터 형태별 검수 방식(원시데이터, 원천 데이터, 테스트 데이터 등)

자료: 과학기술정보통신부·한국지능정보사회진흥원(NIA)(2023)를 참고하여 저자 작성.

이터를 직접 제작하는 등 데이터를 수집한다. 이러한 데이터를 원시데이터라고 한다. 다음으로는 이러한 원시데이터에서 불필요한 데이터, 오류데이터, 중복데이터 등을 제거하고 개인정보, 저작권, 초상권 등의 법 제도적 이슈가 없는지 검토하고 비식별화, 저작권 확보 등의 정제 작업을 거치도록 한다. 이와 같이 정제된 데이터를 원천데이터라고 한다. 마지막으로 AI가 학습하도록 적절한 라벨링(어노테이션) 작업을 통해 학습데이터에 필요한 형태로 가공하게 된다. 이와 같이 학습용 데이터셋(Data Set)이 마련되면 데이터의 종류, 특성 등을 고려하여 검수가 완료된 데이터를 AI 학습에 사용하게 된다.

인간의 지적활동이 주변 환경에 대한 인식과 경험을 통한 학습에서 시작하듯 AI가 사람처럼 판단하고 작동하기 위해서는 데이터의 수집이 선행되어야 한다. 생활 주변의 모든 것이 데이터가 될 수 있다. 스마트폰 사용 기록, CCTV 영상, 대중교통 이용 패턴, 날씨 변화 등 IoT 센서, 스마트 기기, 온라인 플랫폼 등을 통해 실시간으로 생성되는 다양한 형태의 데이터가 AI 작동을 위해 활용 될 수 있다. 수집된 원시데이터는 오류, 중복, 불필요한 정보가 포함될 가능성이 있다. 따라서 데이터 정제 과정이 필요하다. 이 과정에서 데이터의 정확성을 검증하고, 불필요한 정보를 제거하며, 개인정보 보호를 위해 비식별화하는 등의 작업이 이루어진다. 정제된 데이터는 분석과 학습에 최적화된 상태로 가공된다. 마지막으로 AI 학습을 위해 데이터는 어노테이션(Annotation) 또는 라벨링(Labeling) 과정을 거친다. 예를 들어, AI가 교통신호를 학습하려면 차량 이미지에 신호등 정보를 태그하거나, 자연어 처리 AI를 위한 데이터셋을 구축하기 위해 문장에서 키워드를 분류하는 작업이 필요하다. 이러한 가공 과정을 통해 AI는 보다 정확한 패턴을 학습할 수 있다.

② AI의 학습

다음으로는 데이터의 패턴을 찾고 학습(Training)을 하여 최적화를 통해 AI가 판단할 수 있는 정확도를 높인다. 최근의 AI는 머신러닝[1] 방법을 통해 인간의 사고를 학습하는데 이러한 학습 방법은 지도학습, 비지도학습, 강화학습으로 구분된다.

인간이 주변 환경을 인지하고 다양한 경험을 통해 새로운 지식을 습득하는

---

1 머신러닝이란 알고리즘을 훈련하여 데이터를 기반으로 예측이나 결정을 내리는 모델을 만드는 것을 포함한다. 이는 컴퓨터가 특정 작업을 위해 명시적으로 프로그래밍되지 않고도 데이터에서 학습하고 추론할 수 있도록 하는 광범위한 기술을 포함하는 최신의 인공지능 기법을 일컫는다(IBM).

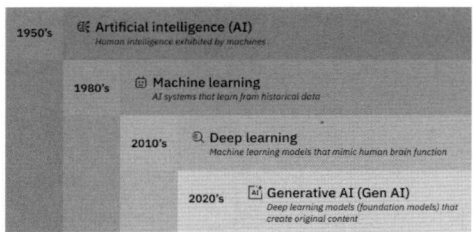

<표 5-2> AI의 학습 방법

구분	학습 방법	사례
지도학습	정답이 없이 무수한 데이터를 분석하여 데이터 간의 유사성, 연관성 등을 찾아 비슷한 데이터의 군집을 만들어(clustering) AI가 판단할 수 있도록 훈련	수많은 개와 고양이 사진에 개를 표시한 데이터에는 개, 고양이를 표시한 데이터를 학습하도록 한 후 최종적으로 AI 스스로 사진을 보고 개인지 고양이인지 구분
비지도학습	정답을 주지 않고 다양한 수많은 데이터로부터 특징 간의 유사성, 연관성 등을 찾아 비슷한 데이터끼리 군집화하여(clustering) AI가 판단할 수 있도록 훈련	사진에 개인지 고양이인지 구분하지 않고 수많은 데이터를 학습하면 AI 스스로 개와 유사한 사진 그룹과 고양이와 유사한 사진 그룹을 나눠서 새로운 사진을 보고 어느 그룹에 속하는 동물인지 판별해냄
강화학습	특정한 훈련 환경을 마련하고 정의된 에이전트(훈련 시스템)가 현 상태를 인식하여 선택 가능한 행동을 수행하도록 한 후, 이에 대한 보상과 벌칙을 반복적으로 주어 보상을 최대화하도록 훈련	알파고의 훈련 방식으로 알려짐 - 기본적인 바둑의 규칙(rule)을 익히고 이를 기반으로 수많은 시행착오를 통해 최적의 수를 찾도록 스스로 학습

자료: 저자 작성.

것과 마찬가지로 AI도 데이터를 통해 패턴을 학습하고 새로운 문제를 해결하는 능력을 발전시킨다. 이는 단순히 기존 데이터를 기억하는 것뿐 아니라 데이터 사이에 존재하는 모든 잠재된 패턴을 찾아내어 배우는 과정을 포함한다. 예를 들어, 인간이 반복적인 연습을 통해 문제 해결 능력을 향상시키듯이, AI는 다양한 사례를 분석하고 예측 모델을 개선하여 더욱 정교한 결정을 내릴 수 있다. 마치 인간이 독서를 통해 문맥을 파악하고, 여러 가지 상황에서 이를 적용하는 것처럼, AI도 학습한 데이터에서 숨어 있는 관계를 발견하고, 새로운 입력값이 주어졌을 때 적절한 판단을 내릴 수 있도록 발전한다.

예를 들어, 범죄 예방을 위한 예측 모델을 구축하거나, 복지 대상자를 보다 효과적으로 선별하는 데 활용될 수 있다. 그러나 학습 과정에서 특정 집단에게 불리한 편향이 발생하지 않도록 신중한 검토가 필요하다. 인간이 학습 과정에서 편견을 갖지 않도록 교육을 통해 교정하는 것처럼, AI의 학습 과정에서도 편향된 데이터나 알고리즘이 공정한 결과를 도출하도록 지속적인 점검과 조정이 필수적이다.

③ 추론과 판단

마지막으로 학습된 AI 모델을 실제 환경에 활용하여 새로운 입력값에 대응하여 AI가 예측하고 판단하여 결과를 출력한다. IBM은 인공지능(AI) 추론은 훈련된 AI 모델이 패턴을 인식하고 이전에 본 적이 없는 정보에서 결론을 도출하는 능력이라고 설명한다. 챗GPT(Chat GPT)가 다양한 질문에 답변을 생성하는 것이나 자율주행자동차가 스스로 판단하여 운전하거나 길을 찾는 행위들이 추론이라고 할 수 있다.

이러한 추론에는 크게 동적추론(Dynamic inference)과 정적추론(Static inference)으로 구분된다. 동적추론은 온라인추론(online inference), 실시간 추론(real-time inference)이라고도 불리는데 오픈 AI의 챗GPT가 대표적인 예로 LLM AI에서 많이 사용된다. 이는 문제(질문)를 요청하면 바로 결괏값을 추론·예측하여 답을 내는 형태이다. 짧은 시간 내 답변을 구할 수 있다는 장점이 있으나 AI가 낸 답을 검증할 수 있는 시간이 없다는 점에서 품질 이슈가 발생할 수 있다.

정적추론은 오프라인 추론(offline inference) 또는 일괄추론(batch inference)이라고도 불린다. 이는 이전에 수집된 대량의 데이터를 머신러닝 알고리즘에 따라 오프라인 서버에서 예측을 수행하고 그 결과를 서버에 저장해 둔다. 이러한 추론은 일정 기간(하루, 일주일 등)마다 정기적으로 업데이트 되는 AI 예측에 적합할 수 있다(IBM, n.d.). 이러한 정적추론은 미리 캐시되어(cashed) 저장된 결과치를 중심으로 예측하므로 흔하지 않은 질문에 대답하기 어려울 수 있다.

마지막으로 학습된 AI 모델을 실제 환경에 활용하여 새로운 입력값에 대응하여 AI가 예측하고 판단하여 결과를 출력한다. IBM은 인공지능(AI) 추론은 훈련된 AI 모델이 패턴을 인식하고 이전에 본 적이 없는 정보에서 결론을 도

<그림 5-3> 동적추론

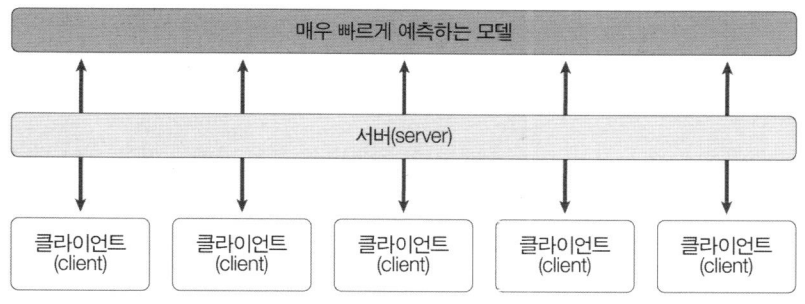

자료: Google Developers(n.d.).

<그림 5-4> 정적추론

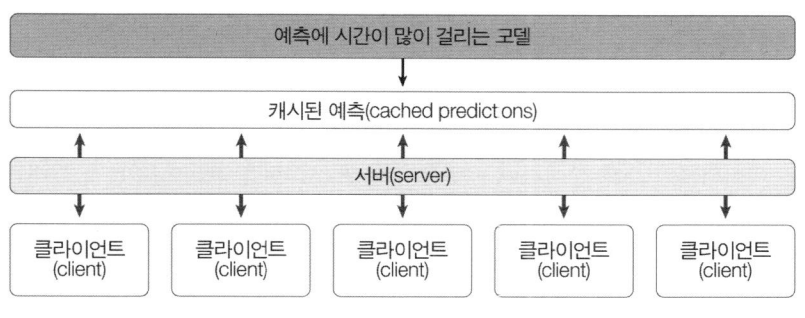

자료: Google Developers(n.d.).

출하는 능력이라고 설명한다. 챗GPT가 다양한 질문에 답변을 생성하는 것이나 자율주행자동차가 스스로 판단하여 운전하거나 길을 찾는 행위들이 추론이라고 할 수 있다. AI의 추론과정 중 판단(judgment)은 학습된 데이터를 바탕으로 주어진 입력값에 대해 적절한 결정을 내리는 과정을 의미한다. 예를 들어, 정부 기관이 AI를 활용하여 복지 수혜 대상자의 적격 여부를 판단하거나, 민원 분류 시스템에서 특정 문의를 자동으로 해당 부서로 전달하는 과정이 이에 해당한다. 이러한 판단 과정에서는 데이터의 정확성뿐만 아니라 AI 모델의 신뢰성과 공정성이 중요하다. 다음으로 AI는 학습된 패턴을 바탕으로 미래의 상황을 예측할 수 있다. 예를 들어, 교통 체증을 예측하고 실시간 신호 조정을 통해 도로 혼잡을 줄이는 시스템이나, 기후 변화에 따른 재난 예측 시스템 등이 AI의 대표적인 응용 사례다. 정부는 AI 기반 예측 모델을 활용하여 감염병 확산을 방지하거나, 경제 동향을 분석하여 정책을 수립하는 데 활용할 수 있다.

2) AI 구성 요소: AI 작동의 핵심 요소

앞서 설명한 바와 같이 AI가 학습하는 방법은 수많은 다양한 데이터를 분석하고 패턴을 발견해 추론하고 결과를 도출한다. 과거 미리 특정 패턴이나 분석 프로그래밍을 컴퓨터에 입력하여 결과를 도출하는 AI 방식과 달리 수많은 데이터를 스스로 분석하여 패턴을 찾아 프로그램을 만들어 추론을 해내는 최신의 AI 기법은 필수적으로 많은 데이터를 필요로 할 뿐 아니라 이를 저장

<그림 5-5> 전통적 AI와 머신러닝 기반 AI

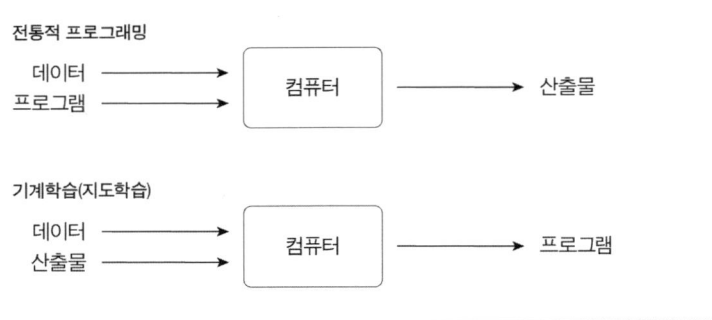

자료: 이강욱(2016).

<그림 5-6> AI 작동 단계별 핵심 구성 요소

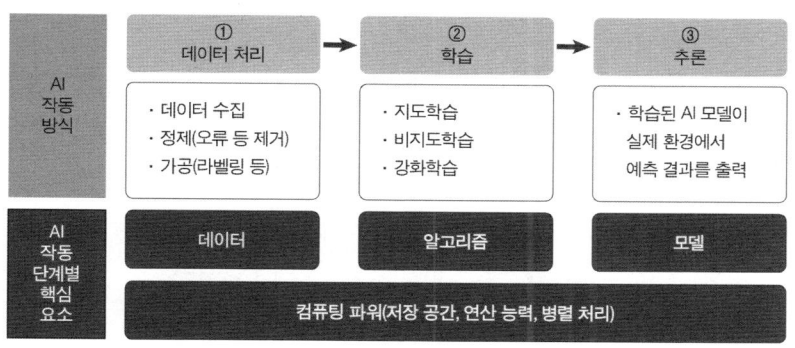

자료: 저자 작성.

하고 분석할 수 있는 컴퓨팅 파워를 필수적으로 필요로 한다. 즉, 오랫동안 개념적으로 가능했던 AI가 실제 구현 가능해진 것은 데이터의 폭발적 증가와 컴퓨팅 기술의 급속한 발전, 컴퓨팅 파워의 증가 등이 주요하다.

이와 같이 AI가 구현되기 위해서는 앞서 설명한 데이터 처리, 학습, 추론의 단계별로 ① AI 학습을 위한 데이터, ② 데이터를 분석하고 모델을 만드는 알고리즘, ③ 데이터를 저장하고 분석하기 위한 컴퓨팅 파워, ④ 데이터 분석 결과로 도출되어 실제 AI가 작동하는 모델 등을 핵심 요소로 뽑을 수 있다.

① 데이터

가) AI와 데이터: 데이터를 수집하고 이를 정제·가공하여 학습

데이터(Data)의 폭발적 증가는 AI의 학습을 가능하게 하여 AI 발전을 이끄는 핵심 요소가 되었다. 스마트폰의 보급과 센서 등 데이터를 수집할 수 있는 ICT 기술이 발전하면서 데이터의 양이 기하급수적으로 늘어났을 뿐 아니라 데이터의 종류도 기존 텍스트 위주의 데이터에서 사진, 동영상 등으로 다양

<그림 5-7> 데이터의 증가와 특성의 변화

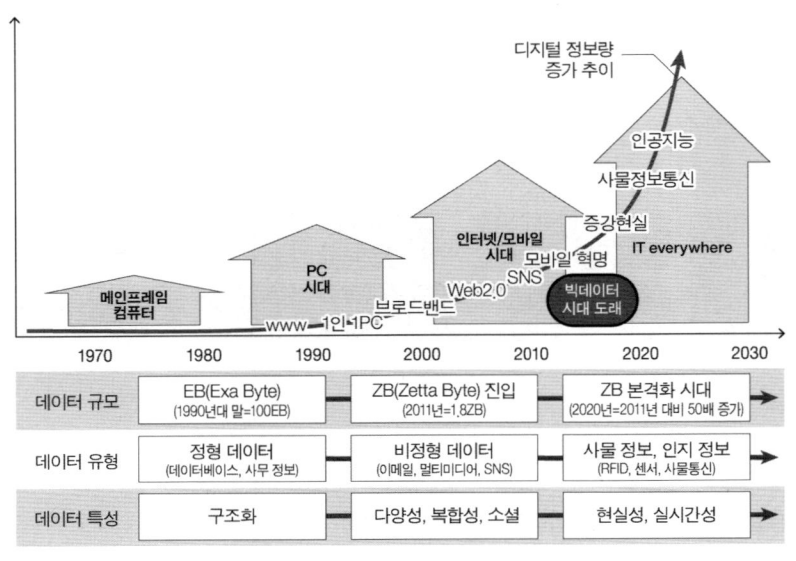

자료: 한국지능정보사회진흥원(NIA)(2011).

해짐에 따라 학습 가능한 데이터의 수와 양이 폭발적으로 늘어나고 있다.

나) 데이터의 종류

AI 학습에 이용되는 데이터는 크게 텍스트, 이미지, 음성(오디오) 등으로 구분되나 최근에는 이러한 데이터가 여러 개 합쳐진 멀티데이터(예: 이미지와 오디오가 합쳐진 동영상 등)도 AI 학습에 활용된다. 최근에는 기존 데이터를 합성하여 새로운 데이터를 생성한 합성데이터를 이용하여 AI를 학습하기도 한다. 합성데이터(Synthetic data)란 실제 데이터와 통계적 특성이 유사하여 실제 데이터 분석 결과와 유사한 결과를 얻을 수 있도록 가상으로 재현한 가상의 데이터로 인공지능 학습, 통계분석 등에 자유롭게 활용 가능하다(dataprivacy.go.kr).

다) 데이터 관련 이슈: 데이터 편향성과 품질

이와 같이 수많은 데이터를 스스로 분석하여 패턴과 규칙을 발견해내는 AI의 특성을 고려할 때 어떤 데이터를 분석하냐에 따라 AI 결과에 매우 큰 영향을 미치게 된다. 따라서 데이터의 양뿐만 아니라 데이터의 정확성, 공정성 등 질 또한 AI 성능과 정확성, 공정성에 매우 큰 영향을 미치게 된다. 따라서 데이터를 수집하기 전에 어떤 데이터를 어떤 기준으로 수집하여 AI 학습에 사용할 것인지를 기획하는 데이터 기획이 매우 중요하다. 또한, 데이터의 품질은 학습의 효율성과 정확성에 영향을 미친다. 자율자동차 학습을 위한 데이터가 다양한 차종의 모습, 거리의 다양한 시설들, 신호표시 체계 등을 정확히 학습해야 실제 주행에서 인식율과 판단력을 높일 수 있다.

데이터는 AI의 핵심 자원이며, 이를 효과적으로 수집하고 활용하는 것이 AI 기반 행정 서비스의 성공을 결정짓는다. 정부는 다양한 공공 데이터를 수집하여 정책 결정과 행정 서비스 개선에 활용한다. 예를 들어, 도시의 교통 흐름 데이터를 분석하여 신호 체계를 최적화하거나, 범죄 발생 패턴을 분석하여 경찰 배치를 최적화할 수 있다.

데이터는 수집 방식에 따라 여러 유형으로 나뉜다. 첫째, 기존 데이터는 정부가 보유한 행정 데이터(예: 인구 통계, 건강 기록, 경제 지표)와 민간 데이터(예: 소셜 미디어, 기업 거래 데이터)를 포함한다. 둘째, 실시간 데이터는 IoT 센서, CCTV, 스마트 기기 등에서 실시간으로 수집되는 데이터를 의미한다. 셋째, 생성 데이터는 AI가 기존 데이터를 기반으로 합성한 데이터(예: 시뮬레이션 데이터)로, 실험적 분석에 활용될 수 있다.

② **알고리즘: 데이터를 학습하고 패턴을 찾는 규칙(공식)**

가) 알고리즘이란?

알고리즘(Algorithm)이란 문제를 풀기위해 사용되는 규칙, 절차, 처리 순서 등을 말한다. AI개발에서 알고리즘은 데이터를 학습하고 패턴을 찾는 규칙으로 이 규칙에 따라 문제(입력값)에 대한 답(출력값)을 찾아나가게 된다. 최신 AI의 머신러닝 알고리즘은 신경망(neural network)으로 대표된다. 신경망 알고리즘은 인간의 뇌 구조를 모방하여 만들어진 것으로 입력값(데이터)을 지속적으로 학습하고 패턴을 분석하는 작업을 반복하면서 최적의 값을 찾아내는 과정을 거친다.

따라서 신경망 구조의 알고리즘은 입력층, 은닉층, 출력층으로 나눠진다. 입력층의 데이터를 은닉층에서 학습하여 출력층을 통해 결과를 제시하는데 일반적으로 은닉층이 2개 이상일 때 심층 신경망이라고 한다.[2]

나) 알고리즘 이슈: 알고리즘 투명성

이와 같이 데이터 분석을 통해 문제 해결 방법을 찾는 알고리즘은 AI의 판단과 의사결정에 직접적인 영향을 미친다. 따라서 알고리즘이 특정 요소에 의해 영향을 받도록 설계된 경우 왜곡된 의사결정을 내릴 수 있다. 예를 들어 AI 면접의 경우 학습하는 데이터가 편향된 경우(특정 학력 위주의 데이터로 구성)되거나 알고리즘 자체가 편향성을 가지는(성별, 학력, 연령 등에 의해 가중

---

[2]
- 입력층: 외부 데이터를 신경망으로 전달(예: 이미지처리: 각 픽셀값).
- 은닉층: 데이터 패턴이나 특징을 학습하여 입력값을 처리(가중치 등)하여 다음 층으로 전달. 데이터 양, 문제의 복잡성, 모델의 성능 요구사항 등에 따라 은닉층의 수가 정해짐.
- 출력층: 가능한 답의 확률을 계산해 가장 높은 확률의 답을 최종 선택하여 결괏값을 도출(SK hynix, n.d.).

<그림 5-8> 인공신경망의 구조

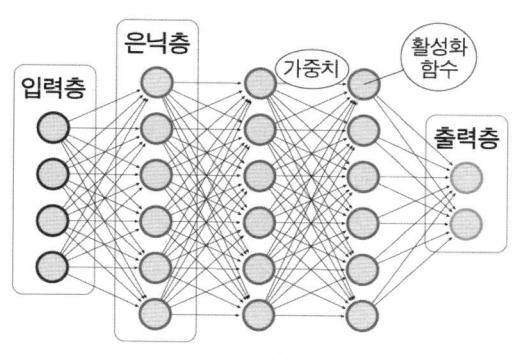

자료: 이재성(2016).

치가 설정) 등의 경우 공정하고 객관적인 판단을 하기 어려워질 수 있다. 따라서 알고리즘이 어떤 정보와 기준으로 결과를 도출하는지 적용 기준을 이해할 수 있도록 투명성과 공정성을 갖는 것이 중요하다.

이에 최근에는 설명가능 AI(XAI, Explainable AI)에 대한 관심이 높아지고 있다. 즉, AI의 의사결정 과정을 이해하고 해석 가능한 방향으로 인공지능 기술을 만들어야 한다는 것이다. 블랙박스처럼 알고리즘을 처리하기보다 알고리즘에 영향을 미치는 영향이 무엇이며 이러한 요소들이 어떻게 영향을 미치는지를 설명 가능해야 한다는 것이다. 이에 많은 비즈니스에서 AI를 도입하는 경우, AI가 내린 판단이나 답을 사람이 이해할 수 있도록 설명하고 제시할 수 있는 '설명 가능한 AI'를 도입하는 것에 점차 관심이 높아지고 있다. 이에 점차 금융, 의료, 법률서비스 등에서 이러한 설명 가능 AI 도입의 사례가 늘어나고 있다.

AI가 데이터를 분석하고 학습하는 과정에서 사용되는 알고리즘은 정책 결정과 공공 서비스의 공정성을 결정하는 핵심 요소다. 알고리즘은 문제 해결

<표 5-3> 분야별 설명 가능 AI 활용 예

활용 분야	사용 기업 및 사용(예)
의료	**IBM 왓슨(IBM Watson)** 의료진이 AI의 의사 결정 과정을 이해할 수 있도록 환자의 의료 데이터를 분석하고, 진단 및 치료 추천의 근거를 제시(예: 특정 유전자 변이가 암 발생과 어떤 관련이 있는지, 어떤 논문과 연구 결과를 근거로 치료법을 추천하는지 상세히 설명)
금융	**카카오뱅크** 이상거래 탐지, 신용평가 및 여신심사, 맞춤형 금융상품 추천, 투자 관련 AI 결정 등에 활용 예정(예: 신용점수 산출에서 AI가 각종 데이터를 반영해 결괏값을 알려준다면, XAI는 소득이 A만큼 기여하고, 기보유대출이 B만큼, 연체 이력이 C만큼 기여했다는 것을 증명하고 설명해 고객에게 점수를 안내)
제조	**지멘스(Siemens)** 공장 내 센서 데이터 등을 활용하여 유지보수 일정 등을 XAI를 통해 예측(특정 기계 부품의 교체 필요성을 예측할 때, 기계의 진동 패턴이 평소보다 20% 증가했고, 특정 온도 조건에서 이상이 발견되어 교체 필요라고 설명)

자료: 각 서비스 홈페이지 및 ≪전자신문≫(2024.6.3) 등을 참조하여 저자 작성.

을 위한 일련의 규칙과 절차로 구성되며, AI의 핵심 기능인 패턴 인식, 예측, 최적화 등의 역할을 수행한다. 대표적인 AI 알고리즘으로는 머신러닝, 딥러닝, 신경망 등이 있으며, 공공 행정에서는 데이터 기반 의사결정 지원, 자동화된 행정 처리, 시민 맞춤형 서비스 제공 등에 활용된다.

알고리즘은 AI가 데이터를 학습하는 방법을 결정하는 요소이며, 학습한 결과물을 모델로 생성한다. 이를 쉽게 비유하자면, 알고리즘은 요리를 만드는 레시피이고, 모델은 완성된 요리라고 할 수 있다. 즉, 알고리즘은 AI가 문제를 해결하는 방식과 논리를 제공하고, 모델은 이 알고리즘이 학습을 통해 얻은 결과를 기반으로 새로운 입력 데이터에 대한 예측과 판단을 수행하는 역할을 한다.

정부는 AI 알고리즘이 공정하게 작동하도록 주기적인 검토와 수정 작업을 수행해야 하며, 알고리즘이 특정 계층에 불리한 편향성을 띠지 않도록 주의해야 한다. 예를 들어, 복지 수혜 대상자를 선별하는 AI 알고리즘이 특정 계층을 차별하지 않도록 지속적인 검토가 필요하다. 또한, 공공 행정에서 AI의 결정이 투명하게 이루어질 수 있도록 설명 가능한 AI(XAI) 기술이 도입될 필

<그림 5-9> XAI를 활용한 사기 탐지 케이스(feat. mini 카드)

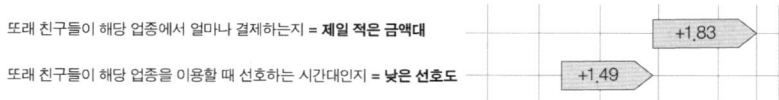

설명 가능AI(XAI)를 활용한 부정 거래 탐지 과정

자료: ≪전자신문≫(2024.6.30).

요가 있다. AI의 결정이 불투명할 경우(블랙박스 문제), 정책 결정권자가 그 결과를 신뢰하기 어려울 수 있다. 따라서 AI의 의사결정 과정이 설명 가능해야(Explainable AI: XAI) 한다. XAI는 AI의 의사결정 과정을 사람이 이해할 수 있도록 설명하는 기술로, 공공 행정에서도 점점 더 중요해지고 있다. 이에, 미국 국방고등연구계획국(DARPA)은 "XAI 프로젝트"를 통해 AI가 내린 결정의 이유를 설명할 수 있도록 하는 연구를 진행하고 있다. 또한, 유럽연합(EU)은 AI 의사결정의 투명성을 보장하기 위해 "신뢰할 수 있는 AI 가이드라인"을 마련하고 있다. 실제 행정 적용 사례로는 영국의 "AI 기반 법원 판결 분석 시스템"이 있으며, 이 시스템은 판결의 근거를 설명 가능하게 만들어 법적 신뢰도를 높이고 있다. 정부 기관이 AI를 활용할 때, 이러한 XAI 기술을 도입하여 정책 결정 과정의 신뢰성을 확보하는 것이 중요하다.

③ **컴퓨팅 파워**(Computing Power)

가) AI 모델을 학습하기 위한 강력한 연산성능, 병렬처리 능력과 저장 공간

다양한 대규모 데이터를 분석하고 처리하기 위해서는 고성능 GPU(Graphics, Processing Unit), TPU(Tensor Processing Unit)와 같은 강력한 연산자원이 필요하다. GPU는 그래픽을 처리하는 장치로 대규모 연산처리를 빠르게 처리할 수 있다. 엔비디아(NVIDA)는 GPU가 CPU보다 더 빠르고 더 높은 에너지 효율로 기술적 계산을 수행하게 되어, 가속화된 컴퓨팅을 사용하는 다양한 애플리케이션에서 AI 훈련 및 추론을 위한 선도적인 성능을 제공할 뿐만 아니라 다양한 이점을 제공한다고 설명한다(NVIDIA, n.d.). TPU는 구글에서 개발한 AI를 위한 하드웨어로 고속의 행렬연산에 우수한 성능을 보인다.

또한, 복잡하고 방대한 데이터와 모델을 효율적으로 처리하기 위해서는 단일 프로세스를 통한 처리보다는 병렬처리가 가능해야 한다. 이는 AI 학습의 속도를 높일 뿐 아니라 성능의 최적화에도 영향을 미친다. GPU는 이러한 병렬처리 연산에 매우 유용하다. 이와 함께 이러한 병렬처리를 위한 인프라 환경으로 분산 컴퓨팅 환경이나 인메모리 컴퓨팅 등이 최근 논의되고 있다.

이러한 연산처리는 물론, 대규모 데이터를 저장하고 손쉽게 접근할 수 있는 저장 공간 또한 중요하다. SSD(Solid State Drive) 등의 고속 저장장치 등의 가격이 저렴해지고 빠르게 성능이 증가됨에 따라 데이터 저장 분석 환경이 향상되어 AI 학습, 개발 환경이 더욱 빠르게 향상되고 있다.

나) AI 컴퓨팅 파워와 클라우드 서비스

대규모 대용량의 컴퓨팅 자원을 확정적으로 보유하기 위해서는 많은 비용과 공간을 필요로 한다. 그러나 클라우드 컴퓨팅 서비스를 이용하게 되면 이러한 컴퓨팅 자원을 사용자의 필요에 따라 유연하게 활용할 수 있다. 즉, AI 개발자가 컴퓨팅 파워를 직접 구매·보유·관리하지 않고 클라우드 서비스를

<표 5-4> AI를 위한 글로벌 클라우드 서비스 예시

글로벌 클라우드 주요 서비스	활용 AI 서비스
NVIDIA DGX Cloud	- 엔비디아 리바(NVIDIA Riva): 실시간 음성 인식(STT), 음성 합성(TTS), 번역 기능 등 제공
AWS (Amazon Web Services)	- 앤트로픽(Anthropic)의 클로드(Claude): AI 챗봇 - 아마존의 세이지메이커(SageMaker): 클라우드 기반 머신러닝 플랫폼: AI 모델 학습 및 배포
Google Cloud	- 코히어(Cohere)의 기업용 AI서비스: 검색, 질의응답, 문서 요약 등 - 구글의 버텍스(Vertex) AI: AI 개발 플랫폼
Meta (RSC, Research SuperCluster)	- 메타의 라마서비스 개발에 사용
Microsoft Azure	- 오픈AI의 챗GPT - 애저(Azure) AI, 오픈AI API 지원
IBM Watson	- 왓슨 헬스, 왓슨 챗봇 등

자료: 저자 작성.

이용하게 되면, 필요할 때 필요한 만큼의 GPU와 저장 공간 등을 사용할 수 있다. 아마존의 AWS, 마이크로소프트 애저(Microsoft Azure), 구글 클라우드(Google Cloud)와 같은 클라우드 플랫폼은 고성능의 GPU, TPU 등 컴퓨팅 자원을 필요할 때마다 필요한 만큼 빌려 쓸 수 있도록 서비스하여 대규모 AI 모델을 개발·훈련할 때 직접적으로 물리적 하드웨어와 인프라를 구현하지 않아도 되는 장점이 있다.

AI 모델의 성능을 높이기 위해서는 강력한 연산 능력이 필요하다. AI 연산을 수행하는 데에는 고성능 하드웨어인 GPU(Graphics Processing Unit)와 TPU(Tensor Processing Unit) 등이 중요한 역할을 한다. GPU는 대규모 병렬 연산을 수행하여 AI 모델의 학습 속도를 높이는 데 효과적이며, TPU는 딥러닝에 최적화된 연산을 수행하여 효율성을 극대화한다.

정부 기관이 자체적으로 고성능 데이터 센터를 구축하거나, 클라우드 기반 AI 연산 서비스를 활용하는 방식이 있다. 이를 통해 대량의 데이터를 실시간으로 처리하고 정책 분석에 적용할 수 있다. 예를 들어, 자연재해 발생 시 기상 데이터를 실시간으로 분석하여 신속한 대응 조치를 마련하는 데 활용할 수 있다. 또한, AI 기반의 스마트 시티 구축에서 실시간 모니터링 및 교통 제어 시스템을 운영하는 데에도 강력한 컴퓨팅 파워가 필요하다.

④ 모델

AI 모델은 최종적으로 AI가 학습한 결과로 '인간처럼 생각하는 기계'인 AI의 판단과 결정에 따른 서비스가 구현되도록 한다. IBM은 AI 모델은 인간의 지능을 시뮬레이션하는 것이 아니라 자율적으로 결정이나 예측을 내리는 능력으로 정의하고 최초의 성공적인 AI 모델 중 하나로 1950년대 초의 체커와 체스 플레이 프로그램을 제시했다(IBM, n.d.). 이 모델은 프로그램이 미리 작성된 일련의 움직임을 따르기보다는 인간 상대에 직접 대응하여 움직일 수 있도록 했기 때문이라고 설명한다.

모델은 알고리즘의 학습 과정에서 최적화를 통해 지속적으로 개선된다. 예를 들어 챗GPT는 오픈AI(OpenAI)가 주기적으로 새로운 데이터를 학습시키고 업데이트하여 챗GPT의 성능을 향상시키고 있다. 따라서 모델과 알고리즘은 매우 밀접한 관계를 갖게 된다. 알고리즘은 데이터 학습을 통해 일정한 규칙과 절차를 찾는 것을 의미한다. 모델은 데이터 학습을 통해 만들어진 결과물로 예측값을 내놓는 실체라고 할 수 있다.[3] 알고리즘이 레시피라면 모델은 완성된 요리로 비유되기도 한다.

---

3   IBM은 알고리즘은 특정 기능이나 목적을 달성하기 위해 데이터 세트에 적용하는 절차로, 수학적 언어 또는 의사 코드로 설명되는 경우가 많고 모델은 데이터 세트에 적용된 알고리즘의 출력이라고 설명한다. 즉, AI 모델은 예측 또는 결정을 내리는 데 사용되고, 알고리즘은 해당 AI 모델이 작동하는 논리로 AI 모델은 AI 추론에 의존하여 사람들이 생각하고, 추론하고, 프롬프트에 응답하는 방식을 모방한다(IBM, n.d.).

AI 모델은 학습된 데이터를 바탕으로 예측과 결정을 수행하는 핵심 시스템이다. AI 모델은 머신러닝과 딥러닝을 통해 발전하며, 주어진 데이터를 분석하여 패턴을 찾아내고 이를 기반으로 새로운 데이터를 예측하는 기능을 수행한다. 대표적인 AI 모델에는 지도 학습, 비지도 학습, 강화 학습 방식이 있으며, 이들은 특정 목적에 맞춰 설계되고 활용된다.

정부는 AI 모델을 활용하여 공공 행정의 효율성을 높일 수 있다. 예를 들어, AI 기반 세금 부과 시스템은 국민의 경제 활동을 분석하여 적절한 세율을 책정할 수 있으며, AI 기반 법률 지원 시스템은 법률 상담과 문서 검토를 자동화하여 행정 부담을 줄일 수 있다. 또한, 예측 분석 모델을 통해 범죄 발생 가능 지역을 분석하거나, 질병 확산 패턴을 예측하는 등 다양한 정책적 활용이 가능하다.

하지만 AI 모델의 정확성과 신뢰성을 유지하기 위해 지속적인 개선과 검증이 필요하다. AI 모델이 학습한 데이터가 편향되거나 부정확할 경우, 정책 결정에서도 오류가 발생할 수 있기 때문에, 모델의 결과를 지속적으로 평가하고 보완하는 시스템이 필수적이다. 앞으로 AI 기술이 더욱 발전함에 따라, 정부는 더욱 과학적으로 정책을 추진할 수 있도록 데이터 기반 정책 결정을 수행할 수 있는 기회를 얻게 된다. 또한, AI가 기존 공공 서비스를 자동화하고 행정 효율성을 높이는 데 기여하는 동시에, 윤리적 문제와 데이터 보호 문제를 해결하기 위한 체계적인 정책이 함께 마련될 필요가 있다.

AI 정부의 성공적인 정착을 위해서는 데이터의 투명성, 알고리즘의 공정성, AI 의사결정 과정의 설명 가능성 등이 중요한 요소로 작용할 것이다. 앞으로의 정부 행정은 AI를 적절히 활용하여 시민들에게 보다 나은 공공 서비스를 제공하는 방향으로 나아갈 것으로 예상된다.

2. 인공지능 서비스의 특징

1) 개요

　인공지능(AI)에 대한 일반인의 큰 반향을 일으킨 알파고 이후 챗GPT의 등장은 AI가 일상화되는 AGI(범용 AI, Artificial General Intelligence)로 급전환되고 있다. 알파고가 등장했을 때까지만 해도 대부분의 사람들은 강AI와 약AI를 구분하며, AI는 특정 분야에 한정해서 강력한 지능을 가질 뿐 인간과 같이 종합적으로 다양한 분야에서 지능화되는 것은 매우 많은 시간이 소요될 것이라고 생각했다. 그러나 챗GPT의 등장 이후 언어뿐 아니라 이미지 등 다양한 형태를 지속적으로, 스스로 학습하며 인간과 유사하게 사고하고 판단하는 범용 AI(AGI) 시대로 전환되고 있다. 범용 AI는 이제 시작 단계이지만 학습, 이해, 추론, 문제 풀이 등 전반적인 인간의 기능을 따라하면서 다양한 분야에 유연하게 적용되며 스스로 문제를 해결하고 창의적인 작업을 수행하는 단계까지 발전해 나갈 것으로 예측된다.

　아직은 이러한 범용 AI가 부분적으로 오류가 발생하거나 그 성능이 부족한 것은 사실이다. 그러나 이러한 오류나 부족함이 보완되고 AGI가 일상화되는 것을 전문가에 따라 2년에서 10년 사이로 전망하고 있다.[4] AGI의 등장 시기를 테슬라(Tesla)의 일론 머스크(Elon Musk)는 2년 이내로 예상하고 있고 앤트로픽(Anthropic)의 CEO 다리오 아모데이(Dario Amodei)는 2~3년 이내, 엔비디아의 젠슨 황(Jensen Huang) CEO는 5년 이내로 전망한다. 샘 올트먼(Sam Altman) 오픈AI CEO도 젠슨 황 CEO와 흡사하게 5년 이내에 AGI가 구축될 것으로 내다봤으며, 셰인 레그(Shane Legg) 구글 딥마인드(DeepMind)

4　원고 집필 시점인 2024년 기준.

<표 5-5> 인공 일반지능과 특정 목적 인공지능의 차이점

구분	인공 일반 지능(AGI)	특정 목적 인공지능(Narrow AI)
정의	인간과 유사한 지능 수준을 보이는 인공지능	한정된 작업이나 분야에서 특화된 지능을 보이는 인공지능
능력	학습, 이해, 추론, 문제 등 인간 지능의 전반적인 기능을 모방	특정 작업에 최적화된 기능 수행
적용 범위	다양한 분야에 걸쳐 유연하게 적용	매우 한정된 범위의 작업이나 문제에만 적용
자율성	인간과 같은 수준의 자율적 의사결정능력	사전에 프로그램된 규칙이나 데이터에 기반한 의사결정만 수행
학습 능력	제한된 데이터로부터 일반화된 지식을 학습하고 새로운 상황에 적용	대량의 데이터나 특정 작업에 특화된 학습을 통해 최적화
창의성	새로운 문제를 해결하거나 창의적 작업을 수행할 수 있는 잠재력	주어진 문제 해결에 초점을 맞추며 창의적 작업 수행은 제한적
사회윤리적 영향	인간 사회 전반에 광범위한 영향을 미칠 가능성	특정 분야에서의 영향력은 크지만 AGI만큼 전반적인 영향력은 미미

자료: 삼성SDS(2024).

공동 창립자는 2028년까지 AGI 개발 가능성을 50%로 전망했다.

데미스 허사비스(Demis Hassabis) 구글 딥마인드 CEO는 ≪파이낸셜 타임스(Financial Times)≫와의 인터뷰에서 AGI를 구현하기 위한 돌파구가 필요하며, 조건이 충족되었을 때 10년 내 실현될 가능성이 있다고 언급했다(HelloT, 2024.4.29). 이러한 전망에 기반하면 10여 년 이내에 범용 AI는 인간의 역할을 대신하고 인간의 영역 많은 부분에서 활약이 가능해진다는 것이다. 그러나 범용 AI는 아직은 초보 수준이다. AGI를 크게 다섯 단계[5]로 구분할 수 있는데 현재 기술은 초기 단계이며 현재 사용되는 챗GPT, 바드(Bard), 라마2(LLaMa) 모두 가장 초기 단계인 신흥 단계라고 설명한다.

---

5 AGI의 발전단계는 신흥 단계(Emerging), 유능한 단계(Competent), 전문가 단계(Expert), 거장 단계(Virtuoso), 초인 단계(Superhuman) 등 5단계로 설명한다.

<표 5-6> 범용 AI 발전 단계와 주요 서비스 예시

성능(행) × 보편성(열)	성능(Narrow) 명확하게 범위가 지정	보편성(General) 새로운 기술을 배우는 것과 같은 메타인지 작업을 포함한 다양한 비물리적 작업
Level 0 NO AI	- 협의의 AI도 없음 - 계산기 소프트웨어, 컴파일러	- 보편적 AI 없음
Level 1 Emerging 비숙련공 수준	- 협의 AI 등장 - GOFAI(Boden, 2014) - 간단한 규칙 기반 시스템, 예를 들어 SHRDLU	- 범용 AI 등장 - 챗GPT(Open AI, 2023) - 바르
Level 2 Competent 숙련공 중위 수준 이상	- Competent Narrow AI - 독성 탐지기(Das et al., 2022) - 시리(애플), 알렉사(아마존) 또는 구글 어시스턴트(구글)와 같은 직소 스마트 스피커, PaLI와 같은 VQA 시스템, 왓슨(IBM), 일부 작업(예: 짧은 에세이 작성, 간단한 코딩)을 위한 SOTA LLMs 등	- Competent AGI - 아직 미달성
Level 3 Expert 숙련공 상위 10% 수준	- Expert Narrow AI - Grammarly와 같은 철자 및 문법 체커, Imagen 또는 Dall-E 2와 같은 생성 이미지 모델	- Expert AGI - 아직 미달성
Level 4 숙련공 상위 1% 수준	- Virtuoso Narrow AI - 딥 블루, 알파고	- Virtuoso AGI 아직 미달성
Level 5 최고 수준의 인간을 능가하는 수준	- Superhuman Narrow AI - 알파폴드(AlphaFold), 알파제로(AlphaZero), 스톡피쉬(StockFish)	- Artificial Superintelligence(ASI) - 아직 미달성

주: 이 표는 범용 AI의 발전 단계를 행(성능)과 열(일반성)에 따라 분류하기 위한 수평적이고 행렬화된 접근 방식이라고 설명하고 대략적으로 현재의 시스템을 예시로 적용함.
자료: Morris et al. (2024).

이와 같이 급격히 발전해 나가는 AI는 기존 ICT 서비스와 어떤 다른 서비를 제공할 수 있을까? 크게 세 가지 관점에서 AGI 기반의 서비스 특징을 설명할 수 있다. 첫째, 개인화 서비스가 가능해진다. 둘째는 AGI를 기반으로 누구나 쉽게 금융, 의료 등 전문적 서비스를 받을 수 있다. 세 번째는 AGI는 스스로 학습하고 진화하는 특징을 가진다는 점이다.

2) 개인화 서비스

인간처럼 느끼고 생각하고 판단하게 되면 개개인의 특징을 학습하고 이에 따라 맞춤형 서비스가 가능해진다. 기존의 연령 등에 따른 그룹화를 통해 이루어지는 개인화 서비스와는 다른 특정 개개인의 성향과 취향에 따른 초개인화 서비스가 가능해진다. 쇼핑이나 여행 등에서 개인 취향에 따른 추천 서비스가 가능해지고 학습에서는 개인의 취약점을 분석하고 수준을 진단하여 학습 과정을 편성하고 교육할 수 있다. 또한 개인 라이프스타일에 따라 건강, 생활편의 서비스 등 최적의 서비스를 제공하는 주거 환경을 마련할 수도 있다. 현재 제공되는 다양한 AGI(GPT-4o, Claude 3, Gemini Pro 1.5, Llama 3 70B 등)를 기반으로 개인AI 비서 서비스를 제공하는 모니카(Monica) 서비스의 경우, 개인이 원하는 내용을 찾아주거나 원하는 내용의 문서를 작성해 주기도 하고 번역, 채팅 서비스는 물론 취향에 따른 그림 그리기까지 가능한 서비스를 제공한다. 이는 기존에 개인 비서 또는 어시스트(assist) 역할을 수행하던 다양한 앱을 하나로 통합하여 개인에게 필요한 서비스를 종합 제공하는 하나의 AI 서비스로 대체 가능한 수준에 이르고 있음을 보여준다.

3) 전문화 서비스

앞으로의 AI 서비스는 의료, 금융, 법률 등의 전문적 영역을 누구나 쉽게 서비스 받도록 하고 조직에서 필요에 따라 전문 분야 역량을 강화할 수 있도록 지원한다. 이는 전문 영역의 보편화가 가능해진다는 의미이다. 이미 AI가 법률 서비스, 개인헬스케어, 금융투자 서비스를 지원하는 상용 서비스가 제

<표 5-7> AI 비서의 주요 기능(예시)

구분	상세 내용
인공지능과 채팅하기	- 멀티 챗봇: GPT-3.5, GPT-4, 바드, 클로드 등 다양한 LLM 모형과 한곳에서 대화 - 프롬프트 라이브러리: 프롬프트 기반에서 빠르게 접근하여 저장된 많은 프롬프트 사용* - 실시간: 현재 인터넷 정보를 실시간으로 취득하여 대화(예: "지금 날씨 어때?"라고 질문하면 현재 인터넷의 날씨정보를 찾아 대답) - 음성 지원: 키보드 입력 없이 마이크 버튼을 사용하여 채팅
채팅과 요약	- ChatPDF: PDF를 업로드하고 내용을 더 잘 이해하기 위해 PDF와 채팅 - 이미지와 채팅: 이미지를 업로드하여 GPT-4V를 사용하여 질문 - 유튜브 요약: 전체 비디오를 보지 않고도 요약 가능
검색	- 검색 에이전트: 질문하면 여러 검색어를 사용하여 검색·검토·답변 - 검색 강화: 구글 및 빙과 같은 검색 엔진 옆에 챗GPT 답변을 보여주어 키보드 입력 없이 클릭만으로 응답
작성	- 작성: '컴포즈(compose)'를 사용하여 에세이나 보고서 작성을 빠르게 맞춤 설정하고 크기, 스타일, 톤을 조절 - 작성 에이전트: 주제를 제공하면 확장된 내용과 참고 자료가 포함된 개요를 자동으로 작성 - 이메일 답장: 지메일에서는 이메일 내용에 기반하여 답장 작성
번역	- PDF 번역: PDF를 번역하고 왼쪽 원본과 오른쪽 번역본을 비교 - 병렬 번역: 원본 텍스트를 가리지 않고 페이지를 번역하여 언어 비교와 정확한 답을 제공 - 텍스트 번역: 웹페이지에서 선택한 텍스트를 즉시 번역
예술 창작	- 문자를 시각적 이미지로 변환
인공지능 메모	- 웹페이지, 채팅 기록, 이미지, PDF를 저장할 수 있는 AI 지식 베이스로 정보에 접근하려면 메모와 대화 - 메모의 내용이 증가함에 따라 더욱 개인화되고 정확한 응답 제공 가능

* 프롬프트는 생성 AI에 입력하는 입력값으로 챗GPT에서 인공지능에 입력하는 질문이나 지시 등이 그 예이다. 프롬프트를 잘 작성하면 좋은 결괏값을 받을 수 있기 때문에 이러한 좋은 프롬프트와 결괏값을 라이브러리로 작성해 놓는 것은 이후 유사한 질문에 신속하고 정확한 대답을 얻는 데 도움이 된다. 참고로 좋은 프롬프트를 만들어내는 일을 프롬프트 엔지니어링이라 부르고, 프롬프트를 교묘히 적어 AI에 걸린 제약(반윤리적 질문과 대답 등)을 뚫거나 대화 상대가 AI임을 드러내는 일을 프롬프트 해킹이라고 한다.
자료: https://monica.im/

공되고 있고, 향후 AGI의 특성을 접목하면 좀 더 쉽게 대화형, 상황 인식형 서비스가 가능해질 것으로 보인다.

예를 들어, 기존 의료 서비스가 병원과 의사에 의해 전문적으로 서비스되

:: 사례 ::

AI를 이용한 개인화 서비스 시나리오 - 교육 부문[1]

1. 김슬기 선생님의 하루

김슬기 선생님은 오늘도 수업시작 1시간 전에 학교에 도착했습니다. 그녀가 맡고 있는 고등학교는 AI 기반의 교육지도 시스템을 도입하고 있습니다. AI 시스템을 통해 학생들을 지도하고, 학교 행정을 지원하는 데 많은 도움을 받고 있습니다. 매일 아침, 김슬기 선생님은 자신의 AI 비서와 함께 하루 일정을 확인하며 하루를 시작합니다.

공공-민간의 교육콘텐츠 모듈을 이용한 개인화된 학습지도

오늘은 수학 수업이 있는 날입니다. 슬기 선생님은 수업 시작 전, AI 시스템이 보내준 보고서를 확인합니다. 보고서에는 각 학생들의 학습 진도와 성취도가 상세히 기록되어 있습니다. 특히, 지난 수업에서 고진우 학생이 이차방정식의 해를 구하는 데 어려움을 겪었다는 것을 보고, EBS[2]와 메가스터디[3]의 콘텐츠를 활용하여 AI 시스템이 그에게 추가 학습 자료를 추천해 주었습니다. 슬기 선생님은 이 자료를 활용해 진우에게 개별적으로 설명해 주기로 합니다.

수업이 시작되자, 슬기 선생님은 AI가 준비한 맞춤형 문제를 학생들에게 제공합니다. 각 학생의 학습 수준에 맞춰 난이도가 조절된 문제들입니다. 학생들은 자신에게 맞는 문제를 풀며 학습에 몰입하고, 슬기 선생님은 실시간으로 AI가 제공하는 데이터를 통해 학생들이 어떤 문제에서 어려움을 겪고 있는지 파악합니다.

수업이 끝난 후, 슬기 선생님은 고진우 학생과 짧은 개별 지도를 진행합니다. AI가 제공한 데이터를 바탕으로 진우가 어떤 부분에서 혼란스러워하는지 이미 알고 있기에, 슬기 선생님은 보다 효과적으로 진우를 도울 수 있습니다. 진우는 금방 문제를 이해하고, 슬기 선생님은 그의 진전 상황을 AI에 입력하여 추후에도 추적할 수 있도록 합니다.

자율적으로 판단하고 개인화 서비스를 제공하는 효율적인 학교행정

점심시간 동안, 슬기 선생님은 AI 비서를 통해 학부모 상담 일정을 조율합니다. AI 시스템은 학부모들의 시간표와 슬기 선생님의 일정을 자동으로 조정하여 가능한 시간대를 제안합니다. 슬기 선생님은 몇 번의 클릭만으로 상담 일정을 확정할 수 있습니다. AI는 학부모들에게 자동으로 알림 메시지를 보내어, 일정이 예약되었음을 알려줍니다. 학부모와의 일정을 맞출 뿐 아니라 그간의 상담 내용을 기반으로 각 학생들의 주요 상담

이슈를 정리하여 사전에 슬기 선생님에게 제공하고 상담의 방향을 조언합니다. 학부모와의 상담은 자동 회의록이 작성되어 학생기록시스템에 데이터가 저장됩니다. 이 데이터를 기반으로 유사한 이슈를 가진 학생들의 상담에도 도움을 줄 예정입니다.

또한, 오늘은 학교의 학사 일정이 조정되는 날입니다. AI 시스템은 학교의 모든 자원을 고려하여 최적의 시간표를 자동으로 생성합니다. 슬기 선생님은 이번 학기에 배정된 교실과 수업 시간을 확인하며, AI가 모든 교사와 학생들의 필요를 충족시키기 위해 얼마나 효과적으로 일하고 있는지 새삼 감탄합니다. 이렇게 효율적인 행정 덕분에 선생님들은 교육에 더욱 집중할 수 있게 되었습니다.

2. 과학은 잘하지만 수학이 어려운 박미래의 진로지도

여러 관련 기관의 데이터 분석을 기반으로 새로운 기회를 포착

오늘 김슬기 선생님의 담임을 맡은 반의 학생들 진로지도가 있습니다. 학생 중 박미래 학생은 과학 과목에서 항상 상위권을 유지하지만, 수학에서는 특정 개념을 이해하는 데 어려움을 겪고 있다는 사실을 이미 알고 있었습니다.

상담실에 들어선 미래는 어딘가 불안한 표정을 짓고 있었습니다. 슬기 선생님은 미래에게 편안한 미소를 지으며, 최근의 학업 상황에 대해 물었습니다. 미래는 과학은 정말 흥미롭고 잘 따라가고 있지만, 수학에서는 미적분 개념이 너무 어려워 진로를 고민하고 있다고 말했습니다.

"선생님, 저는 과학을 좋아해서 관련된 직업을 갖고 싶은데, 수학이 너무 어려워요. 과연 제가 과학을 계속 공부해도 괜찮을까요?" 미래는 진로에 대한 고민을 솔직하게 털어놓았습니다.

슬기 선생님은 미래의 고민을 들으며, 어디에서 어려움을 겪고 있는지 파악하기 위해 AI 시스템이 제공한 데이터를 살펴보았습니다. AI는 미래가 수학의 특정 단원에서만 어려움을 겪고 있으며, 전체적으로는 논리적 사고와 문제 해결 능력이 뛰어나다고 분석했습니다. 또한, 미래가 과학 실험과 탐구 활동에서 우수한 성과를 내고 있다는 점도 강조되었습니다.

이 데이터를 바탕으로, 슬기 선생님은 미래의 강점을 칭찬하며, 잘하는 부분을 더욱 발전시킬 수 있는 방법을 함께 고민하기 시작했습니다. "미래야, 네가 과학에 얼마나 재능이 있는지 잘 알고 있어. 수학은 분명 중요하지만, 과학 분야에서도 다양한 진로가 있다는 것을 알아두면 좋을 것 같아." 슬기 선생님은 노동부의 산업 구분과 산업부의 직업 역량 등에 대한 데이터 등을 분석하여 과학 분야를 세분화하여 수학의 중요성이 조금 덜한 과학 분야를 탐색하여 미래에게 적합한 과학 분야를 모색해 둔 것이었습니다. 이러한 데이터 분석과 사전 탐색을 기반으로 슬기 선생님은 미래에게 수학이 필요한 과학 분야와 그렇지 않은 분야가 있다는 점을 설명해 주었습니다. 예를 들어, 생명과학이나 환경과학 분야에서는 수학적 능력이 필요하지만, 과학적 탐구 능력과 실험 기술이 더 중요하게 평가될 수 있다는 점을 강조했습니다. 슬기 선생님은 미래의 관심 분야를 물어보기도 하고 미래가 그동안 수행했던 개별 활동의 데이터를 분석하여 미래가 환경문제에 남다른 관심이 있다는 점을 발견합니다.

"환경과학 분야는 네가 잘하는 탐구 능력과 실험 기술을 바탕으로 큰 기여를 할 수 있는 분야야. 수학이 필요하긴 하지만, 너의 강점을 살려 충분히 도전해 볼 수 있어."

이러한 상담을 바탕으로 슬기 선생님은 미래가 수학을 완전히 포기하지 않도록, 그를 위한 맞춤형 학습 계획을 세웠습니다. AI가 추천하는 보충 학습 자료와 개인 지도 시간을 활용해, 미래가 어려움을 겪는 미적분 개념을 좀 더 쉽게 이해할 수 있도록 도울 계획이었습니다. 또한, 미래에게 수학에 대한 부담감을 줄이기 위해, 단계별로 학습 목표를 설정하고, 작은 성취를 통해 자신감을 키우도록 격려했습니다.

몇 주가 지나고, 미래는 슬기 선생님과의 꾸준한 상담과 지도를 통해 수학에 대한 두려움을 점차 극복해 나갔습니다. 여전히 모든 문제가 쉽게 해결되지는 않았지만, 미래는 자신이 잘하는 것에 집중하면서도 부족한 부분을 차근차근 보완하는 방법을 배워갔습니다. 무엇보다 중요한 것은, 미래가 자신감을 되찾아 자신이 과학자가 될 수 있다는 희망을 갖게 된 점입니다.

"선생님, 저 환경과학자가 되는 꿈을 계속 꿀 수 있을 것 같아요. 수학도 열심히 해서 극복해 볼게요." 미래는 밝은 미소로 슬기 선생님에게 감사의 인사를 전했습니다. 김슬기 선생님은 미래가 자신만의 길을 찾아가는 모습을 보며 뿌듯함을 느꼈습니다. 그녀는 앞으로도 AI와 함께 학생들의 진로를 돕고, 그들이 꿈을 이루어 나가는 과정을 함께해 줄 것입니다.

---

1 본 시나리오는 챗GPT를 이용하여 작성했다. 시나리오 작성을 위해 몇 가지 전제조건을 제시했다 (예: AI를 활용한 고등학교 선생님 입장에서의 학생 지도와 학교행정 시나리오를 구성. 특히 과학에는 뛰어나지만 수학에 자신이 없는 학생을 지도하는 선생님의 맞춤형 지도 방안을 스토리 텔링하도록 질문).
2 EBS(Educational Broadcasting System)는 대한민국의 교육 전문 공영방송이자 출판사이다. 방송사로 유아부터 성인까지의 다양한 교육콘텐츠를 생성, 방송한다.
3 메가스터디는 대한민국의 입시에 필요한 수능, 수시, 대학별 고사와 같은 고교생, N수생 대학입시 분야를 제공하는 민간의 유료 콘텐츠 사이트이다.

<표 5-8> AI 기반 상용화된 전문 서비스 예시

분야	상세 내용
의료	• IBM의 "왓슨 어시스턴트 AI 헬스케어 챗봇(Watsonx Assistant AI Healthcare Chatbot)" - 딥러닝, 머신러닝, 자연어 처리(NLP) 모델을 기반으로 대화형 AI를 사용하여 질문을 이해하고 최상의 답변을 검색하며 트랜잭션을 완료 - 관리 효율, 투약 오류 감소, 가상간호 보조, 수술 후 통증 완화 관리에 도움

금융	• 블룸버그GPT(BloombergGPT): 금융특화 대규모 언어 모델
	- 금융을 위해 초기부터 특별히 구축된 블룸버그의 500억 개 매개변수 대용량 언어 모델
	  · 첫째, 블룸버그 플랫폼에서 재무 데이터에 액세스하고 분석(데이터 검색, 분석, 보고서 생성 및 통찰력 생성과 같은 다양한 재무 작업이 가능)
	  · 둘째, 뉴스 헤드라인에 대한 제안을 제공(저널리스트가 매력적이고 유익한 뉴스레터를 구성하는 데 도움, 문단을 입력하면 블룸버그GPT는 관련성 있고 매력적인 제목을 생성하여 시간을 절약하고 콘텐츠 생성의 효율성을 제고)
	  · 향후 재무 데이터에 대한 훈련과 최적화를 계속함에 따라 더 광범위한 재무 업무를 포괄할 수 있으며, 궁극적으로 금융 산업에서 더 정확하고 효율적인 의사 결정을 지원할 것으로 기대됨

자료: Bloomberg(2023. 3. 3.).

었다면 점차 개인 생활 속에서 식습관, 생활 패턴 등을 분석하여 맞춤형 건강 서비스를 제공하는 것에서부터 병원의 각종 검사 자료 등을 분석한 질병 진단 서비스까지 폭넓게 AI가 활용되고 있다. 금융 서비스의 경우는 AI를 활용한 이상거래 탐지, 부정결제 탐지 등 금융기관의 업무를 지원하는 것뿐만 아니라 고객의 자산을 관리하고 개인의 성향에 맞춘 최적의 투자 상품 추천까지 폭넓게 사용되기 시작했다.

4) 스스로 진화하는 서비스

기존 ICT 서비스와 가장 큰 AI 서비스의 차이는 스스로 학습하고 진화한다는 것이다. 기존 ICT 서비스는 새로운 서비스를 위해서는 새로운 프로그램을 설치하고 시스템을 구축해야 했던 반면, AI 서비스는 알고리즘 기반 학습으로 스스로 지속 발전이 가능하다. 특히, 스스로 움직여 데이터를 모을 수 있

:: 사례 ::

스스로 학습하여 판단하고 문제를 해결하는 AI 시나리오
- 재난안전부문

언제 어디서나 감시체제

봄날의 햇살이 따스하게 내리쬐던 4월 첫째 주 토요일에 서울에 살던 강원도 씨 부부는 봄날의 정취를 만끽하기 위해 강원도에 있는 낙산사로 여행을 떠났다. 강원도 씨 부부는 기나긴 겨울 동안 여행을 하지 못했기 때문에 모처럼 떠나는 여행은 강원도 씨 부부를 설레게 했다. 2시간을 운전하여 설악산 국립공원을 지날 무렵에 조수석에 앉아 있던 강원도 씨 아내는 설악산 국립공원의 첩첩산중에서 희미하게 하얀 연기 한 줄기가 피어오르고 있는 것을 목격했다. 강원도 씨 부부는 혹시나 하는 마음에 정부에 이러한 사실을 신고하기로 했다. 강원도 씨 아내는 급히 핸드폰을 들고 연기가 피어오르는 장면을 사진으로 촬영했고 핸드폰에서 '안전신문고' 앱을 열고 방금 촬영한 사진과 함께 설악산 국립공원 내에서 하얀 연기 한 줄기가 피어오르고 있음을 신고했다.

재난 신고의 정확성 판별 및 적정 대응 방안 자율 모색

산불 의심 신고를 접수 받은 GAIP는 신고 내용이 사실인지를 확인하기 위해 다양한 경로를 통해 데이터 수집에 나선다. 먼저, 국민이 안전과 관련된 신고를 할 수 있게 서비스 중인 '안전신문고' 내에서 강원도 씨 아내의 신고와 유사한 신고가 있는지를 확인한다. GAIP가 안전신문고 내에서 유사한 신고를 확인한 결과, 강원도 씨 아내의 신고와 유사한 신고가 2건 확인되었다. 총 3건의 신고에서 접수된 사진을 이미지 분석한 결과, 산불일 가능성이 52%라는 결과가 도출되었다.

이러한 결과를 기초로 GAIP는 위의 산불 관련 3건의 신고가 실제 산불인지를 확인하기 위해 정부의 다양한 서비스를 검색한 결과, 산림청에서 전국의 소나무 재선충의 현황을 파악하고 방제를 위해 운영 중인 '드론 기반 소나무 재선충 예찰 서비스'를 인지했고, 강원도청의 산불 담당 공무원에 자동으로 연락해 산림청이 설악산 일대에서 소나무 재선충의 현황 파악과 방제를 위해 운영 중인 드론을 산불 발생 확인을 위해 사용할 수 있는 권한의 획득을 요청한다. 이러한 요청에 따라 산림청은 강원도청에 드론을 사용할 수 있는 권한을 부여하고 권한을 부여받은 강원도청 담당 공무원은 GAIP에 권한 획득 사실을 통보한다.

드론 사용 권한을 획득한 GAIP는 '드론 기반 소나무 재선충 예찰 서비스'를 구성하는 모듈 중에서 드론의 운용에 관한 모듈을 활용하여 설악산에 배치된 10대의 드론 중 5대의 드론을 산불 발생 의심 지역에 투입하여 5대가 동시에 동영상을 촬영하게 하고 촬영된 영상을 '드론 기반 소나무 재선충 예찰 서비스'의 모듈을 활용해 GAIP로 전송받는다. GAIP는 이렇게 전송받은 동영상을 '인공지능 기반 실시간 산불 경보시스템'으로 보내서 인공지능을 활용한 산불 발생 여부를 판별하는 모듈을 활용해 신고 지역에 실제 산불이 발생했는지를 판별 받는다.

'인공지능 기반 실시간 산불 경보시스템'의 동영상 분석 결과, 신고 지역에 실제로 산불이 발생한 것으로 확인이 되었고 이러한 결과는 GAIP에 통보된다. 신고 지역에 산불이 발생했다는 결과를 통보받은 GAIP는 온도, 습도, 바람 등 기상청에서 제공하는 산불 발생 지역에 대한 기상 정보와 '인공지능 기반 실시간 산불 경보시스템'의 산불 예측 서비스를 바탕으로 향후 산불이 어떻게 전개될 것인지를 예측한다. 이러한 예측 결과, 예년에 비해 올해 강원도 지역의 봄철 온도가 높고 4개월간 지속된 가뭄으로 습도가 10% 미만으로 매우 낮으며 오늘 강한 동남풍이 불고 있어서 산불이 1시간 이내에 진화가 되지 않으면 1시간 이상 시 축구장 5개, 2시간 이상 시 축구장 15개, 3시간 이상 시 축구장 100개 크기의 산림이 피해를 볼 것으로 예상되었다. 이에 따라, GAIP는 가장 먼저 인명 피해의 최소화를 위해 '국가재난관리정보시스템'의 상황전파 모듈을 통해 신고 지역에 산불이 발생했음을 지역 주민에게 신속히 전파하고, 대피가 필요한 지역의 주민에게는 문자, 재난경보, 방문 등의 다양한 방법을 통해 대피를 명령했다. 1차적으로 주민 안전 조치를 완료한 이후에 GAIP는 강원도 일대의 모든 소방서에 산불의 발생에 따른 긴급 출동을 통보함과 동시에 중앙 부처-지자체-소방본부를 중심으로 중앙재해대책본부 가동의 필요성을 국가 재난·재해의 컨트롤 타워인 행정안전부에 통보한다. GAIP로부터 강원도 지역의 산불 발생에 따른 중앙재해대책본부 가동의 필요성을 통보받은 행정안전부는 국무총리를 본부장으로 중앙재해대책본부를 가동한다.

피해 예측에 따른 사전 예방 및 구조 활동

중앙재해대책본부의 가동과 함께 GAIP는 산불의 신고 접수부터 현재까지의 모든 상황을 중앙재해대책본부에 보고하고 시간대별 산불의 진행과 이에 따른 피해 예측도 보고한다. GAIP가 향후 2시간까지가 산불 진화의 골든 타임이라는 자체 예측을 바탕으로 산불의 확산을 조기에 방지하기 위해 강원도 내의 소방서뿐만 아니라 전국의 모든 소방서의 소방차 투입을 중앙재해대책본부에 건의한다. 중앙재해대책본부는 GAIP의 건의를 바탕으로 신속히 회의를 거쳐 전국의 모든 소방차 투입을 결정하고 이러한 결정을 GAIP에 통보한다. 중앙재해대책본부의 결정에 따라 GAIP는 소방청의 '국가화재정보시스템'의 모듈을 통해 전국의 모든 소방차에 대해 강원도 산불 지역 긴급 출동을 요청한다. 이러한 요청에 따라 전국의 모든 소방차는 강원도 산불 지역으로 긴급 출동하여 화재진압과 주민 구조 활동을 실시한다.

> GAIP는 산불 현장에 투입된 소방, 경찰, 군인, 공무원, 자원봉사자 등에 의해 산불에 따른 피해 정보가 '국가재난정보관리시스템'의 피해조사 모듈을 통해 접수되면 이를 다시 피해분석 모듈로 분석해 전체 피해 규모를 예측한다. 다행히 강원도 산불은 화재 발생 2일 만에 진압이 완료된다. 그러나 축구장 15개 크기의 산림과 가옥 100여 채가 전소되었고 이재민도 1000여 명 발생했다. GAIP는 최종 피해 결과를 바탕으로 피해 복구와 재해 구호를 위한 예산과 물자를 예측하여 중앙재해대책본부에 보고한다. 중앙재해대책본부는 GAIP가 예측한 피해 복구와 재해 구호를 위한 예산과 물자를 검토하고 이를 최종 승인한다. GAIP는 중앙재해대책본부의 승인에 따라 '국가재난정보관리시스템'의 재난구호물자통합관리 모듈을 활용해 구호 물자를 피해 지역에 신속해 전달한다. GAIP는 산불의 완전 진화와 함께 중앙재해대책본부의 해산과 함께 사후관리를 위해 모든 정보를 강원도청에 공유하고 상황을 종료한다.

는 로봇과 이렇게 수집된 데이터를 기반으로 스스로 학습하여 진화하는 인공지능의 결합은 빠르게 발전하고 있다. 이러한 AI 서비스의 특징은 첫째, 학습 능력을 가지고 있다는 것이다. 기계학습 알고리즘을 통해 새로운 정보를 처리하고 분석하는 능력이다. 학습용 데이터를 통해 스스로 패턴을 분석하고 의미를 찾아 지식을 습득하고 예측할 수 있게 하는 능력이다. 둘째는 맥락을 이해하고 이에 맞춰 적응한다는 것이다. 입력하는 데이터(학습용 데이터)가 변경되거나 AI가 작동하는 컨텍스트가 변경되면 스스로 알고리즘과 의사결정 프로세스를 조정하는 유연성을 갖는다. 이러한 특징으로 AI는 역동적이고 예측할 수 없는 상황에서도 실용적인 결과를 도출할 수 있다. 셋째, 새로운 상황에 직면하거나 문제가 발생하면 스스로 개선한다. 자체 성능을 분석하고 부족하거나 비효율적인 영역을 식별하고 이에 대응하여 알고리즘을 개선함으로써 스스로를 개선해 나간다. 마지막으로 문제 해결 능력을 가지고 있다. 경험을 통해 학습하고 새로운 정보에 적응함으로써 문제에 대한 정교하고 미묘한 접근 방식을 개발하여 어려운 문제에 대해 보다 혁신적인 결과를 도출해 낼 수 있다.

3. AI 정부의 행정의 특성[6]

1) 정밀 행정(Precision Administration)

인간유전체프로젝트(human genome project)로 인간이 가지고 있는 유전체의 염기 서열과 각 유전자의 역할에 대한 정밀 분석이 이루어지면서 정밀 의료(precision medicine) 개념의 등장했다. 정밀 의료란 유전체 정보, 진료·임상 정보, 생활습관 정보 등을 통합·분석하여 환자 개인의 특성에 맞는 맞춤형 의료 서비스를 제공하는 것을 의미한다(박대웅··류화신, 2018). 정밀 의료는 환자들이 모두 개별적으로 다른 특성을 가지고 있다는 것을 전제로 한다. 동일한 치료법이나 약에 개별 환자의 유전형을 포함한 여러 생물학적 특성에 따라서 다른 반응을 보인다는 것이다. 예를 들면, 같은 당뇨병 환자라 하더라도 개인 환자들마다 같은 음식에 대해 서로 다른 혈당 변화가 나타나며 심지어는 정반대의 효과가 나타나기도 한다. 이에 연구진들은 AI 기술을 적용하여 환자의 개별적인 데이터를 바탕으로 식후 혈당 변화를 예측하는 모델까지 만들었다고 한다(최윤섭, 2015).

정밀 행정은 정밀 의료의 개념을 차용한 것으로 '데이터를 기반으로 시민 개개인의 행태와 정책 문제를 이해하고 각각의 특성과 선호, 맥락에 부합하는 맞춤형 서비스 제공 및 공공관리와 정책'을 의미한다. 과거의 행정은 모집단(population)을 구성하는 개별 요소에 대한 정보를 수집, 분석하고 개인 맞춤형 서비스를 제공하기에는 정보와 자원이 부족했기 때문에, 동질 특성에 따라 '집단'을 나누거나 표본추출 방법에 기반한 평균적인 추세에 맞추어 정책을 결정하고 공공 서비스를 제공할 수밖에 없었다(Rose, 2016). 그러나 AI

---

[6] 이 절은 저자의 선행연구인 엄석진 외(2021)의 1장의 관련 부분을 수정·보완한 것이다.

정부는 다양한 센서를 통해 다양하고도 방대한 데이터를 수집하고 AI를 적용한 데이터 분석을 통해 각 개인이 처한 상황과 환경에 적합한 개인화된 행정 서비스의 제공 및 실시간 정책을 수행할 수 있다.

실제로 호주 퀸즐랜드 주정부는 전자정부 플랫폼에 구축·저장된 개인별 정보와 주정부와의 상호작용에 대한 과거 이력 정보 등을 AI를 활용하여 개인별 맞춤형 행정 서비스를 제공하고 있다. 미국 라스베이거스 보건 당국은 소셜 미디어 정보와 머신러닝 알고리즘을 활용하여 식중독이 발생할 가능성이 높은 음식점을 식별하고 점검했다(Margetts and Dorobantu, 2019).

2) 증강 행정

증강 행정(Augmented Administration)은 AI와 정보기술을 활용해 공무원 개인 또는 공공 조직의 역량을 강화하여 행정을 개선하고 성과를 제고하는 행정이다. 예를 들면, AI와 정보기술의 활용을 통해 업무상 대기 시간을 줄일 수 있고, 행정 비용을 절감하며, 자원의 부족을 극복하고, 일상적이고 반복적인 업무로부터 해방되어 좀 더 고차원적인 업무를 수행할 수 있도록 만든다. 또한 업무상 예측의 정확도를 높일 수 있으며 업무 과정을 지능화할 수 있다. 인간이 쉽게 하기 어려운 과업들, 예를 들면, 안면인식 기술을 활용해 범죄자를 색출한다든지, 사기와 위조 혐의가 있는 거래를 식별한다든지, 관련성이 높은 내용을 찾기 위해 수백만 장의 서류를 실시간으로 검사하는 일을 할 수 있다. 결론적으로 AI 및 정보기술의 활용하여 업무 처리 속도와 품질은 높이는 동시에 비용은 줄일 수 있다(Eggers et al., 2017).

구체적으로, AI와 정보기술은 공무원과 공공 조직의 능력을 증강시켜 정책 과정을 개선할 수 있다. 정책 결정과 집행 과정에서 공무원 및 공공 조직의 정보처리능력 또는 인지능력의 한계는 합리적인 정책 결정과 성공적인 정책 집행에 있어 주요한 제약 요인 중 하나로 제시되어 왔다. 현실 정책 과정에서 정책결정자는 완전한 대안 탐색 및 분석을 위한 시간, 노력, 그리고 인지 능력이 모두 부족하기 때문에 최적의 대안이 아니라 만족할 만한(satisficing) 대안을 선택하게 된다(Simon, 1949). 정책 집행 현장에서 일하는 일선 관료들(street-level bureaucrats) 역시 적절한 의사결정에 필요한 충분한 시간과 정보, 정보에의 접근성 부족이 부족하기 때문에 복잡한 상황을 단순하게 구조화하여 인지하거나 업무 수행에 있어서 습관적이며 정형화된, 일종의 반복적 패턴을 만들어 대응한다(Lipsky, 2010). AI 정부의 증강 행정은 정책 결정 과정 각 단계의 정책결정자와 일선 관료들에게 정책 문제나 행정 고객의 다양한 측면에 대한 정보를 제공할 뿐만 아니라, 결정의 우선순위를 제공함으로써 인지적 한계를 확장하고 합리적 의사결정을 위한 자원의 확보를 지원할 수 있다. 이는 결국 정책 결정 및 정책 집행의 품질 제고로 이어지게 될 것이다.

증강 행정은 다양한 형태로 나타나고 있다. 호주 국세청은 AI를 활용한 회계감사를 통해 6000만 건 이상의 세금징수 사례, 메모, 활동 기록, 실시간 정보를 분석했다. 이를 통해 탈세 등과 관련된 의심 동향을 파악하고 조사가 필요한 사례에 우선순위를 부여하고 있다. 국세청 업무에 AI을 도입함으로써 약 9000명의 세금감사원, 조사분석관들이 작업 시간을 줄일 수 있었으며, 비정형 데이터 분석을 통해 감사 품질 및 결과의 정확도와 성과를 개선할 수 있었다(김경전, 2017).

증강 행정은 예측 행정을 가능케 한다. 머신러닝 알고리즘은 데이터에서 패턴을 찾아내고 이를 통해 미래에 나타날 수 있는 경향 및 발생 가능한 사건 등에서 예측의 정확성을 높이고 비용을 낮추는 데 기여한다(Agrawal et al., 2018). 또한 정부는 AI를 활용하여 서로 다른 정책 대안의 결과를 실험하고 시뮬레이션하여 실제로 집행하기 전에 의도하지 못한 결과를 식별하고 그 효과를 찾아낼 수 있다. 대규모 데이터와 결합된 행위자 기반 컴퓨팅 모델은 정책이 집행되기 이전에 실제 세계의 복잡성을 좀 더 잘 찾아낼 수 있기 때문이다. 실제로, 영국의 주정부에서는 머신러닝 모델을 이용해 특수 교육에 대한 수요를 예측하고 외부 요인들이나 정책이 변화함에 따라서 그와 같은 수요가 얼마나 변화할 것인지 예측한다. 영국의 중앙은행인 잉글랜드은행(Bank of England)은 금융 시장의 위험을 완화하기 위해 부동산 시장을 모델링하여 부동산 정책 및 시장 개입의 효과를 시뮬레이션한다(Margetts and Dorobantu, 2019).

3) 연결 행정(Connective Administration)

AI 정부는 가상세계를 매개로 서로 다른 행정기관 간, 공공과 민간 부문 간의 협력을 촉진하는 협력 행정으로서의 특징을 갖는다. 지능정보사회는 가상세계를 통한 '약한 연결(weak tie)' 사회의 특징을 갖는다. 디지털 기술을 활용하여 시·공간을 압축하여 이루어지는 개인 간 연결성의 확대는 지식과 정보의 연결 및 매개로 확장되고, 사회 활동을 위한 조정 비용을 감소시키는 효과를 가져올 수 있다. 시민들은 AI를 활용하여 각종 정보와 상황을 좀 더 정확히 해석하고 판단할 수 있게 될 것으로 예상되며, 정부, 기업, 시민 간에 존재하는 정보 비대칭성이 약화될 가능성이 높다(Shirkey, 2008).

반대로, 연결성의 확대는 대규모 집합 행동에 수반되는 거래비용의 감소를 가져오면서 정치적 격변의 가능성이 높아지고 있다. 트위터나 메신저 등 가상세계에서 서로 연결된 시민들이 특정한 정치적·사회적 국면에서 다양한 형태의 집단행동을 실제세계와 가상세계에서 일으킬 수 있다(Margetts et al., 2015). 이와 같은 지능정보시대의 기술, 사회, 개인의 변화를 고려할 때, 행정은 다양한 행위자들이 당면한 사회문제를 해결하는 데 있어 이와 같은 연결성을 활용하게 될 것으로 전망된다. 이와 같은 연결성은 다양한 이해관계자들이 자유롭게 플랫폼에 참여하고 문제를 함께 발견, 진단하고 해결할 수 있는 플랫폼을 구축하고 플랫폼 참여자들의 행태와 의견에 대한 AI 분석을 통해 협력의 가능성과 조건을 탐색하는 기술적 기반으로 기능하게 될 것이다.

실제로 대만 정부는 '폴리스(Pol.is)'라는 AI 기반 플랫폼을 통해 공유택시(우버) 도입 등 사회적 이슈에 대한 숙의적 의사결정을 수행하여 공공갈등 발생 가능성을 낮춘 바 있다(Tang, 2019). 폴리스는 특정 주제에 대해 대규모의 플랫폼 참여자들이 제시한 다양한 진술문과 그에 대한 동의, 부동의, 판단 유보의 투표 데이터를 실시간 머신러닝 기법을 적용해 분석한다. 이 분석을 통해 생각이 다른 참여자와 같은 참여자들을 구분하는 대화형 지도와 함께, 서로 다른 집단이 합의 가능한 지점을 제시한다. AI가 분석·도출한 결과에 대해 참가자들은 자신의 입장과 타인의 입장을 확인하고 숙의하게 된다. 그러한 다음 참가자는 자신의 의사에 따라 새로운 진술문을 제안하기도 한다. 이러한 과정을 통해 점차적으로 모든 참여자가 공통으로 합의하는 진술문을 찾아내는 과정을 통해 갈등 해결에 점차 다가서게 된다. 폴리스는 현재 쟁점에 대해 다른 사람들의 생각과 자신의 생각의 위치를 시각적으로 확인해 주기 때문에 자신의 입장을 상대적이고 객관적으로 바라보는 것을 돕는다. 아울러, 시간과 공간의 제약을 초월하고 인간의 인지적 한계를 보조하고 감정에 의한 충동적 판단을 배제할 수 있는 가능성을 높여주어 좀 더 숙의적인 결정과 상호 협력적인 대안이 채택되는 데 기여할 수 있다(은종환 외, 2020; Berman, 2017).

정부 내부적으로는 클라우드 기반의 정보 시스템 연계 및 통합을 통해 각 부처별로 나뉘어 있던 정보와 지식이 결합하게 될 것이다. 전통적인 정부는 분업과 전문화의 원리에 따라 조직화되었다. 분업과 전문화의 원리는 할거주의라는 관료제의 역기능으로 이어져 현대 행정의 가장 큰 문제 중 하나로 지적되어 왔다. 지능정보시대의 AI 정부는 정부의 각 부처 및 공공기관이 보유하는 정보 시스템을 연계, 통합하는 정부 클라우드의 도입을 통해 기존의 전자정부가 극복하지 못했던 '굴뚝 효과(silo effect)'를 극복할 수 있는 기술적 기반이 될 것으로 판단된다. 정부 클라우드 시스템이 정부 각 부처와 공공기관을 연결하여 부처 간, 공무원 개인 간 협력을 촉진하고, 개별 기관의 정책 역량을 제고하는 플랫폼으로서의 기능을 하게 되는 것이다. 나아가 정부 클라우드를 통해 통합·연계된 데이터에 대한 AI 기반 분석은 정부의 정책 역량 및 대민 서비스의 질적 제고를 위한 정보 기반이 될 수 있을 것으로 판단된다.

| 제6장 |

AI 정부의 두뇌, 정부 인공지능 기본 모델 구현

1. 개요

정부 인공지능 기본 모델은 AI 정부에 있어 두뇌 역할을 수행하는 핵심 중의 핵심으로서 AI 정부 서비스 이용자로부터 접수되는 각종 요구사항을 분석하여 어떠한 처리 과정을 거쳐 사용자의 요구사항에 최적인 답변을 생성할 것인지를 관장한다. 따라서 AI 정부 서비스의 성능은 정부 인공지능 기본 모델의 성능에 달려 있다고 해도 과언이 아니다. 따라서 정부가 어떻게 정부 인공지능 기본 모델을 개발할 것인가가 가장 중요하면서도 커다란 숙제로 남는다. 이 책에서는 오픈AI(OpenAI)와 딥시크(DeepSeek)의 모델 개발 절차를 참고하여 AI 정부를 위한 기본 모델의 개발 절차와 내용을 서술했다.

정부 인공지능 기본 모델의 개발을 위해서는 기본적으로 〈그림 6-1〉과 같이 6단계를 거쳐야 한다. 1단계는 참조 모델 선정이다. 참조 모델 선정은 오픈AI가 GPT 모델을 개발하기 위해 구글의 Transformer 모델을 참조했고 딥시크가 딥시크-LLM을 개발하기 위해 메타의 라마(LLaMA)를 참조한 것과 같이 정부 인공지능 기본 모델을 위해서도 참조 모델의 선정이 필요하다. 정부는 참조 모델을 선정함에 있어서 인공지능 기술의 발전 방향, 모델의 안정성과 확장성, 소요 자원(비용, 시간, 인력 등) 등을 종합적으로 고려해 결정

<그림 6-1> 정부 인공지능 기본 모델 개발 절차

| 1단계 참조 모델 선정 | 2단계 고품질 데이터 수집 | 3단계 데이터 정제·가공 | 4단계 모델 최적화 | 1단계 사전 학습 | 2단계 미세 조정 |

자료: DeepSeek Inc. (2024) 재구성.

한다.

2단계는 정부 인공지능 기본 모델의 사전 학습에 활용될 고품질의 데이터 수집이다. 최근의 인공지능 기술은 초거대 언어 모델(Large Language Model: LLM)이 주도하는 상황이다. 초거대 언어 모델의 사전 학습에 필요한 데이터의 수집이 필요한데 이를 위해서는 웹사이트, 책, 위키백과, 신문, SNS 등으로부터 방대한 양의 데이터 수집이 필요하다. 특히, 웹사이트 데이터를 수집하는 과정에서 웹사이트 내의 데이터에 대한 검증 없이 데이터를 수집하게 되면 다량의 오류가 포함된 데이터를 수집하게 될 가능성이 높으므로 전국 대학과 협력하여 웹사이트 데이터에 대한 검증을 수행한 후, 검증을 통과한 웹사이트만을 대상으로 데이터를 수집해야 한다.

3단계는 데이터 정제·가공이다. 정부 인공지능 기본 모델 생성을 위해 데이터 정제·가공 과정이 필요하며, 이는 가공되지 않은 원시데이터를 분석이나 모델 학습에 적합한 형태로 변환하는 것을 의미한다. 데이터 정제는 오류, 누락, 중복, 이상치 등을 해결하여 데이터의 정확성과 일관성을 확보하는 과정이며, 오타나 잘못된 형식을 수정하여 신뢰성을 높인다. 데이터 가공은 정제된 데이터를 특정 목적에 맞게 변환하는 과정으로, 날짜 데이터를 표준화하거나 범주형 데이터를 수치형 데이터로 변환하는 작업이 포함된다. 이 과정은 인공지능 모델이 최적의 성능을 발휘할 수 있도록 지원하는 필수 단계이다.

데이터 정제에서 가장 중요한 작업은 중복 데이터 제거로, 이는 모델이 동일한 정보를 반복 학습하지 않도록 하여 학습 효율성을 높이고 과적합을 방지하는 데 도움이 된다. 과적합이란 모델이 학습 데이터의 불필요한 세부적인 노이즈나 패턴까지 학습하여 새로운 데이터에 대한 일반화 능력이 떨어지는 현상을 의미하는데 이는 실제 환경에서 모델의 성능 저하로 이어질 수 있다. 비효율적인 업무 방식을 고집하는 예처럼, 중복 데이터를 제대로 제거하지 않으면 모델도 불필요한 패턴에 집착하여 최적의 결과를 도출하지 못하게 된다.

비정형 데이터는 고정된 구조가 없고 형식이 다양하며 대량으로 존재하기 때문에, 정형 데이터에 비해 정제·가공에 더 많은 시간과 노력이 필요하다. 인공지능 모델이 비정형 데이터를 학습하려면 정답(레이블)과 함께 제공하는 라벨링 작업이 필수적이며, 이 과정은 대규모 데이터를 처리하는 데 막대한 시간과 비용이 소요된다. 따라서 정부 인공지능 기본 모델의 사전 학습을 위해서는 수집된 대용량의 비정형 데이터를 적절히 라벨링 하는 과정이 반드시 필요하다.

4단계는 모델 최적화이다. 1단계를 거쳐 선정된 참조 모델을 정부의 업무 처리에 가장 적합하도록 변경시키는 과정으로 정부 인공지능 기본 모델 개발에서 가장 높은 수준의 전문성이 요구되는 단계이다. 모델 최적화를 위해서는 먼저 행정 전문가, 인공지능 전문가, 데이터 전문가 등 다양한 분야의 전문가들이 협업을 통해 참조 모델을 상세히 분석한다. 이러한 분석 결과를 바탕으로 참조 모델의 무엇을 어떻게 변경하고, 새로운 모델 또는 방식을 어떻게 참조 모델에 접목할 것인지를 설계하여 정부에 최적인 모델을 개발한다.

5단계는 사전 학습(Pre-training)이다. 사전 학습은 대규모 데이터에서 일반적인 패턴과 지식을 학습해 모델의 기초를 다지는 과정으로, 이후 미세 조정(Fine-tuning)을 통해 특정 작업에 최적화된다. 사전 학습 시, 모델은 입력된 단어들을 바탕으로 다음 단어를 예측하는 작업을 반복하며, 학습한 가중치와 파라미터(Parameter)[1] 등을 저장한다. 이후에 검증 데이터(Validation Data)로 정확도, 손실, F1 점수 등과 같은 지표를 사용해 모델의 과적합 여부를 평가하고, 필요에 따라 학습과 검증을 반복한다. 정부 인공지능 기본 모델의 경우, 국가 행정 서비스라는 특성상 무결성이 매우 중요하므로 오류를 최소화해 높은 성능을 유지하는 것이 필수적이다.

6단계는 미세 조정(Fine-tuning)이다. 미세 조정은 사전 학습된 모델을 특정 작업이나 분야에 맞게 추가로 학습시켜 성능을 높이는 과정이다. 일반적인 언어 이해 능력을 갖춘 사전 학습 모델은 미세 조정을 통해 의료, 법률 등 전문 분야의 용어나 정보를 이해할 수 있도록 최적화된다. 정부 인공지능 기본 모델의 미세 조정을 위해 각 부처 공무원이 일상 업무에서 생성하는 데이터를 수집하고, 이를 기계 판독 가능한(machine-readable) 형태로 변환하여 모델 학습에 활용한다. 보고서의 텍스트뿐만 아니라 그림, 표, 수식 등 모든 데이터를 완전하게 변환하는 것이 필수적이다. 준비된 데이터를 기반으로 모델을 학습시키고, 성능 검증 후 과적합 문제가 발생하면 반복 학습과 검증을 통해 문제를 해결한다. 그러면 지금부터 각각의 단계에 대해 상세하게 설명할 것이다.

2. 참조 모델 선정

인공지능의 기술적 흐름과 업무의 다양성, 방대한 업무량을 가진 정부의

---

1   인공지능 모델이 문제를 풀기 위해 스스로 배우고 조정하는 숫자들을 의미하는데, 이는 인간의 뇌가 우리가 세상을 경험하면서 배운 것들을 신경망(뉴런과 시냅스)을 통해 저장하고 활용하듯이, 인공지능 모델은 데이터를 통해 스스로 배우고 결정을 내리기 위해 파라미터(가중치와 바이어스)를 조정한다.

특성을 고려했을 때, 2025년 현재 시점에서 정부 인공지능 기본 모델에 가장 적합한 모델은 초거대 언어 모델(Large Language Model: LLM)이다. LLM은 주로 딥러닝을 기반으로 자연어 처리(Natural Language Processing: NLP) 작업을 수행하는 인공지능 모델이다. LLM은 일반적으로 수십억 개 이상의 파라미터를 가진 인공신경망을 활용하여 언어의 이해와 생성에 특화된 기능을 제공한다. LLM은 대규모 텍스트 데이터를 학습하여 언어 모델링 능력을 갖추는데, 이러한 데이터에는 책, 웹사이트, 뉴스 기사 등 다양한 출처의 텍스트가 포함된다. LLM은 수십억 또는 수백억 개의 파라미터를 포함하는 거대한 신경망을 사용한다. 예를 들어, 오픈AI의 GPT-3는 1,750억 개의 파라미터를 갖고 있는데, 이러한 규모의 대형 모델이 학습한 데이터를 통해 텍스트를 생성하거나 이해할 수 있다. 대부분의 LLM은 구글이 개발한 트랜스포머(Transformer)라는 아키텍처를 기반으로 만들어지는데, 트랜스포머의 장점은 문맥을 효과적으로 이해하고, 병렬 처리를 통해 빠르게 학습과 예측을 수행한다는 것이다. LLM은 문장 내의 단어와 구문 구조, 문맥 관계를 학습하여 자연스러운 언어 생성을 가능하게 한다. 이 과정에서 모델은 단어와 문장의 의미를 이해하고 주어진 입력(요구사항)에 대해 적절한 출력(답)을 생성할 수 있다. LLM의 예로는 오픈AI의 GPT(Generative Pre-trained Transformer), 구글의 BERT(Bidirectional Encoder Representations from Transformers), 메타(Meta)의 LLaMA(Large Language Model Meta AI)가 대표적이다. 이 외에도 다양한 NLP 작업에 유연하게 대응하기 위한 구글의 T5(Text-to-Text Transfer Transformer), BERT와 GPT의 장점을 결합한 XLNet, 대화형 응용 프로그램에서 사용이 가능하고 다양한 텍스트 생성 작업에서 높은 품질을 보이는 MS의 Turing-NLG, 다국어 지원이 특징인 BLOOM(BigScience Large Open-science Open-access Mutilingual Language Model), 사람과 자연스러운 대화에 특화된 구글의 LaMDA 등의 LLM이 개발되어 있다.

<표 6-1> 대표적인 초거대 인공지능 모델

개발사	모델명	모델 특성
오픈AI	GPT	트랜스포머 아키텍처 기반으로 대규모 데이터에서 사전 훈련을 통해 다양한 자연어 처리 작업을 높은 정확도로 수행하며, 창의적인 텍스트 생성과 문맥 이해에 뛰어난 능력을 가진 범용 언어 모델
구글	BERT	트랜스포머 아키텍처를 기반으로 양방향(contextual) 언어 모델링을 활용하여 문맥을 깊이 이해하고, 다양한 자연어 처리 작업에서 뛰어난 성능을 발휘하는 사전 훈련된 언어 모델
메타	LLaMA	트랜스포머 아키텍처를 기반으로 적은 자원으로도 효율적인 학습과 성능을 제공하며, 다양한 규모의 모델(7B, 13B, 30B, 65B)을 오픈 소스로 공개하여 연구와 개발에 폭넓게 활용할 수 있는 모델
구글	T5	다양한 NLP 작업(번역, 요약, 질의응답 등)에서 뛰어난 성능을 보이는 구글의 사전 훈련된 언어 모델
구글 & 카네기멜론대	XLNet	BERT의 한계를 극복하고 더 정교한 문맥 이해 및 다양한 자연어 처리(NLP) 작업에서 우수한 성능을 보이도록 설계된 모델
MS	Turing-NLG	트랜스포머 아키텍처를 기반으로 자연스러운 텍스트 생성, 번역, 요약 등 다양한 자연어 처리 작업에서 뛰어난 성능을 보이며, 특히 대화형 응답과 창의적 텍스트 생성에 강점을 가진 모델
BigScience 프로젝트의 일환으로 개발	BLOOM	175억 개의 파라미터를 가진 대형 언어 모델로, 다양한 언어와 작업을 지원하며, 오픈 소스로 공개되어 연구자들이 모델을 자유롭게 활용하고 발전시킬 수 있도록 설계된 다국어 자연어 처리 모델

자료: Brown et. al. (2020); Devlin et al. (2018); Meta AI Research(2023); Raffel et al. (2020); Yang et al. (2019); Rosset(2020); Scao et al. (2022).

정부의 정부 인공지능 기본 모델에 최적인 LLM은 당연히 정부의 특성을 고려하여 정부가 직접 개발한 모델이다. 그러나 정부가 직접 LLM을 개발하는 것은 일반적으로 세 가지 이유로 사실상 불가능에 가깝다. 첫째는 비용의 문제이다. LLM의 학습을 위해서는 엄청난 양의 GPU 자원이 필요하다. 대형 모델의 학습을 위해서는 수천 대의 GPU를 사용하는 클라우드 컴퓨팅 환경이나 슈퍼컴퓨터가 필요하며, 막대한 학습 시간과 비용이 소요된다. 예를 들어, GPT-3 모델의 학습에만 약 60억 원 정도가 소요된 것으로 추정되고, 전체 비용은 수백억에서 수천억이 소요되었을 것으로 추정한다. 이렇게 우수한 성능의 LLM 개발을 위해서는 매년 수백억에서 수천억의 예산을 수년에 걸쳐 투입해야 하는데, 국가의 모든 분야에 예산을 적절히 배분해야 하는 정부 입장에서는 수년간 LLM 개발에만 이렇게 많은 예산을 투입하는 것은 사실상 불가능하다.

둘째는 시간의 문제이다. LLM은 수십억에서 수백억 개의 파라미터를 가지기 때문에 학습을 위해 엄청난 양의 계산이 필요하고 이러한 계산은 수 주에서 수개월에 걸쳐 지속된다. 당연히 모델이 커질수록 학습해야 할 데이터와 계산량은 기하급수적으로 증가하기 때문에 전체 학습 시간은 급격히 증가한다. 시장에서는 성능이 개선된 우수한 모델이 계속해서 등장하는 상황에서 수개월이 걸릴지 수년이 걸릴지 모르는 LLM을 직접 개발하기에는 현실적으로 어렵다.

셋째는 인력의 문제다. 새로운 LLM을 개발하기 위해서는 컴퓨터공학자뿐만 아니라 철학, 뇌 과학, 화학, 물리학, 수학, 공학 등 기초과학 분야의 우수한 인력이 필요하다. 그러나 이렇게 모든 기초과학 분야에서 우수한 인력을 보유하고 있는 국가는 미국, 중국 등 극소수 국가에 불과하다.

따라서 위와 같은 한계점을 고려했을 때, 정부가 정부의 인공지능 기본 모델의 개발을 위해 선택할 수 있는 가장 최상의 대안은 현재 상황에서 가장 우수한 성능을 가진 오픈 소스형 LLM을 기반으로 정부에 최적화시키는 방법이다. 〈표 6-2〉는 대표적인 오픈 소스형 LLM을 설명한다.

2025년 현재, 인공지능 기업들이 가장 많이 사용하는 오픈 소스형 LLM 중의 하나가 메타의 라마(이하 LLaMA)이다. LLaMA는 기존 대형 언어 모델과 비슷한 방식으로 사전 훈련된 모델로서 7B(70억 개의 파라미터), 13B(130억 개의 파라미터), 30B(300억 개의 파라미터), 65B(650억 개의 파라미터) 등과 같이 다양한 크기로 제공되어 다양한 연구와 산업적 활용에 적합하다. 특히, 7B와

<표 6-2> 대표적인 오픈 소스형 초거대 언어 모델(LLM)

모델명	파라미터 수	개발사	상세 내용
LLaMA 2	7B-70B	Meta	- 상업적 용도로 무료 사용 가능 - 범용 NLP 작업 수행
Mistral	7B	Mistral AI	- 효율적 파라미터 구조 - 대규모 AI 시스템
GPT-NeoX	20B	EleutherAI	- 오픈 소스 대규모 언어 모델 - 생성형 AI, 번역
BLOOM	176B	BigScience	- 다국어 지원 대규모 모델 - 다국어 번역 및 생성
OPT	175B	Meta	- GPT-3와 유사한 오픈 소스 모델 - 다양한 연구 및 응용 분야
Falcon LLM	7B, 40B	TII	- 성능 대비 높은 효율성 - 생성형 AI, 문서 요약
Dolly	-	Databricks	- 상업적으로 무료 사용 가능 - 대화형 시스템 및 콘텐츠 생성
RedPajama	2, 7B, 20B	Together	- 자유 확장 가능한 오픈 소스 모델 - 연구 및 실험적 프로젝트

자료: Meta AI et al. (2023-2024).

13B 크기의 모델은 상대적으로 작은 자원으로도 높은 성능을 낼 수 있도록 최적화되어 있어 학계와 산업계에서 더 많이 사용될 수 있도록 설계되었다. LLaMA의 가장 큰 특징 중 하나는 오픈 소스로 공개되었다는 점이다. 메타는 LLaMA의 파라미터, 학습 데이터, 코드 등을 공개하여 연구자들이 자유롭게 모델을 실험하고 발전시킬 수 있도록 했다. 최근 인공지능 시장에서 가장 주목받는 딥시크도 LLaMA를 기본 모델을 활용하되, LLaMA의 고도화를 통해 성능을 대폭 개선했다.

3. 고품질의 데이터 수집

2절에서 정부 인공지능 기본 모델의 근간이 되는 참조 모델을 선택했다면, 다음은 선택한 모델에 기본 지식을 학습시켜야 한다. 예를 들어, 2절에서 정부 인공지능 기본 모델의 근간이 되는 참조 모델로 LLaMA를 선정했다고 가정하면, LLaMA는 웹사이트, 책, 위키백과, 뉴스, 논문 등 다양한 출처에서 수집된 텍스트를 모델이 학습할 수 있는 형태로 변환된 2조 개 이상의 토큰[2]을 학습했다. LLaMA가 이렇게 다양하고 방대한 양의 데이터를 학습하여 만들어졌지만, 다양성, 라벨링의 정확성, 편향, 중복 등 여전히 학습한 데이터의 품질 문제로 인해 모델의 성능에 문제를 안고 있는 것도 사실이다. 딥시크가 기본 모델로 활용한 LLaMA보다 우수한 성능을 보이는 큰 이유 중의 하나가 바로 LLaMA가 학습한 데이터의 품질을 높여 재학습한 결과라는 사실이 이를 뒷받침한다.

기업의 서비스와는 달리, 정부의 서비스에 오류가 발생하면 개인적·사회적·국가적 차원에서 커다란 혼란이 초래될 수 있다. 따라서 LLaMA와 같은 참조 모델을 정부 인공지능 기본 모델로 활용하기 위해서는 딥시크가 재학습에 활용했던 데이터보다 훨씬 더 고품질의 데이터, 가능하면 무결성 데이터를 생성하여 모델에 재학습시켜야 한다. 그렇다면 '어떻게 웹사이트, 책, 위키백과, 뉴스, 논문, SNS 대화 등 다양한 출처에서 수집된 엄청난 양의 데이터를 무결성 데이터로 만들 것인가'가 정부 인공지능 기본 모델 생성에 있어서 가장 중요한 과제이다.

---

[2] 단어, 부분 단어, 문자 또는 기호 등과 같이 언어 모델이 처리할 수 있는 텍스트의 최소 단위를 의미하는데, 예를 들어, "I love you"라는 문장을 단어 기반 토큰은 "I", "love", "you"이며, 문자 기반 토큰은 "I", " ", "l", "o", "v", "e", " ", "y", "o", "u", "."으로 정의한다.

:: 사례 ::

데이터 편향이 초래한 인공지능 서비스의 실패: 이루다 사태의 교훈

이루다 사태는 인공지능 개발에서 데이터 편향, 개인정보 보호, 윤리적 설계가 얼마나 중요한지를 보여준 대표적인 사례이다. 이루다는 스캐터랩이 개발한 인공지능 챗봇으로, 20대 여성 대학생의 성격과 대화 스타일을 바탕으로 사용자들과 자연스럽게 소통하는 것을 목표로 했다. 하지만 서비스 출시 후 혐오 발언, 성희롱 대응 실패, 그리고 학습 데이터에서 비식별화되지 않은 개인정보가 드러나면서 큰 논란을 불러일으켰다.

인공지능이 학습한 과거의 카카오톡 메시지 데이터는 성차별적 편향과 개인적인 정보를 그대로 반영했으며, 특정 단어를 중심으로 여성을 비하하거나 차별적 발언을 생성하는 사례가 발생했다. 사용자가 성희롱성 대화를 시도했을 때 인공지능은 적절히 방어하지 못하고 부적절한 답변을 생성했을 뿐만 아니라, 비식별화되지 않은(개인정보가 포함된) 카톡 메시지를 학습하면서 사용자들의 사적 정보가 대화 중 드러나는 경우도 있었다.

결국, 이루다는 편향된 데이터와 검증 부족으로 인해 심각한 윤리적 문제를 드러냈고, 2021년 1월 서비스를 중단하게 되었다. 개인정보보호위원회는 스캐터랩이 개인정보보호법을 위반했다고 판단하고 벌금과 시정 조치를 내리기에 이르렀다. 이 사태는 인공지능이 훈련 데이터에 강하게 의존하는 만큼 편향된 데이터를 사용할 경우, 편향적이고 비윤리적인 결과가 발생할 수 있음을 시사하는 대표적인 사례이다.

이루다 사태가 남긴 교훈은 인공지능 개발 과정에서는 편향된 데이터를 제거하고, 개인정보를 철저히 보호하며, 윤리적 설계와 검증 프로세스를 반드시 구축해야 한다는 점이다. 기술적 성능을 높이는 것에만 집중하는 것이 아니라, 인공지능의 의사결정 과정에서 사회적 책임과 투명성을 확보하는 것이 매우 중요하다. 앞으로 인공지능 개발자는 이러한 교훈을 바탕으로 더욱 안전하고 공정한 시스템을 구축해야 할 것이다.

LLaMA와 같이 오픈 소스형 LLM이 학습한 데이터 중에서 가장 문제가 되는 데이터는 웹사이트 데이터이다. 세상에 존재하는 수많은 웹사이트에서 수집한 데이터는 당연히 오류, 편향 등과 같이 다양한 문제를 내포하고 있다. 따라서 정부는 앞의 2절에서 선정한 참조 모델의 오류를 제거하기 위해 먼저, 참조 모델이 학습한 데이터 중에서 가장 문제가 되는 웹사이트에서 수집한 데이터를 정제하여 무결성 데이터로 만들어야 한다. 그렇다면 어떤 방식으로 웹사이트에서 수집한 데이터를 정제해야 가장 효과적일까? 여기서는 전국의 모든 대학과 협력하여 데이터 수집 대상인 웹사이트 내용에 오류가 있는지를 검증하는 방식을 제안한다.

각 대학의 각 과는 자신들의 전문 분야에 해당하는 웹사이트를 방문하여 웹사이트에 담긴 내용이 맞는지 틀리는지를 검증하고, 정부는 이러한 검증을 통과한 웹사이트에서만 데이터를 수집하여 데이터의 무결성을 확보하고, 이렇게 무결성이 확보된 데이터만을 모델에 학습시켜 모델의 정확도를 높이는 방식이다. 나아가 이러한 웹사이트 검증 과정은 전 세계 국가들과 협력하여 인공지능 학습을 위한 신뢰할 수 있는 웹사이트 네트워크를 구축함으로써, 전 세계적으로 무결성 있는 데이터를 손쉽게 확보할 수 있는 기반을 마련하면 전 세계의 인공지능 발전에도 크게 이바지할 것이다. 또한, 정부는 각 대학을 통한 웹사이트 검증을 매년 추진하여 모델의 학습에 필요한 새로운 데이터를 지속해서 확보하여 모델의 성능을 높인다.

정부는 참조 모델이 학습한 데이터 이외에도 다른 나라가 보유하고 있지 않은 대용량의 고품질 데이터를 모델에 학습시켜 한국 정부에 특화된 모델을 개발할 필요가 있는데, 이러한 데이터는 한국 정부가 2010년부터 막대한 예산을 투입해 구축한 공공데이터 플랫폼, 빅데이터 플랫폼, 인공지능 데이터 플랫폼(AI 허브)에 매우 잘 구축되어 있다. 공공데이터 플랫폼은 중앙정부와 지자체가 보유하고 있던 10만 2,827건의 행정 데이터를 수집하여 개방하고 있다. 그런데 여기서 중요한 점은 단순히 행정기관의 데이터를 수집하여 개방하는 것이 아니라 국가 차원의 데이터 품질 기준에 따라 정제 과정을 거쳐 개방하기 때문에 참조 모델 학습에 매우 유용하다. 예를 들어, 상권 정보 데이터, 국민연금 가입 사업자 내역 데이터, 단기예보 데이터, 범죄 발생 지역별 통계 데이터 등과 같이 한국에 특화된 행정 데이터는 참조 모델을 한국 정부에 특화된 정부 인공지능 기본 모델로 발전시킨다.

또한, 정부가 2018년부터 막대한 예산을 투입해 인공지능 산업 활성화의 지원을 위해 추진해 온 '인공지능 학습용 데이터 구축사업'을 통해 구축한 840여 개가 넘는 고품질의 인공지능 학습용 데이터 중에서 활용이 가능한 데이터를 선별하여 정부 인공지능 기본 모델에 학습시킨다. 특히, 다른 나라는 보유하고 있지 않은 대용량의 고품질 한국어 데이터를 모델에 학습시켜 한국어에 특화된 모델을 개발할 필요가 있다. 예를 들어, 충청도, 전라도 제주도, 강원도, 경상도 등의 방언 데이터, 한국어-다국어(영어, 중국어, 일본어 등) 통·번역 데이터, 한국어 수어 데이터 등 AI 허브(www.aihub.or.kr)만이 보유하고 있는 고품질의 한국 데이터를 대량으로 학습시킨다. 여기에 더해, 국회 회의록 기반 지식 검색 데이터, 법률안 검토 보고서 요약 데이터, 국가기록물 대상 초거대 AI 학습을 위한 말뭉치 데이터, 노인 정신건강 영상 데이터, 어린이 보호구역 내 등하교 및 시설물 영상 데이터 등과 같이 한국 정부의 행정 업무 처리에 도움이 되는 데이터도 AI 허브에서 선별하여 정부 인공지능 기본 모델에 학습시켜서 정부에 특화된 모델을 개발한다.

4. 데이터 정제·가공

정부 인공지능 기본 모델 생성을 위한 다음 단계는 데이터 정제·가공이다. 데이터 정제·가공은 원시(raw) 데이터를 분석이나 모델 학습에 적합한 형태로 변환하는 과정을 의미한다. 데이터 정제는 데이터의 정확성과 일관성을 확보하는 데 초점이 맞춰져 있고, 가공은 데이터를 특정 목적에 맞게 변환하는 과정이다. 이러한 데이터 정제·가공은 인공지능 모델의 개발을 위해 필수적이다.

정부 인공지능 기본 모델의 개발을 위해서는 3절에서 수집한 데이터에서 오류, 누락, 중복 등의 문제를 해결하는 데이터 정제 과정을 거쳐야 한다. 예를 들어, 설문 응답에서 일부 항목이 비어 있는 경우, 특정 값을 입력하거나 해당 샘플을 삭제할 수 있다. 이상치 탐지는 평균을 크게 벗어나는 비정상적인 데이터를 발견하여 제거하거나 수정하는 과정을 포함한다. 또한, 데이터의 일관성 유지를 위해 중복된 데이터를 제거하는 작업도 중요하다. 데이터 정제 과정에서는 오타, 잘못된 형식(날짜, 숫자 범위 오류 등), 부정확한 데이터를 수정하여 데이터의 정확성과 신뢰성을 확보한다. 다음으로, 위의 과정을 통해 정제된 데이터를 데이터 가공을 통해 정부 인공지능 기본 모델에 학습시킬 수 있는 적합한 형태로 변환한다. 예를 들어, 날짜 데이터를 '연도-월-일' 형식으로 통일하거나 범주형 데이터를 수치형 데이터로 변환한다.

데이터 정제에서 가장 많이 신경을 써야 하는 작업이 데이터의 중복 제거이다. 3절의 과정을 거쳐 수집된 데이터 내에서 중복되는 데이터를 제거하여 모델이 중복된 정보를 학습하지 않게 한다. 이는 학습의 효율성을 높이고 과적합(overfitting)을 방지하는 데 도움을 준다. 과적합은 모델이 학습 데이터에 지나치게 잘 맞춰져 있어 학습 데이터의 세부적인 노이즈(의미 없거나 불필요한 정보)나 불필요한 패턴까지 학습하는 현상을 말한다. 그 결과, 모델은 새로운 데이터에 대한 일반화 능력이 떨어지고 실제 환경에서 잘 작동하지 않게 된다. 예를 들어, 우리가 어떤 업무를 수행하면서 여러 가지 방식 중에서 하나의 방식을 선택하여 업무를 수행한 이후에 이렇게 선택한 방식만을 고집하게 되면 이 업무를 수행하는 더 효율적인 방식이 있음에도 불구하고 기존의 비효율적인 방식만을 사용하게 되는 경우와 같다. 딥시크는 웹사이트에서 데이터를 수집할 때 중복된 문서나 비슷한 내용의 페이지를 제거하여 모델이 최고 품질의 데이터를 학습할 수 있도록 함으로써 비약적인 성능의 향상을 달성했다. <표 6-3>은 데이터의 중복 제거에 사용되는 방식을 설명하고 있다.

<표 6-3> 대표적인 데이터 중복 제거 방식

중복 제거 방식	상세 내용
유사도 기반 중복 탐지	유사한 내용이 포함된 문서들, 즉 같은 정보가 반복적으로 존재하는 문서들을 식별하고, 그중 하나만을 선택하여 나머지 중복 데이터를 제거
해시값 비교	각 문서에 대해 고유한 해시값을 생성하고, 동일한 해시값을 가진 문서들을 중복으로 판단하여 삭제
동적 필터링	데이터가 지속적으로 변화하거나 업데이트되는 상황에서 필요에 따라 적시에 불필요한 정보를 제거
중복 문서의 소스 추적	중복 문서의 출처를 추적하여 동일한 내용의 페이지가 여러 사이트에서 반복될 경우, 원본 문서를 우선시하고 복제된 페이지는 제거
자연어 처리(NLP) 기술 활용	동일한 정보를 다양한 방식으로 표현한 문서들을 인식하고, 의미가 중복되는 콘텐츠를 제거

자료: OpenAI Research(2024b).

다음으로 데이터를 리믹싱(Remixing)한다. 데이터 리믹싱은 기존의 데이터를 다양한 방식으로 조정하거나 결합하여 새로운 학습 데이터를 만드는 과정이다. 우리가 아무리 심혈을 기울여 데이터를 수집한다고 해도 데이터가 특정 분야나 특정 집단에 대해 불균형을 보일 수 있다. 예를 들어, 특정 주제, 언어, 지역 등에 대한 데이터가 부족하거나 과도할 수 있다. 데이터 리믹싱은 부족한 분야나 집단의 데이터를 추가하거나 과도한 데이터를 감소시켜 데이터 불균형을 해결한다. 또한, 기존 데이터를 다양한 방식으로 변형하거나 확장하여 새로운 데이터를 생성하는 방식도 리믹싱에 포함된다. 예를 들어, 데이터 증강(data augmentation) 기법을 사용하여 텍스트 데이터에 동의어 변환, 문장 재구성, 어순 변경 등을 적용해 데이터를 늘릴 수 있다(Goodfellow et al., 2016).

텍스트, 이미지, 오디오, 비디오 등과 같은 비정형 데이터는 고정된 구조나 형식이 없고, 형식이 다양하고, 대용량이기 때문에 이름, 나이, 가격, 수량 등과 같은 정형 데이터를 정제·가공하는 것보다 훨씬 더 큰 노력이 요구된다.

<그림 6-2> 주요 비정형 데이터 라벨링 방식

Key Point

OCR

Semantic Segmentation

3D Cuboid

Bounding Box

자료: 저자 작성.

<표 6-4> 주요 비정형 데이터 라벨링 방식 비교

라벨링 방식	정의	활용 사례
Key Point	이미지 내에서 객체의 특정 지점을 좌표로 지정하는 라벨링 방식	사람의 자세 추정, 얼굴 랜드마크 탐지, 동작 분석
OCR	이미지 내 텍스트의 위치와 내용을 라벨링하여 문자 인식을 위한 데이터 생성	문서 디지털화, 도로 표지판 인식, 번호판 인식
Semantic Segmentation	이미지 내 모든 픽셀을 특정 클래스에 할당하여 라벨링 하는 방식	자율주행(도로, 차량 인식), 의료 이미지(종양 탐지)
3D Cuboid	객체를 3D 큐보이드(직육면체)로 정의하여 위치, 크기, 회전 정보를 라벨링	자율주행(차량, 보행자), 로봇 비전, 물류 자동화
Bounding Box	객체를 2D 바운딩 박스로 둘러싸서 위치와 크기를 정의하는 기본 라벨링 방식	객체 탐지(차량, 사람 등), 물체 분류

자료: OpenAI Research(2024b).

특히, 비정형 데이터를 인공지능 모델에 학습시키기 위해서는 인공지능 모델이 학습할 수 있도록 데이터를 정답(레이블)과 함께 제공하는 과정인 라벨링

<표 6-5> 주요 라벨링 데이터 평가 지표

평가 지표	상세 내용
정확도(Accuracy)	- 전체 데이터 중, 올바르게 라벨링 된 비율
정밀도(Precision)	- 모델이 '참'으로 예측한 것 중, 실제로 '참'인 비율
재현율(Recall)	- 실제 '참'인 것 중, 모델이 '참'으로 라벨링을 한 비율
F1 점수(F1 Score)	- 정밀도와 재현율의 조화 평균
라벨링 일관성(Consistency)	- 여러 사람이 동일한 데이터에 르벨링 할 때 결과가 얼마나 일관적인지를 측정
노이즈 비율(Noise Rate)	- 잘못된 라벨링 비율을 측정하여 데이터 품질을 평가

자료: Géron(2019).

작업이 필요한데, 대량의 비정형 데이터를 라벨링 하는 데는 막대한 시간과 비용이 소요된다. 따라서 3절에서 수집한 대용량의 데이터를 정부 인공지능 기본 모델에 사전 학습시키기 위해서는 비정형 데이터에 대한 라벨링 과정을 거쳐야 한다. 주요한 라벨링 방식은 아래의 <그림 6-2>와 <표 6-4>에 상세히 설명했다.

라벨링은 모델의 성능에 지대한 영향을 미치므로 라벨링이 제대로 되었는지를 평가하는 것은 매우 중요하다. 라벨링 된 데이터는 비정형 데이터의 유형과 학습하는 모델에 따라 다른 지표로 평가된다. <표 6-5>는 라벨링 데이터의 평가에 활용되는 대표적인 지표들이다. 이러한 지표들을 활용해 라벨링의 품질을 평가하고, 평가에 미치지 못하는 라벨링 데이터에 대해서는 원하는 품질 수준에 도달할 때까지 반복하여 라벨링을 수정·보완한다.

5. 모델 최적화

정부 인공지능 기본 모델의 생성에서 가장 어려운 단계가 모델 최적화

(Optimization) 단계이다. 모델 최적화는 LLaMA와 같이 정부 인공지능 기본 모델로 채택된 모델의 어떤 부분을 어떻게 변화시켜 정부의 업무 처리에 최적화된 모델로 만들 것인지를 결정하는 단계이다. 이를 위해서는 인공지능에 대한 깊은 이해뿐만 아니라 채택된 모델, 수집 데이터, 정부 업무 등 정부 인공지능 기본 모델 전반에 대해 깊이 이해하고 있는 전문가 그룹과의 긴밀한 협업이 필수적이다. 다만, 여기서는 실제로 정부 인공지능 기본 모델을 생성하는 프로젝트가 아니므로 정부가 자체적으로 인공지능 모델을 어떻게 개발하는지에 대해 서술하지 않고,, 오픈AI가 GPT 모델을 생성하는 과정에서 기존의 모델을 어떻게 최적화했는지에 대해 설명하는 것으로 대체한다.

먼저, 오픈AI는 구글의 트랜스포머 모델을 근간으로 크게 네 가지 모델 최적화 활동을 통해 GPT 모델을 생성했는데, 첫째는 자기 회귀 모델링(Auto-regressive Modeling)을 사용하여 트랜스포머 모델을 최적화했다. 자기 회귀 모델링이란 과거의 관측값을 바탕으로 현재 또는 미래의 값을 예측하는 모델링 기법이다. 따라서 자기 회귀 모델링은 이전 시점의 값들이 현재나 미래의 값에 영향을 미친다고 가정하여 이전에 나온 단어들을 기반으로 다음 단어를 예측한다. 예를 들어, "오늘 날씨는 매우"라는 문장이 있을 때, 모델은 "오늘"을 입력으로 받아 "날씨"를 예측하고, "오늘 날씨"를 입력으로 받아 "는"을 예측하는 방식으로 순차적으로 단어를 생성한다. 이렇게 자기 회귀 모델링이 이전 값을 바탕으로 다음 값을 예측하므로 순차적이고 연속적인 데이터를 처리하는 데 탁월한 성능을 보인다(Vaswani et al., 2017).

둘째는 근간으로 사용한 구글의 트랜스포머 모델의 디코더(decoder) 구조를 최적화했다. 여기서 디코더란 인코더(encoder)에 의해 모델에 입력되는 데이터를 모델이 이해할 수 있게 변환된 내부 표현을 다시 입력된 데이터의 원래 형태로 변환하는 인공지능 모델의 구성 요소이다. 구글의 트랜스포머 모델의 기본 구조는 인코더-디코더로 구성되지만, 오픈AI는 GPT를 생성하

<표 6-6> 주요 하이퍼파라미터

하이퍼파라미터명	주요 역할
학습률 (Learning Rate)	- 모델이 얼마나 빠르게 "올바른 답"에 도달하려고 하는지를 결정 - 학습률이 너무 크면 모델이 최적값을 지나칠 수 있고, 너무 작으면 학습 속도 저하
배치 크기 (Batch Size)	- 한 번의 학습에서 모델이 사용하는 데이터 샘플 수를 의미 - 배치 크기가 크면 처리하는 데이터양은 증가하나, 메모리 사용량이 증가해 학습의 불안정성 상승효과 초래
에포크 수 (Epochs)	- 전체 데이터를 모델이 한 번 학습하는 횟수 - 모델이 데이터를 얼마나 반복해서 학습할지를 결정
모멘텀 (Momentum)	- 이전의 학습 정보를 이용해 현재의 가중치 업데이트 방향에 영향을 주는 최적화 기법 - 이전 기울기를 활용해 수렴 속도를 높이고 진동을 줄여 안정적으로 최적값에 도달하도록 지원
정규화 파라미터 (Regularization Parameters)	- 모델이 학습 데이터에 지나치게 맞춰지는 과적합을 방지하기 위해 모델의 복잡도를 제한하는 파라미터
드롭아웃 비율 (Dropout Rate)	- 신경망 학습 중 일부 뉴런을 무작위로 제외시켜 과적합을 방지하는 기법
활성화 함수 (Activation Function)	- 모델이 단순한 계산이 아니라 복잡한 문제를 풀 수 있도록 입력 신호를 변형하는 도구
최적화 알고리즘 (Optimizer)	- 모델 파라미터를 업데이트하는 방법을 결정하는 알고리즘

자료: Goodfellow et al. (2016).

는 과정에서 트랜스포머의 디코더만을 사용하여 연산 효율성을 높이고 텍스트 생성 시 문맥을 더 잘 반영할 수 있도록 모델을 최적화했다(Vaswani et al., 2017).

셋째는 사전 훈련(Pre-training)을 통해 모델을 최적화했다. GPT는 대규모 데이터에 기반한 사전 훈련 과정에서 텍스트의 다음 단어를 예측하는 작업의 반복을 통해 언어 모델을 학습했고, 기존에 학습된 모델을 특정 작업에 맞게 추가로 학습시키는 미세 조정(Fine-tuning)을 통해 성능을 최적화했다(Radford et al., 2018).

넷째는 하이퍼파라미터(Hyperparameter)의 최적화를 통해 모델을 최적화했다. 하이퍼파라미터란 <표 6-6>과 같이 학습률(Learning Rate), 배치 크기(Batch Size), 에포크 수(Epochs), 모멘텀(Momentum) 등 인공지능 모델 학습 과정에서 미리 설정해 줘야 하는 값들을 의미한다. 하이퍼파라미터는 모델의 성능과 학습 과정의 효율성에 큰 영향을 미치기 때문에 모델을 학습하기 전에 적절히 선택하고 조정하는 것이 중요하다. 일반적으로 하이퍼파라미터 값은 모델의 학습이 시작되기 전에 설정되며 학습 과정 중에는 변경되지 않는다(Vaswani et al., 2017).

6. 사전 학습

사전 학습(Pre-training)은 대규모 고품질의 데이터에서 모델이 일반적인 패턴과 지식을 미리 학습하는 과정으로서, 이후에 이어지는 특정 작업에 모델을 맞추는 미세 조정(Fine-tuning)을 통해 최적의 성능을 얻기 위한 기초 단계이다.

정부 인공지능 기본 모델의 사전 학습을 위해서는 위의 앞의 3절과 4절의 과정을 거쳐 생성된 대규모 데이터를 활용하여 모델이 이전 단어들을 입력으로 받으면, 다음 단어를 예측하는 작업을 반복하여 언어의 문맥적 관계를 학습시킨다. 사전 학습이 종료되면 가중치, 파라미터 등과 같이 모델이 데이터로부터 학습한 중요한 값과 설정을 저장한다. 이러한 과정을 거쳐 사전 학습된 모델은 학습 데이터에만 과도하게 맞춰진(과적합) 것은 아닌지 등의 문제를 확인하기 위해 학습 데이터와는 다른 검증 데이터(Validation Data)를 사용해 모델의 성능을 평가한다.

모델의 검증은 일반적으로 정확도(Accuracy), 손실(Loss), F1 점수(F1 Score),

정밀도(Precision)와 같은 지표를 사용하여 검증한다. 모델의 검증 결과, 모델이 과적합하거나 추가적인 학습이 필요하다고 판단되면, 학습과 검증 과정을 반복한다. 예를 들어, 사전 학습된 모델을 검증한 결과, 훈련 데이터 정확도는 98%로 높은 데 반해, 검증 데이터 정확도는 70%로 낮게 나왔다면, 과적합이 발생한 것으로 간주할 수 있다(Géron, 2019).

정부 인공지능 기본 모델의 사전 학습에서 중요한 점은 정부 인공지능 기본 모델의 주요 임무가 국가의 행정 업무를 처리하고 국민을 대상으로 행정 서비스를 제공하는 것이기 때문에 모델의 무결성 확보를 위해 오류가 0에 가깝도록 최대한 성능을 높이는 것이 중요하다.

7. 미세 조정

미세 조정(Fine-tuning)은 사전 학습된 모델을 특정 작업에 맞게 추가로 학습시키는 과정을 말한다. 사전 학습에서 대규모 데이터를 기반으로 일반적인 패턴과 지식을 습득한 모델을 의료, 법률, 화학 등 특정한 분야나 텍스트 분류, 번역 등과 같은 특정 작업에 최적화하여 성능을 높이는 방법이다.

사전 학습된 모델은 일반적으로 텍스트나 다양한 데이터를 학습하여 기본적인 언어 이해 능력을 갖추고 있다. 그러나 실제 응용에서는 특정 분야나 작업에 맞는 세부적인 조정이 필요하다. 예를 들어, 의료 데이터를 처리하는 모델은 일반적인 언어뿐만 아니라 의학 용어, 질환명, 진단 정보 등도 이해할 수 있어야 하는데, 미세 조정이 이러한 역할을 수행한다.

정부 인공지능 기본 모델의 미세 조정을 위해서는 우선, 모델의 미세 조정에 활용될 데이터가 필요하다. 정부 인공지능 기본 모델의 미세 조정에 활용될 데이터는 각 부처의 공무원이 매일같이 업무를 처리하기 위해 생성하는 모든 데이터가 대상이 된다. 행안부, 외교부, 산업부, 국토부 등 정부 내, 모든 부처의 공무원들은 자신이 맡은 업무의 처리를 위해 상사에게 보고할 문서를 만들고, 통계를 작성하고, 외부에 발표할 자료를 만드는 등 수많은 데이터를 생산한다.

정부 인공지능 기본 모델의 미세 조정을 위해서는 공무원이 일상의 업무를 처리하기 위해 생산하는 데이터를 수집하고, 이렇게 수집된 데이터를 기계 판독 가능 데이터 변환기와 같은 SW를 통해 정부 인공지능 기본 모델이 학습할 수 있는 데이터 형태로 변환하고, 이렇게 변환된 데이터를 모델의 미세 조정을 위해 학습시킨다. 여기서 중요한 점은 정부의 모든 데이터를 빠짐없이 수집하여 데이터의 다양성과 완결성을 만족시켜야 하고, 이렇게 모아진 데이터의 모든 내용을 빠짐없이 기계 판독 가능한 데이터 형태로 변환해야 한다. 예를 들어, 아래한글로 작성된 보고서의 텍스트는 물론이고, 그림, 표, 수식 등의 모든 데이터가 100% 기계 판독 가능한 형태로 변화되어야만 모델이 학습의 완결성을 달성할 수 있다.

미세 조정을 위한 데이터가 준비되었다면, '6절 사전 학습'에서와 같이 모델에 데이터를 학습시키고 성능을 검증하여 과적합과 같은 문제가 확인되면 학습과 검증 과정을 반복하여 문제를 해결한다.

| 제7장 |

AI 정부 에이전트 구현 방안

1. 개요

AI 정부가 제대로 작동하기 위해서는 <그림 7-1>과 같이 여섯 가지의 구성 요소가 필요하다. 첫 번째 구성 요소는 국민 누구나 AI 정부 에이전트(Agent) 서비스를 이용하기 위해 접속해야 하는 정부 AI 에이전트 단일 접속 창구이다. 이 단일 접속 창구는 주민등록등본 발급, 토지대장등본 발급, 지방세 납세증명서 발급 등 민원에 한정된 서비스를 제공하고 있는 현재의 정부24(www.gov.kr)와는 달리 일반 국민은 민원 서비스를 처리하고, 공무원과 교사는 업무를 수행할 수 있도록 정부의 모든 서비스가 하나로 연계된 진정한 의미의 단일 접속 창구이다.

두 번째는 '정부 인공지능 플랫폼(Government Artificial Intelligence Platform: GAIP)'이다. 정부 인공지능 플랫폼은 AI 정부에서 가장 핵심이며 인간의 신체에 비유하면 두뇌에 해당한다. 정부 인공지능 플랫폼은 크게 정부 인공지능 모델과 정부 인공지능 모델을 학습시키기 위한 학습용 데이터로 구성된다. 정부 인공지능 모델이 인간이 태어나면서 신체 일부로 갖게 되는 뇌에 비유할 수 있고, 정부 인공지능 모델을 학습시키기 위한 학습용 데이터는 사람이 태어나면서부터 배우는 모든 지식을 의미한다.

<그림 7-1> AI 정부 서비스 프레임워크

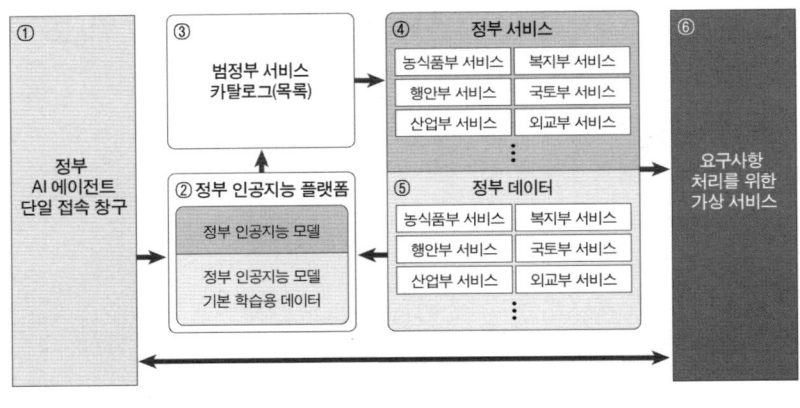

세 번째는 범정부 서비스 카탈로그이다. 범정부 서비스 카탈로그는 데이터에 비유하면 메타데이터와 같은 개념으로 정부가 구축하여 제공하는 모든 서비스에 대해 서비스명, 제공 기관, 서비스 유형(대국민, 정부 내 지원 등), 서비스 분야(국토, 농림, 의료, 교통 등), 서비스 설명 등 각각의 서비스를 기계가 스스로 식별할 수 있게 상세한 정보를 제공한다. <그림 7-2>와 같이 범정부 서비스 카탈로그는 컴퓨터가 도입되기 이전에 도서관에 가면 원하는 책이 어디 있는지를 찾기 위해 사용했던 도서 검색대와 같이 원하는 서비스를 빠르고 쉽게 찾을 수 있는 서비스이다.

네 번째는 정부 서비스이다. 범정부 서비스 카탈로그가 정부가 구축하여 제공하는 모든 서비스에 대한 상세한 설명 정보를 제공한다면 정부 서비스는 이러한 카탈로그에 명시된 실제 서비스를 의미한다. AI 정부에서 제공하는 각각의 서비스 특징은 작고 가볍고 조합이 자유로운 레고블록형 서비스라는 점이다. 전자정부의 서비스와는 달리 AI 정부 서비스는 통합되거나 뭉쳐 있지 않고 하나하나 작은 서비스 단위로 분리되어 있다. 따라서 서비스 간의 자

<그림 7-2> 아날로그 방식의 도서관 도서 검색대

자료: https://www.pexels.com/ko-kr/photo/6333743/

유로운 조합이 가능하다.

다섯 번째는 정부 데이터이다. 정부 데이터는 AI 정부 각각의 서비스 제공에 필요한 데이터를 제공하는데 모든 데이터는 범정부 차원의 데이터 분류체계에 따라 정부 내의 모든 데이터가 수집되고 관리된다. 또한, 모든 데이터는 100% 기계가 읽을 수 있는 데이터로 변환되어 수집되고 실시간으로 인공지능에 학습되기 때문에 정부 서비스의 최신성과 완결성을 확보한다.

여섯 번째는 사용자의 요구사항 처리를 위한 가상 서비스이다. 가상 서비스는 특정한 업무를 처리하기 위해 인간이 개발한 항구적 서비스가 아니라 사용자의 요구사항을 처리하기 위해 정부 인공지능 플랫폼이 기존의 서비스와 서비스를 결합하여 만든 가상의 서비스이다. 이 가상 서비스는 사용자의 요구사항 처리가 완료되면 다시 각각의 서비스로 분리되어 사라지게 된다.

2. AI 정부 단일 접속 창구, AI 정부 에이전트

현재(2025년 4월), 일반 국민이 온라인으로 민원 업무를 처리하기 위해서는 크게 두 가지 방식이 있다. 첫 번째는 자신이 보유하고 있는 PC, 스마트폰, 스마트 패드 등 각종 디지털 기기에 설치되어 있는 인터넷 브라우저(크롬, Bing, Safari 등)의 주소창에 정부24 주소를 입력하고 로그인/패스워드 입력 또는 생체 인식(지문, 안면 인식, 홍채 인식 등)으로 미리 회원 가입한 정부24의 개인 계정에 접속하는 방식이다. 다른 하나는 자신이 보유한 스마트 기기에 정부24 앱을 설치하고 첫 번째 방식과 같은 로그인/패스워드 입력 또는 생체 인식으로 정부24의 개인 계정에 접속하는 방식이다.

그런데 이러한 서비스 제공 방식에는 네 가지 문제가 있다. 첫째는 텍스트 기반 서비스 제공으로 이용자에 따라 서비스 이용 격차가 크다는 것이다. 국민 모두에게 가장 편안하고 익숙한 서비스는 사람이 응대하는 서비스이다. 그러나 현재의 정부24는 웹사이트나 앱을 통해 제공이 되다 보니 이러한 형태의 서비스에 익숙하지 않은 이용자들에게는 회원 등록, 로그인, 원하는 서비스 검색 및 신청 등에 커다란 제약이 있는 것이 현실이다.

둘째는 이용자가 사용하는 디지털 기기를 바꿀 때마다 매번 다시 로그인을 해야 하는 문제이다. 특히, 프로스트 앤드 설리번(2021년)에 따르면, 2030년이 되면 전 세계 1인당 디지털 기기 보유 대수가 20개를 넘을 것으로 전망될 정도로 개인이 보유할 디지털 기기의 숫자가 크게 증가할 것으로 예상되는 상황에서 정부 서비스를 이용하기 위해 매번 기기를 바꿔가며 로그인하는 것은 이용자에게 큰 불편을 초래한다.

셋째는 현재 정부가 제공하는 모든 서비스의 단일 접속 창구인 정부24가 국민에게 정부의 모든 서비스를 제공하지 못하고 민원 서비스에 국한되어 제공하고 있다는 것이다. 정부는 민원 서비스 이외에도 정부가 수행하는 각종 업무의 원활한 수행을 위해 수많은 서비스를 구축하여 운영하고 있으며 이러한 서비스들은 교통, 환경, 의료, 복지 등 사회 전 분야에 종사하는 국민에게 매우 중요하거나 유용하게 활용된다. 예를 들어, 〈그림 7-3〉과 같이 한국농

<그림 7-3> 농촌용수종합정보시스템

자료: 국립수자원관리위원회(www.wamis.go.k).

　어촌공사에서 운영하는 '농촌용수종합정보시스템'은 전국 저수지의 총저수량, 실시간 저수량, 만수위 등 농민에게 필수적인 농업용수의 현황을 실시간으로 제공하고 있지만 민원24에서는 찾아볼 수 없다. 또한, <그림 7-4>와 같이 전국 대형사업장에 설치된 굴뚝의 오염 배출 현황을 실시간으로 제공하는 '굴뚝원격감시체계(CleanSYS)'는 환경오염을 모니터링하고 감시하는 국민과 단체에는 유용한 서비스임에도 불구하고 민원 서비스가 아니기 때문에 민원24에서 제공되지 않는다. 다시 말해, 현재의 전자정부하에서는 국민에게 유용한 수많은 서비스가 있음에도 불구하고 정부가 국민에게 서비스를 열어주거나 국민이 이러한 서비스가 있다는 것을 알고 찾을 수 없으면 이용할 수 없는 서비스들이다.
　넷째는 정부24로 대표되는 전자정부가 개인 맞춤형 서비스가 아닌 국민 다수를 위한 일괄 서비스'라는 점이다. 이용자가 정부24에 로그인하면 국민 누구에게나 같은 메뉴와 구성이 제공된다. 이용자가 누구이며 건강, 재정, 교육,

<그림 7-4> 굴뚝원격감시체계

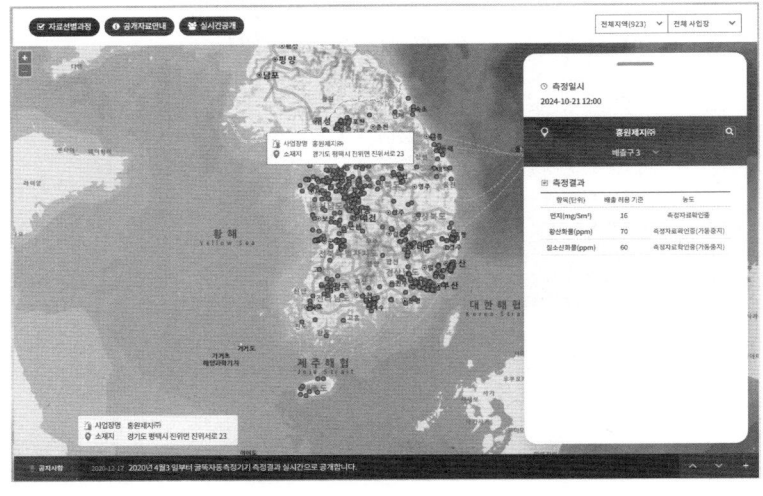

자료: 한국환경공단(www.keco.or.kr).

주거 등의 상황이 어떤지는 전혀 인지하지 못하고 개인이 신청한 민원에 대한 처리에 대한 정보만을 제공한다. 이렇다 보니 개인이 자신과 관련된 각종 정보를 파악해야 하고 이렇게 파악한 정보를 바탕으로 관련 서비스를 찾아 처리해야 하는 상황이 일반적이다. 이에 따라 정부에서 제공하는 각종 혜택을 받지 못하거나 의무를 위반하는 경우가 종종 발생한다.

AI 정부의 단일 접속 창구인 AI 정부 에이전트는 전자정부에서 제공하는 정부24와는 달리 위에서 언급한 네 가지 문제점을 완벽히 보완하고 있다. AI 정부 에이전트는 인터넷 브라우저, 앱, 챗봇 등 각각의 디지털 기기 특성에 맞

---

1   개인의 수요, 편의, 상황, 선호 등을 고려하지 않고 이용자 모두에게 동일한 방식으로 제공되는 서비스.

게 다양한 형태의 서비스가 텍스트, 음성, 수어, 몸짓 등 개인이 원하는 모든 형태로 서비스가 제공된다. 특히, 현재의 챗봇과 같은 단답형 질의응답 중심의 대화형 서비스가 아닌 인간과 같이 자연스러운 대화가 가능한 인공지능 기반의 대화형 챗봇이 이용자의 요구사항을 세밀히 분석하고 정확한 답변과 처리를 지원하여 서비스 이용의 편의성을 획기적으로 개선한다.

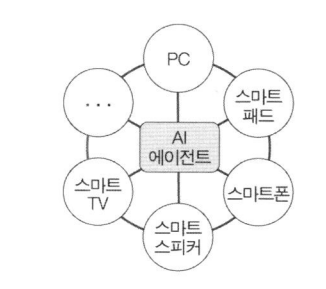

<그림 7-5> AI 정부 에이전트의 기기 간 연결 개념도

자료: 저자 작성.

AI 에이전트는 이용자가 보유한 디지털 기기 중, 하나의 기기에 설치하며 이 기기에 설치된 AI 정부 에이전트를 통해 이용자가 특별히 다른 기기에 AI 정부 에이전트를 설치하고 설정하지 않아도 최초에 설치된 AI 정부 에이전트와의 대화를 통해 자동으로 설치와 설정을 할 수 있다. 예를 들어, <그림 7-5>와 같이 우리 집에 있는 PC에 AI 정부 에이전트를 설치했다면 나는 PC에 설치된 AI 정부 에이전트에 음성으로 우리 집의 네트워크에 연결된 스마트 패드, 스마트 스피커, 스마트폰, 스마트 TV에 AI 정부 에이전트의 설치를 명령하면 이후에 모든 작업은 AI 정부 에이전트가 알아서 처리하게 되는 것이다. 여기서 중요한 것이 각 기기에 설치된 AI 정부 에이전트는 개별적인 AI 정부 에이전트가 아니라 네트워크로 연결된 하나의 AI 정부 에이전트라는 점이다. 따라서 내가 AI 정부 에이전트와 PC에서 업무를 처리하던 중에 기기를 바꿔 스마트 패드에서 작업을 수행해도 스마트 패드에 있는 AI 정부 에이전트는 PC에 있는 AI 정부 에이전트와 같은 AI 정부 에이전트이기 때문에 PC에서 처리하던 업무를 끊김이 없이 계속해서 처리할 수 있다.

AI 정부 에이전트는 정부에서 구축하여 운영하는 모든 서비스에 접근이 가

<그림 7-6> AI 정부 에이전트의 서비스 연결성 개념도

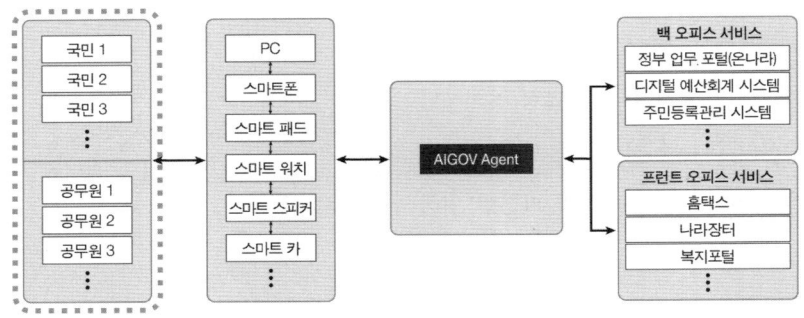

자료: 저자 작성.

능한 완벽한 연결성을 제공한다. 현재의 전자정부에서 제공하는 정부24에서는 일반 국민에게 민원 서비스만을 제공하지만, AI 정부 에이전트는 공무원의 행정업무 수행을 위한 모든 서비스[2] 및 현재의 정부24에서 제공하는 모든 민원 서비스뿐만 아니라 정부에서 구축하여 운영은 하고 있으나 일반에 공개되지 않았거나 공개되어 있다고 해도 개인이 알지 못하면 접근이 불가능한 서비스가 모두 연결되어 있다.

마지막으로, AI 정부 에이전트는 개인이 놓여 있는 상황을 고려한 개인 맞춤형 서비스를 제공한다. AI 정부 에이전트는 개인의 직업(회사원, 공무원, 교사, 군인 등)과 근무(근무, 휴가, 육아휴직, 병가 등)를 사전에 인지하고 개인과 실시간 소통을 통해 개인이 원하는 서비스를 제공하고 처리한다. 예를 들자면, 회계 담당 공무원이 아침에 출근하면 AI 정부 에이전트에 접속하여 어제

---

[2] 정부의 업무 처리를 위한 온나라시스템, 정부의 예산·회계 처리를 위한 디지털예산회계시스템, 공공 조달을 위한 전자조달시스템, 교육 업무 처리를 위한 나이스(NEIS) 시스템 등 공공 분야 업무 처리를 위한 시스템.

> :: 사례 ::
>
> ## AI 정부 에이전트 서비스 제공
>
> 사용자가 자택에서 AI 비서를 통해 국세 서비스에 접속하여 자신에게 부과된 3건의 세금을 확인한다. 사용자는 AI 비서에 자신에게 부과된 3건의 세금에 대해 적정성 검토를 요청하고, AI 비서는 요청받은 3건의 세금에 대해 적정한지를 검토한다. AI 비서가 3건의 세금을 검토한 결과, 사용자가 3개월 전에 처분한 부동산에 대해 과도한 세금이 부과되었음을 확인한다. 사용자는 AI 비서가 찾아낸 오류 건에 대해 AI 비서와 협의하여 이의제기서를 작성하여 국세청에 제출한다. 며칠 후, 사용자가 자신의 자율주행 커넥티드 카(autonomous connected car)를 타고 이동하던 중 이의를 제기한 건의 진행 현황이 궁금하여 음성을 통해 AI 비서를 호출하고 GAIP에 접속해 자신이 제기한 이의제기 건에 대해 추진 현황을 AI 비서에게 요청한다. AI 비서는 사용자가 이른 아침 출근 시간에 자신의 자율주행 커넥티드 카를 통해 자신에게 접속했다는 사실을 인지하고 사용자가 자신과 함께 제기한 이의 신청이 어떻게 진행되고 있는지를 GAIP에 확인 후, 추진 현황을 음성으로 사용자에게 전달한다. 다시 며칠 후, 사용자가 TV를 시청하던 중에 AI 비서가 자신이 제기한 이의제기 건이 처리되었음을 스마트폰을 통해 통보받는다. 사용자는 자택에 연결된 스마트 스피커를 통해 AI 비서에 접속하고 자신이 제기한 이의제기에 대한 처리 결과를 TV의 큰 화면을 통해 상세히 확인한다. 사용자가 처리 결과를 확인한 결과, 세금을 신고하는 과정에서 해외의 대학에 1억 원을 기부한 사항이 신고에서 누락되어 세금이 과도하게 부과되었음을 인지하고 국세청에 누락된 사항을 AI 비서를 통해 신고한다. 국세청은 새롭게 접수된 사항을 검토하고 사용자에게 부과된 과도한 금액을 정정하여 새로운 세금 고지서를 사용자의 AI 비서를 통해 송부하고 사용자는 AI 비서를 통해 정정된 세금을 납부한다.

까지 자신이 처리한 업무에 대한 진행 상황을 확인하고 오늘 처리할 업무를 AI 정부 에이전트와 상의하여 우선순위를 정하고 하나씩 처리해 나간다. 업무를 마치고 퇴근 후, 집에 와서는 자신의 PC에 설치된 AI 정부 에이전트를 통해 정부에서 3세와 5세 아이들에게 제공하는 복지와 교육 혜택이 어떤 것이 있는지 확인하고 원하는 혜택의 신청을 AI 에이전트에 요청하면 AI 정부 에이전트가 처리한다.

3. AI 정부의 두뇌, 정부 인공지능 플랫폼(GAIP)

현재의 정부24는 국민 개개인에게 개인 맞춤형 서비스의 제공을 지향하지만 실제로는 국민 모두에게 동일한 서비스를 제공하고 있다. 다만, 이렇게 국민 모두에게 제공되는 동일한 서비스에 개개인이 자신의 계정에 로그인하여 원하고 관심 있는 서비스를 검색하여 신청할 수 있고 자신이 신청한 서비스 이용 기록을 확인할 수 있는 정도가 개개인에게 차별화된 서비스를 제공한다는 차원에서 차이가 있을 뿐이다. 구체적으로 말하면, 국민이 정부24의 계정에 로그인을 하면 내가 원하는 민원을 검색할 수 있는 서비스와 더불어 내가 지금까지 신청한 민원 서비스를 확인할 수 있는 서비스가 기본으로 제공된다. 이와 더불어, 국민이 자주 이용하는 서비스와 전입신고, 행복한 출산, 온종일 돌봄 등과 같이 국민의 생활 주기에 따른 일괄 서비스와 같은 통합 서비스도 제공된다. 그러나 〈그림 7-7〉과 같이 이러한 서비스도 나를 위한 개인 맞춤형 서비스가 아니라 이러한 서비스 유형에 해당하는 국민 모두에게 제공되는 서비스이다. 따라서 국민이, 예를 들어, 이사와 관련하여 신청해야 하는 민원 서비스를 하나하나 찾아서 신청해야 하는 불편함은 대폭 줄었다고는 하지만 여전히 나에게 최적화된 맞춤형 서비스가 아니기 때문에 여전히 내가 원하는 서비스를 검색하고 신청한다는 것에는 변함이 없다.

정부24가 개인별 맞춤형 서비스를 지향하고 있지만 목표했듯이 개인별 맞춤형 서비스를 제공하지 못하고 이렇게 일괄 서비스를 제공할 수밖에 없는 이유는 무엇일까? 여기에는 크게 두 가지 이유가 존재한다. 첫째는 정부24를 포함하여 기존에 구축한 모든 정부의 시스템이 '규칙 기반(Rule-based) 시스템'이라는 점이다. 여기서 '규칙 기반 시스템'이란 미리 정의된 규칙을 기반으로 동작하는 시스템으로, 특정 조건이 충족되었을 때 정해진 동작을 수행한다. 이러한 시스템은 보통 'if-then' 구조로 표현되며, 전문가의 지식을 체계적

<그림 7-7> 정부24 서비스 예시

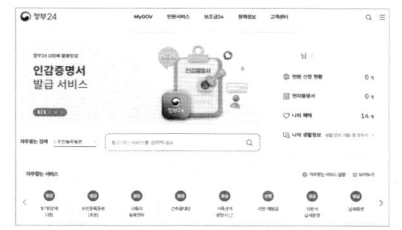 

자료: 정부24(www.gov.kr).

으로 정리하여 적용하는 데 사용된다. 정부24의 예를 들어보면, 국민이 자신의 계정에 로그인하여 여러 가지 메뉴 중에서 '민원서비스 → 민원 신청·안내'를 선택하게 되면 시스템은 개발하는 단계에서 국민이 '민원 신청·안내'를 선택하면 어떻게 하라고 정의된 명령을 그대로 실행하고 그 결과를 화면으로 보여준다. 다시 말해, 정부24에서 제공하는 각각의 메뉴는 시스템의 개발 단계에서 어떻게 처리가 되어야 할지가 모두 정의되어 있고, 만약 정의되지 않은 메뉴나 요구사항이 입력되면 '서비스 제공이 불가능' 또는 '에러' 메시지가 사용자에게 제공된다. 이처럼 기존 전자정부에서 제공하는 모든 서비스는 미리 정의된 규칙에 따라 제공되는 반면에 국민 개개인이 처해 있는 정치, 경제, 사회, 건강 등의 환경과 정부에게 원하는 요구사항은 차이가 있을 뿐만 아니라 수시로 변화한다. 따라서 이러한 개개인의 차이와 요구사항을 미리 규칙으로 정의해 정부24와 같이 국민을 위한 서비스를 구축한다는 것은 사실상 불가능하다.

둘째는 국민 개개인에 대한 환경과 요구사항이 무엇인지를 상세히 알 수 있는 데이터가 없다는 것이다. 국민 개개인을 둘러싸고 있는 환경은 시시각각 변화한다. 예를 들어, 내가 갑자기 건강검진 결과, 위암 진단을 받게 되면 나를 둘러싼 건강 환경은 급변하게 된다. 병원을 주기적으로 방문하게 되고,

식단을 조절하며, 적절한 운동을 해야만 한다. 나에 대한 위암 확진은 단지 나의 건강 환경에만 영향을 미치는 것이 아니다. 위암 확진에 따라 암을 치료하고 직장을 휴직해야 하므로 나의 경제적 환경은 악화된다. 그 결과, 내가 정부에 요구하는 서비스도 크게 달라진다. 또 다른 예로, 내가 전세 사기를 당해서 당장 전세 자금이 없다면 내가 정부에 요구하는 서비스는 전세 사기범을 신속히 검거하여 나의 전세금을 돌려받는 것과 당장 내가 거주할 수 있는 공간을 빌릴 수 있는 전세금의 대출이다. 그런데 이렇게 개개인의 상황과 요구사항을 미리 파악해 필요한 서비스를 제공하기 위해서는 개개인에 대한 상세한 데이터가 필수적이다. 그런데 정부24로 대표되는 전자정부의 서비스는 국민 개개인에 대한 상황과 요구사항을 미리 파악하기 위한 데이터를 확보할 수 없도록 구축되었다. 모든 데이터는 부처별·시스템별로 분리되어 있고 접근도 엄격히 제한되어 있다. 따라서 정부24는 국민 개개인에 대한 데이터가 없는 상황에서 국민 개개인에게 필요한 서비스를 제공하다 보니 개인이 필요한 서비스를 검색하여 신청하게 하는 일괄 서비스 형태로 제공할 수밖에 없는 것이다.

AI 정부에서는 기존 전자정부에서 제공하던 '규칙 기반 시스템'과 달리 '인공지능 기반(Artificial Intelligence-based) 시스템'에 의해 서비스가 제공된다. ⟨표 7-1⟩과 같이 '규칙 기반 시스템'과 '인공지능 기반 시스템'은 특정 문제를 해결하는 방법이 다르다. '규칙 기반 시스템'은 명시적으로 정의된 규칙에 따라 작동하지만 '인공지능 기반 시스템'은 데이터를 학습하고 적응하여 스스로 규칙을 생성하거나 개선하면서 작동한다. 이러한 작동 방식은 인간이 풀어야 할 새로운 문제에 직면했을 때를 생각하면 쉽게 이해할 수 있다. 인간은 풀어야 할 새로운 문제에 직면하게 되면 이 문제를 해결하기 위해 각종 정보를 찾고 이렇게 찾은 정보를 응용하여 다양한 방식으로 문제를 해결하려고 노력한다. '인공지능 기반 시스템'도 이와 유사하게 사용자가 자신의 상황을

<표 7-1> 규칙 기반 시스템 vs. 인공지능 기반 시스템

구분	규칙 기반 시스템	인공지능 기반 시스템
작동 원리	명시적으로 정의된 'if-then' 규칙을 기반으로 동작	데이터를 학습하여 규칙을 스스로 생성하거나 최적화
설계 방식	사람이 모든 규칙을 작성 및 관리	므델이 데이터를 학습하여 패턴과 규칙을 자동으로 추출
추론 방식	논리적 규칙에 따라 결정	확률적 추론과 패턴 인식

자료: Russell and Norvig(2020).

고려하여 정부가 구축한 '인공지능 기반 시스템'에 요구사항을 입력하면 정부의 '인공지능 기반 시스템'은 이러한 요구사항의 처리를 위해 정부가 보유하고 있는 다양한 데이터를 검색하여 요구사항의 처리를 위한 가장 효과적인 방식을 찾아내서 이를 해결한다. 즉, 정부의 '인공지능 기반 서비스'는 주어진 규칙에 따라 문제를 해결하는 것이 아니라 자신이 직접 가장 효율적이며 새로운 규칙을 만들어 요구사항을 해결한다.

AI 정부에서 '인공지능 기반 시스템'에 기반한 다양한 서비스가 AI 에이전트를 통해 제공되기 위해서는 '정부 인공지능 플랫폼(Government Artificial Intelligence Platform: GAIP)이 필요하다. 그렇다면, 정부 인공지능 플랫폼과 정부 인공지능 기반 시스템의 차이점은 무엇일까? 정부 인공지능 기반 시스템은 <표 7-2>와 같이 민원 자동 응답, 재난 경고, 교통 혼잡 예측 등과 같이 특정 공공 서비스를 해결하기 위해 설계된 최종 사용자 중심의 단일 서비스이다. 반면, 정부 인공지능 플랫폼은 이러한 시스템을 개발하고 운영하기 위한 기술적 인프라와 환경을 제공한다.

정부 인공지능 플랫폼은 두 가지 구성 요소를 갖는다. 첫째는 오픈AI(OpenAI)가 개발한 GPT(Generative Pre-trained Transformer), 구글 딥마인드(DeepMind)가 개발한 제미나이(Gemini), 메타(Meta)가 개발한 라마(LLaMA) 등과 같이 데이터를 분석하고 패턴을 학습하여 특정한 작업이나 문제를 해결하기 위한

<표 7-2> 정부 인공지능 기반 서비스 vs. 정부 인공지능 플랫폼

구분	정부 인공지능 기반 서비스	정부 인공지능 플랫폼
정의	정부가 특정 공공 서비스를 위해 인공지능 기술을 활용하여 구축한 응용 시스템	정부가 인공지능 시스템을 개발·운영·관리·확장할 수 있도록 지원하는 기술적 기반과 도구의 집합
목적	시민, 공공기관 등 최종 사용자를 위해 특정 기능(민원 처리, 정책 추천 등)을 수행	공공 인공지능 시스템을 개발·배포·학습·관리할 수 있는 환경과 인프라를 제공하여 여러 인공지능 시스템을 효율적으로 운영
사용자	- 국민(정부 서비스 사용자) - 공공기관 직원(행정업무 담당자)	- 공공 분야 인공지능 시스템 개발자, 데이터 과학자, ICT 기업 - 정부 내 인공지능 연구팀 및 협력 업체

자료: 행정안전부(2022).

<표 7-3> 챗GPT의 기본 모델 학습에 활용된 데이터셋

데이터셋명	Tokens(billion)	Ratio	Size(GB)
Common Crawl(웹사이트 데이터)	410B	1 : 1.9	570
WebText2(SNS 대화 데이터)	19B	1 : 2.6	50
Books1 & Books2 (전자 도서, 논문, 학술 데이터)	12B	1 : 1.75	21
	55B	1 : 1.84	101
위키피디아	3B	1 : 3.8	11.4
Total		499B	753.4GB

자료: Brown et al. (2020).

수학적·통계적 알고리즘인 인공지능 모델이다. 인공지능 모델은 인공지능 플랫폼의 핵심 구성 요소로서 인간의 신체에 비유하자면 두뇌에 해당하는데 주어진 입력 데이터를 기반으로 예측, 분류, 생성, 추론 등의 작업을 수행한다. 정부 인공지능 모델은 일반적으로 두 단계를 거쳐 개발된다. 첫 번째 단계는 정부 인공지능 기본 모델(Government Artificial Intelligence Base Model) 생성이다. 정부 인공지능 기본 모델은 <표 7-3>과 같이 대규모 데이터를 기반으로 학습된 사전 학습(Pre-trained) 모델로 다양한 작업에 범용적으로 활용될 수 있는 강력한 기반을 제공한다. 이러한 기본 모델은 세상의 모든 지식을 공부

<그림 7-8> 정부 인공지능 모델 생성 절차

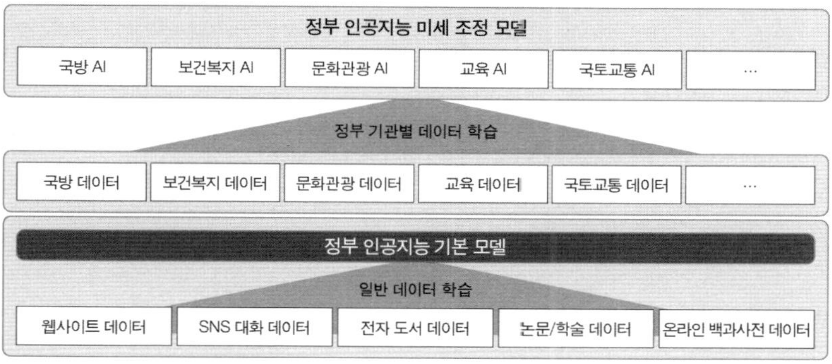

```
                        정부 인공지능 미세 조정 모델
  ┌──────────┬──────────┬──────────┬──────────┬──────────┬─────┐
  │ 국방 AI  │보건복지AI│문화관광AI│ 교육 AI  │국토교통AI│ ... │
  └──────────┴──────────┴──────────┴──────────┴──────────┴─────┘
                         정부 기관별 데이터 학습
  ┌──────────┬──────────┬──────────┬──────────┬──────────┬─────┐
  │국방 데이터│보건복지  │문화관광  │교육 데이터│국토교통  │ ... │
  │          │데이터    │데이터    │          │데이터    │     │
  └──────────┴──────────┴──────────┴──────────┴──────────┴─────┘
                        정부 인공지능 기본 모델
                           일반 데이터 학습
  ┌──────────┬──────────┬──────────┬──────────┬──────────────┐
  │웹사이트  │SNS 대화  │전자 도서 │논문/학술 │온라인 백과사전│
  │데이터    │데이터    │데이터    │데이터    │데이터        │
  └──────────┴──────────┴──────────┴──────────┴──────────────┘
```

자료: 저자 작성.

하여 일반 상식이 풍부하지만, 의료, 물리, 화학 등과 같이 특정한 분야에 깊이 있고 전문적인 지식을 갖추고 있지는 않은 사람에게 비유할 수 있다.

두 번째 단계는 정부 인공지능 미세 조정 모델(Fine-tuning Model) 생성이다. 정부 인공지능 미세 조정 모델은 첫 번째 단계에서 생성된 정부 인공지능 기본 모델을 기반으로 특정 작업이나 목적에 맞게 추가 학습을 진행하여 성능을 최적화한 모델을 말한다. 다시 말해, 정부 인공지능 미세 조정 모델은 이미 일반적인 지식을 학습한 모델을 특정한 분야, 데이터, 작업 등에 맞게 세밀하게 조정하는 과정을 포함하며 이를 통해 더 높은 정확도와 적합성을 달성할 수 있다. 정부 인공지능 기본 모델은 인터넷 웹사이트 데이터, 전자 도서 데이터 등을 기반으로 학습되었기 때문에 범용적인 패턴과 지식을 갖고 있으며, 정부 인공지능 미세 조정 모델을 통해 특정 분야나 작업에 적합한 능력을 갖추게 된다. 예를 들어, 정부 인공지능 기본 모델에 국방 업무, 무기, 작전, 지형 등의 데이터를 집중적으로 학습시키면 국방에 특화된 정부 국방 인공지능 미세 조정 모델을 얻게 되고, 질병, 증상, 치료법, 처방 등의 데이터를

<표 7-4> 정부 인공지능 미세 조정 모델 생성을 위한 데이터의 필요조건

구분	상세 내용
비편향	특정 그룹이나 주제에 편향되지 않은 다양한 출처와 주제를 포함하고 있는 균형 잡힌 데이터
고품질	철저한 데이터 정제와 검수로 오류 라벨링, 노이즈, 결측치가 없는 데이터
개인정보보호	이름, 주소, 주민번호, 얼굴 등 개인정보가 비식별된 데이터

자료: 한국지능정보사회진흥원(NIA)(2025b).

집중적으로 학습시키면 정부 의료 인공지능 미세 조정 모델을 얻게 된다.

정부 인공지능 플랫폼의 두 번째 구성 요소는 데이터이다. 데이터는 정부 인공지능 모델을 생성하는 과정에서 필요하므로 두 가지 형태의 데이터로 구분된다. 첫 번째 유형의 데이터는 정부 인공지능 기본 모델의 생성에 필요한 모든 분야를 아우르는 다양한 고품질의 대규모 데이터이다. 인터넷상에 존재하는 수많은 웹사이트에 존재하는 데이터, SNS 대화 데이터, 전자 도서 데이터, 논문/학술 데이터, 온라인 백과사전 데이터 등이 이러한 데이터의 범주에 포함된다.

두 번째 유형의 데이터는 정부 인공지능 미세 조정 모델 생성에 필요한 분야에 특화된 전문적인 데이터이다. 예를 들면, 의료 분야에서 생성되고 활용되는 진료기록 데이터, X-Ray 데이터, 처방 데이터 등이 여기에 해당한다. 이러한 특화되고 전문적인 데이터는 <표 7-4>와 같이 최소한 세 가지 조건을 만족해야 활용할 수 있다. 또한, 정부 인공지능 미세 조정 모델의 성능을 높이기 위해서는 정부 부처가 보유하고 있는 모든 데이터를 학습시켜야 한다. 여기서 모든 데이터의 의미는 시스템을 통해 생성되는 데이터뿐만 아니라 공무원 개개인이 업무를 처리하는 과정에서 생성하는 지침, 규정, 보고서, 발표 자료, 통계 등을 모두 포함한다. 이 중에서 하나라도 누락되면 정부 인공지능 미세 조정 모델의 성능 저하의 원인으로 작용하게 된다.

4. 모든 정부 서비스 검색소, 범정부 서비스 카탈로그

범정부 서비스 카탈로그는 정부의 모든 부처와 기관에서 구축하여 운영 중인 서비스에 대한 정보를 체계적으로 모아놓은 데이터베이스이다. 우리가 인터넷 쇼핑몰을 방문했을 때, 쇼핑몰에서 판매하는 모든 상품을 볼 수 있는 곳이 쇼핑몰 상품 카탈로그인 것처럼 범정부 서비스 카탈로그에서는 정부의 모든 서비스를 볼 수 있다. 범정부 서비스 카탈로그를 다른 말로 표현하면, 정부 서비스의 메타데이터라고 할 수 있다. 범정부 서비스 카탈로그는 <표 7-5>와 같이 서비스 목록, 메타데이터, 서비스 분류 체계, 서비스 API로 구성된다.

그런데 범정부 서비스 카탈로그에서 가장 중요한 구성 요소는 서비스 분류 체계이다. 서비스 분류 체계는 <그림 7-9>와 같이 정부가 수행하는 기능, 서비스 유형, 조직 등 서비스를 분류할 수 있는 다양한 기준에 따라 계층적으로 정리한 체계로서 서비스 간의 관계를 명확히 하고 사용자에게 일관된 정보 구조를 제공한다. 이를 통해, 정부의 모든 서비스를 중복 없이 명확히 정의하고, 정부 인공지능 플랫폼이 필요한 서비스를 쉽고 빠르게 찾고 이용할 수 있도록 지원한다.

<표 7-5> 범정부 서비스 카탈로그 구성 요소(예시)

구분	상세 내용
서비스 목록	정부의 모든 부처·기관에서 구축·운영 중인 서비스 목록
메타데이터	서비스명, 서비스 번호, 서비스 설명, 서비스 제공 기관 등 각각의 서비스에 대한 상세 설명 정보
서비스 분류 체계	정부가 수행하는 기능, 서비스 유형 등에 따라 정부의 서비스를 체계적으로 분류하고 정리하기 위한 구조화된 기준
서비스 API	하나의 서비스를 외부의 다른 서비스가 사용할 수 있도록 제공하는 기능

자료: 법제처(2025).

<그림 7-9> 정부가 수행하는 기능에 따른 서비스 분류(예시)

정부가 수행하는 기능			정부의 구축·운영 서비스
환경			
	기상기후		
		기상관측	공항관제기상정보시스템
			기상경보시스템
			위성자료검색시스템
		기상예보	디지털예보시스템
			장기예보시스템
			월기반기상분석시스템
			농업기상정보시스템
		기후예측	기후자료보존시스템
			황사예보모델자동화시스템

정부가 수행하는 기능			정부의 구축·운영 서비스
국민건강			
	식의약품안전		
		식품안전	수입소고기유통이력관리시스템
			식품이력관리표준시스템
			식품점가물데이터베이스
		의약품안전	의약품검사정보통합시스템
			의약품안전정보
			시험분석시스템
	질병치료		
		의료기관지원	공공의료기관병원정보시스템
			보건기관통합정보시스템

자료: 행정안전부(2024).

5. 작고 가볍고 조합이 자유로운 레고블록형 정부 서비스

전자정부에서 제공하던 정부 서비스의 특징은 크게 세 가지로 요약된다. 첫째는 사업 규모의 대형화이다. 국민에게 더욱 편리한 서비스의 제공을 위해 분산된 서비스들을 하나로 통합하고 연계해야 하므로 시스템 개발의 복잡도와 난도가 높아지고 사업은 수백억 이상의 대형 사업으로 추진할 수밖에 없게 된다. 2023년 4월, 디지털플랫폼정부위원회는 민간과 공공의 데이터와 서비스를 안전하게 연결하고 융합·활용할 수 있는 최상위 통합 플랫폼인 'DPG 허브'를 구축하기 위해 1만 7,000여 개의 정부 시스템을 상호 연계하고 연동한다는 계획을 발표했는데 이렇게 다수의 시스템을 연계하다 보면 당연히 시스템 개발의 복잡도와 난이도가 상승하게 되고 이는 결국 사업의 대형화로 이어진다.

그런데 이렇게 대형 사업의 추진을 통해 구축된 대형 시스템은 한 가지 커다란 문제를 안고 있는데 그것은 바로 시스템에 문제가 발생했을 때 문제의 원인을 찾기가 매우 어렵다는 것이다. 예를 들어, 1개의 기능을 가진 시스템에서 발생한 문제의 원인을 찾는 것은 100개의 기능을 가진 시스템에서 발생한 문제의 원인을 찾는 것에 비해 당연히 쉬울 수밖에 없다. 그런데 대형 사업의 추진을 통해 구축된 대형 시스템은 수백 개에서 수천 개의 기능을 가지는 것이 일반적이다. 여기에 더해, 이러한 대형 시스템은 국민에게 더욱 편리한 서비스의 제공을 위해 또 다른 대형 시스템과 연계되기 때문에 대형 시스템에서 발생한 문제의 원인을 찾기란 더욱 어렵게 된다.

이러한 어려움을 가장 잘 보여주는 사례가 2023년에 발생한 국가행정망 전산 마비 사태이다. 2023년 11월 17일 오전, 전국 시군구 전산망에 장애가 발생하여 3일간 행정복지센터에서 민원 처리와 서류 발급이 불가능했다. 이러한 전산 장애는 여기서 그치지 않고 은행 업무 마비, 국립도서관 도서 대출 중단, 세무·부동산 업무 마비, 정부24 서비스 중단, 119 신고자 위치 파악 불가, 외교부 인사관리시스템 오류, 지방 보조금관리시스템 장애, 경찰 사이버 범죄신고 사이트 중단 등 이루 헤아릴 수 없는 연쇄적인 시스템 장애로 이어졌다. 정부는 이러한 전산 장애의 원인을 신속히 파악하고 장애를 해결하기 위해 14개 기관이 참여하는 범정부 TF를 운영하는 등 다각적인 노력을 기울였으나 전산 장애는 쉽게 해결되지 않았고 2~3개월까지 지속되었다.

둘째는 대다수 전자정부 서비스가 행정안전부 산하의 국가정보자원관리원에서 운영하는 정부통합전산센터에서 통합적으로 관리하고 운영된다. 정부통합전산센터는 정보자원의 통합 관리로 운영의 효율성과 비용 절감이 가능하며, 중복 투자를 방지하고 자원을 최적화할 수 있게 한다. 또한, 통합된 보안 체계와 24시간 보안 관제를 통해 사이버 공격과 데이터 유출 위협으로부터 국가 중요 정보를 안전하게 보호하고, 재해복구시스템과 분산 데이터센터 운영을 통해 안정적이고 연속적인 서비스 제공을 보장한다. 현재 대전 1센터, 광주 2센터, 대구 3센터가 구축되어 운영되고 있다. 그런데 인공지능이 급부상하면서 정부가 정부의 서비스를 모두 운영하고 관리하는 정부통합전산센터형 서비스 모델이 한계에 봉착하게 되었다.

　인공지능 서비스를 개발하고 운영하기 위해서는 막대한 전산 자원이 필요하다. 현재, 우리에게 가장 잘 알려진 챗GPT의 개발을 위해 오픈AI는 데이터 학습에만 약 60억 원을 투입하는 등 수백억 원을 투자했다. 여기서 한 걸음 더 나아가, 매일 수백만 건 이상의 요구사항을 처리하는 챗GPT를 운영하기 위해서는 수천 대의 GPU 서버를 운영해야 하고 이를 위한 비용은 하루 수백만 달러가 소요된다. 참고로, 한 대의 GPU 서버에는 보통 8장에서 16장의 GPU가 장착되는데 엔비디아(NVIDIA) H100 가격이 5,000만 원에서 9,000만 원임을 고려하면 GPU 서버 1대를 운영하기 위해서는 최소 4억 원이 필요하고, 이러한 서버를 1,000대만 운영한다고 가정해도 4,000억 원이 소요된다. 따라서 기존의 전자정부 서비스와 같이 정부가 독자적으로 정부통합전산센터를 구축하여 AI 정부 서비스를 제공하는 것은 비용과 운영 측면에서 효율성이 떨어지게 된다.

　셋째는 전자정부 서비스의 개편 주기가 매우 길다는 것이다. 전자정부 서비스는 평균 10~15년 주기로 차세대 시스템을 구축한다. 이러한 주기는 시스템의 하드웨어 생명주기와 매우 밀접하게 연관되어 있다. 경험상 네트워크 장비, 서버, 스토리지 등의 하드웨어는 10년이 지나면서부터 고장이 잦아져 고품질의 서비스 제공이 어렵게 된다. 따라서 정부는 이러한 하드웨어의 고장이 잦아지는 시기에 맞추어 서비스의 전면 개편을 위한 차세대 시스템을 구축함과 동시에 하드웨어의 전면 교체도 단행하는 것이다.

　그런데 인공지능이 등장하면서 ICT 기술의 변화 속도는 전자정부에서의 변화 속도에 비해 현격히 빨라졌다. 기존의 전자정부에서는 하나의 ICT 기술이 성숙하는 데 최소 수년의 기간이 필요했다. 그러나 <그림 7-10>과 같이 인공지능이 등장한 현재는 불과 수개월 또는 길어야 1~2년 단위로 새로운 기술과 혁신이 이루어진다. 따라서 전자정부에서 10~15년 주기로 차세대 시스

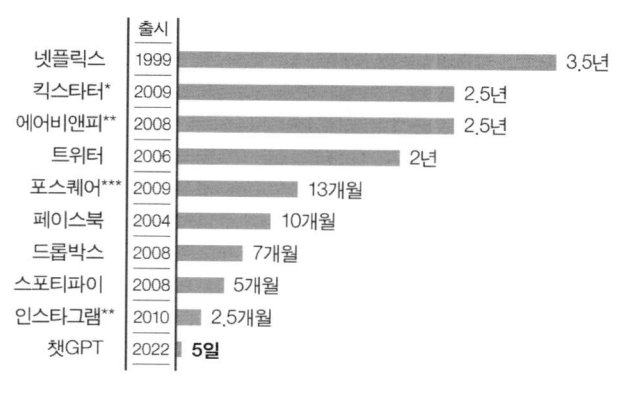

<그림 7-10> 온라인 서비스가 100만 명 가입자 도달에 걸린 시간

* 후원자 100만 명.
** 숙박 예약 100만 건.
*** 다운로드 100만 건.
자료: Statista(2023).

템 구축을 통해 서비스를 개편하고 시스템을 교체하는 방식은 더 이상 유효하지 않게 되었다. 그러나 막대한 비용이 소요되는 대형 차세대 시스템 구축을 기술 변화 주기에 맞추어 1~2년 주기로 추진하기에는 정부에 너무나도 큰 부담으로 작용한다. 그렇다고 이러한 부담을 이유로 정부의 서비스를 10~15년 주기로 개편한다면 정부 서비스가 새로운 기술을 수용하지 못하게 되어 서비스를 이용해야 하는 국민에게 불편을 초래하게 된다. 결국, 정부는 비용과 사용자 편의성 사이에서 이러지도 저러지도 못하는 딜레마 상황에 빠지게 된다.

위에서 언급한 전자정부 서비스의 특징을 간단히 정리하면 '크고 무겁고 연계가 어렵다'이다. 그런데 이와는 반대로 AI 정부 서비스는 작고 가볍고 다른 서비스와 조합이 자유로운 것이 특징이다. 그렇다면 왜 AI 정부 서비스가 작고 가볍고 다른 서비스와 조합이 자유로운지에 대해 하나씩 살펴보겠다.

<그림 7-11> 전자정부의 통합 서비스와 AI 정부의 단일 서비스 간 비교

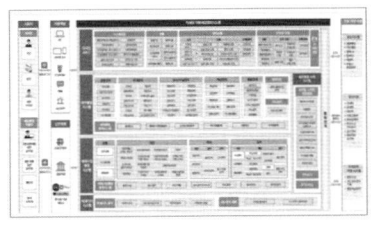
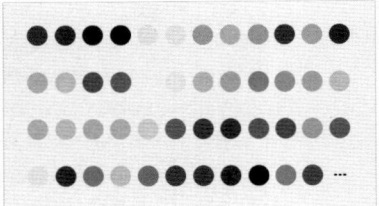

자료: 저자 작성.

첫째, AI 정부의 서비스는 작다. 전자정부에서는 정부24와 같이 최소 수백 개에서 수천 개의 서비스를 통합해 하나의 서비스를 개발하는 반면에 AI 정부에서는 모든 서비스가 하나의 서비스만을 위해 개발되기 때문에 서비스의 난이도와 복잡도가 매우 낮다. 따라서 이렇게 개발된 서비스에 문제가 발생했을 때 원인 파악과 문제 해결이 쉽고 빠르다.

둘째, AI 정부 서비스는 막대한 전산 자원이 필요한 인공지능을 기반으로 운영되기 때문에 정부가 더 이상 독자적으로 정부 전용의 데이터센터를 구축해 정부의 인공지능 서비스를 제공하는 것은 불가능해졌다. 다시 말해, <그림 7-12>와 같이 정부의 AI 정부 서비스만을 위해 독점적으로 설계된 프라이빗 클라우드(Private Cloud) 환경은 불가능하다는 것이다. 그렇다고 정부의 모든 AI 정부 서비스를 민간 클라우드 서비스 제공자가 소유하고 관리하는 퍼블릭 클라우드(Public Cloud) 환경에 100% 위탁하여 운영하기에는 국방, 외교, 의료보험, 주민정보 등 국가 안보와 국민의 생명·재산과 직결되기 때문에 외부에 위탁하여 운영할 수 없는 시스템이 존재한다. 따라서 정부는 <그림 7-12>와 같이 AI 정부 서비스의 원활한 제공을 위해서 프라이빗 클라우드 형태인 정부 전용의 데이터센터와 퍼블릭 클라우드 형태인 민간 데이터센터를 연계한 하이브리드 클라우드(Hybrid Cloud) 환경[3]을 구축하여 충분한 전산

<그림 7-12> 전자정부의 프라이빗 클라우드 환경과 AI 정부의 하이브리드 클라우드 환경

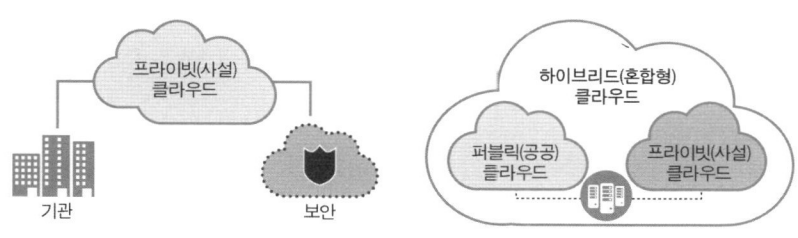

자료: Sitesbay(n.d); Brainz(n.d.).

자원의 확보를 통해 안정적으로 서비스를 제공한다.

셋째, AI 정부 서비스의 개편은 서비스의 특성에 따라 월·분기·연 단위로 매우 짧은 주기로 이루어진다. 앞에서 AI 정부 서비스가 가지는 첫째 특징에서 설명했듯이, 각각의 AI 정부 서비스는 여러 서비스가 묶여 있는 통합된 서비스가 아니라 하나의 서비스만을 위해 개발된 단일 서비스이다. 따라서 각각의 AI 정부 서비스는 가볍고 단순하여 서비스 개편이 쉬우므로 새로운 기술의 도입을 위해 수시로 서비스를 개편할 수 있다. 결과적으로, AI 정부에서는 작은 단위로 개발된 수많은 서비스가 월·분기·연 단위로 상시 개편되고 고도화되면서 새롭게 등장한 기술을 흡수하여 사용자에게 더욱 편리한 서비스를 제공한다.

이러한 서비스 개발·운영 방법론을 DevOps라고 부른다. DevOps는 Development(개발)과 Operations(운영)의 합성어로 소프트웨어 개발(Development)과 ICT 운영(Operations)을 긴밀히 통합하여 효율적인 협업, 자동화,

---

3 하이브리드 클라우드는 프라이빗 클라우드와 퍼블릭 클라우드를 결합하여 사용하며, 두 환경 간 데이터와 애플리케이션을 상호 연결해 유연성과 효율성을 극대화한다.

신속한 배포를 목표로 하는 방법론이자 문화이다(Amazon Web Services(AWS), n.d.). 전자정부에서는 서비스 개발과 운영이 철저히 분리되어 있었다. 크고 복잡한 서비스의 개편은 막대한 비용을 수반하기 때문에, 정부는 10~15년 주기의 장기 계획에 따라 서비스와 시스템을 개편해 왔다. 그러나 이러한 접근 방식은 운영 중 발생하는 문제를 즉각적으로 해결하기 어렵게 만들었다. 이러한 문제를 해결하기 위해 등장한 개념이 DevOps이다. 기존의 크고 복잡하고 여러 서비스가 통합된 서비스를 최소 단위 서비스로 하나하나 분리하여 작고 가벼운 서비스로 개발한다. 이렇게 개발된 각각의 서비스는 API(Red Hat, n.d.)[4]로 다른 서비스와 쉽게 연결될 수 있다. 다시 말해, AI 정부의 서비스는 작고 가볍고 조합이 자유로운 레고블록형 서비스라는 특징을 갖는다.

6. 범정부 분류 체계 기반 고품질의 기계 판독 가능 데이터

인공지능 차원에서 전자정부의 데이터를 바라보면 크게 세 가지 문제점을 확인할 수 있다. 첫째는 범정부 데이터 분류 체계의 부재이다. 1부에서 다루었듯이, 정부의 데이터 생태계는 크게 공공데이터 플랫폼, 빅데이터 플랫폼, AI 허브로 구성되어 있다. 그런데 이러한 3개의 플랫폼을 연결할 수 있는 통일된 데이터 분류 체계는 아직 마련되어 있지 않다. 데이터에 있어서 무엇보다 중요한 것이 데이터 분류 체계이다. 특히, 최근 들어, 데이터의 양이 폭발적으로 증가하고 있고 비정형 데이터의 비중이 높아지는 상황에서 데이터 분

---

4 API(Application Programming Interface)는 서비스 간의 상호작용을 가능하게 하는 인터페이스 또는 규칙을 의미한다. 즉, 하나의 서비스가 다른 서비스의 기능이나 데이터를 요청하고 사용할 수 있도록 도와주는 연결 통로라고 할 수 있다.

류 체계에 따라 데이터가 관리되지 않는다면 원하는 데이터를 찾고 정렬하는 데만도 수 시간에서 수일이 소요되고, 자칫 정부의 귀중한 데이터가 존재하지만, 무수히 많은 데이터 속에서 찾을 수 없는 최악의 경우도 맞이할 수 있다. 이것은 마치 대형 서점에서 진열하고 있는 책에 대한 정확한 분류 체계가 부재하여 진열한 책을 찾을 수 없는 경우와 같다.

둘째는 비록 정부가 3개의 데이터 플랫폼을 구축하여 정부에서 생산하고 관리하는 모든 데이터를 수집하기 위해 노력하고 있지만 정작 가장 중요한 데이터인 공무원이 매일매일 업무를 처리하는 과정에서 생산되는 정책, 계획, 보고서, ppt, 엑셀 등의 데이터는 빠져 있다. 데이터 관점에서 정부를 바라보았을 때, 이러한 데이터의 누락은 정부 데이터의 50% 이상이 빠진다 해도 과언이 아니다.

셋째는 기계 판독 가능한(machine-readable) 데이터의 부족이다. 최근에 정부는 앞에서 언급한 3개의 플랫폼에 수집되는 데이터를 기계 판독 가능한 데이터로 수집하기 위해 큰 노력을 기울이고 있고 이러한 노력의 결과로 기계 판독 가능한 데이터가 상당한 비중을 차지한다. 그러나 앞에서 언급한 공무원이 일상 업무를 처리하는 과정에서 생산되는 데이터는 대부분 기계 판독이 가능하지 않은 형태로 개인의 PC에 존재하는 실정이다.

AI 정부에서는 〈그림 7-13〉과 같이 전자정부에서 구축한 3개의 데이터 플랫폼이 범정부 데이터 분류 체계를 기반으로 고품질의 100% 기계 판독 가능한 데이터를 수집하고 관리한다. AI 정부에서 데이터는 우선, 범정부 차원의 데이터 분류 체계에 기반해 관리된다. 범정부 데이터 분류 체계는 정부가 생산·관리하는 모든 데이터를 정부가 수행하는 기능과 조직에 따른 분류, 메타데이터에 따른 분류, 데이터의 형태에 따른 분류 등 다양한 방식에 따라 데이터를 분류함으로써 데이터의 손쉬운 검색과 활용을 지원한다.

AI 정부에서는 공무원이 일상 업무를 처리하는 과정에서 생산되는 정책,

<그림 7-13> 정부 기능·조직 기반 데이터 분류 체계 및 메타데이터 분류 체계(예시)

순번	분류체계단계	시행시기	수행기관	분류체계경로
6724	소기능	2006-12-01	병무청	국방 >> 병무행정 >> 병무행정지원 >> 비서업무 >> 기관정보화
6725	소기능	2011-03-17	국가과학기술위원회(구)	과학기술 >> 과학기술 >> 국가과학기술위원회지원 >> 비서업무 >> 기관장보좌
6726	소기능	2006-12-01	국가유산청	문화체육관광 >> 국가유산 >> 국가유산활동지원 >> 비서업무 >> 기관장보좌
6727	소기능	2006-12-01	통계청	일반공공행정 >> 일반행정 >> 통계행정지원 >> 비서업무 >> 기관정보화
6728	소기능	2012-07-07	민주평화통일자문회의사무처	통일·외교 >> 통일 >> 민주평화통일자문 >> 비서업무 >> 기관장보좌
6729	소기능	2021-07-08	농림축산식품부	농림 >> 농림·농축 >> 농림행정지원 >> 비서업무 >> 기관장보좌
6730	소기능	2019-11-20	과학기술정보통신부	통신 >> 우정 >> 우정사업행정지원 >> 비서업무 >> 기관장보좌
6731	소기능	2006-12-15	행정중심복합도시건설청	지역개발 >> 지역토지 >> 행복도시건설행정지원 >> 비서업무 >> 기관장보좌
6732	소기능	2008-02-29	국민권익위원회	일반공공행정 >> 국민권익 >> 국민권익위행정지원 >> 비서업무 >> 기관장보좌
6733	소기능	2006-12-08	국가인권위원회	일반공공행정 >> 국민권익 >> 인권위행정지원 >> 비서업무 >> 기관장보좌
6734	소기능	2008-02-29	문화체육관광부	문화체육관광 >> 문화체육관광일반 >> 문화관광행정지원 >> 비서업무 >> 기관장보좌
6735	소기능	2006-12-01	관세청	재정·세제·금융 >> 세제 >> 관세행정지원 >> 비서업무 >> 기관장보좌
6736	소기능	2022-01-06	관세청	재정·세제·금융 >> 세제 >> 관세행정지원 >> 운영지원 >> 기관문서
6737	소기능	2011-06-22	국민권익위원회	일반공공행정 >> 국민권익 >> 권익 >> 청렴운영 >> 부패방지 제도지원 >> 부패예산 편성운영 및 결산
6738	소기능	2013-04-04	식품의약품안전처	보건 >> 식품의약 >> 식품안전 >> 식품안전평가 >> 기구용살균소독제기준규격관리
6739	소기능	2013-03-23	식품의약품안전처	보건 >> 식품의약 >> 식품안전 >> 식품안전평가 >> 기구맞춤포장기준규격관리
6740	소기능	2008-02-29	기획재정부	재정·세제·금융 >> 기획재정 >> 공공기관혁신 >> 기금제도자산운용 >> 기금 여유자금 운영제도 및 관리
6741	소기능	2023-05-23	국가보훈부/국가보훈처	보건 >> 보훈 >> 보훈복지 >> 국가보훈정책기획 >> 기금 운용
6742	소기능	2008-05-15	방송통신위원회	통신 >> 방송통신일반 >> 통신 >> 기금운영 >> 기금사업 관리
6743	소기능	2006-12-07	환경부	환경 >> 상하수도·수질 >> 대강유역관리 >> 재정계획 >> 기금사업추진
6744	소기능	2010-07-03	고용노동부	사회복지 >> 고용노동 >> 산재재발보상 >> 산업안전보건지도지원 >> 부채예산 편성운영 및 결산
6745	소기능	2017-07-26	중소벤처기업부	산업·통상·중소기업 >> 산업·중소기업일반 >> 중소기업행정지원 >> 예산 >> 기금운용
6746	소기능	2010-03-19	보건복지부	사회복지 >> 공적연금 >> 국민연금 >> 기금운용 >> 기금운용 관리 감독
6747	소기능	2008-02-29	기획재정부	재정·세제·금융 >> 기획재정 >> 재정운용 >> 기금운용통계지원 >> 기금운용계획 및 집행 관련 업무
6748	소기능	2008-02-29	기획재정부	재정·세제·금융 >> 기획재정 >> 재정운용 >> 기금운영 재정운용지원 >> 기금운용계획운영
6749	소기능	2008-02-29	기획재정부	재정·세제·금융 >> 기획재정 >> 재정운용 >> 분야별 재정운용지원 >> 기금운용계획수립
6750	소기능	2008-02-29	기획재정부	재정·세제·금융 >> 기획재정 >> 재정운용 >> 공공기관개혁 >> 기금제도자산운영 >> 기금제도운영
6751	소기능	2008-02-29	기획재정부	재정·세제·금융 >> 기획재정 >> 재정운용 >> 공공기관개혁 >> 기금제도자산운영 >> 기금집행관리
6752	소기능	2008-04-21	기획재정부	재정·세제·금융 >> 기획재정 >> 국제금융 >> 국부운용 >> 기금투자 협의
6753	소기능	2018-03-19	자치분권위원회	일반공공행정 >> 국정운영 >> 자치분권위원회운영 >> 자치분권위 운영 >> 기능개편
6754	소기능	2014-02-07	농촌진흥청	농림 >> 농림·농축 >> 농업기술연구·개발 >> 농식품연구 >> 기능성화재개발연구
6755	소기능	2013-03-23	식품의약품안전처	보건 >> 식품의약 >> 식품안전 >> 의약품평가 >> 기능성화장품외안전성·기능성평가
6756	소기능	2010-07-03	고용노동부	사회복지 >> 고용노동 >> 고용정책 >> 직업능력개발정책 >> 기능장려사업 및 국가기술자격검정 운영
6757	소기능	2010-07-03	고용노동부	사회복지 >> 고용노동 >> 고용정책 >> 직업능력개발지원 >> 기능장려제도 운영
6758	소기능	2018-03-19	국가공무원인사위원회	일반공공행정 >> 국정운영 >> 국가공무원인사위행정지원 >> 처리고공통 >> 기록관리
6759	소기능	2008-05-15	방송통신위원회	통신 >> 방송통신 >> 방송통신위행정지원 >> 처리고공통 >> 기록관리

구분	항목명	항목 정의 및 작성 지침
	기관명	○ 정보시스템 및 데이터베이스(DB)를 운영·관리하는 기관 이름을 기재
	정보시스템명	○ 대상 데이터베이스와 연계된 정보시스템 이름을 기재 (범정부EA포털에 등록 관리되는 시스템명과 동일하게 작성)
	관련법령(보유목적)	○ 정보시스템 운영 및 데이터 수집과 관련된 근거 법령을 기재
	구축연월	○ 정보시스템이 구축된 연월을 기재
	운영부서명	○ 정보시스템을 운영·관리하는 담당 부서를 기재 (산하기관에 위탁관리하는 경우 실제 해당 정보시스템을 운영·관리하는 산하기관에서 등록 관리)
정보시스템 정보	담당자명	○ 정보시스템을 운영·관리하는 담당자 성명(직급 포함)을 기재
	전화번호	○ 정보시스템을 운영·관리하는 담당자 전화번호를 기재
	이메일	○ 정보시스템을 운영·관리하는 담당자 이메일·주소를 기재
	정보시스템 유형	○ 정보시스템 유형을 개별, 단일, 표준 중 하나를 선택하여 기재 (범정부EA포털(GEAP)에서 등록한 유형정보와 동일하게 밀려배이), 하며, '단일' 및 '표준' 유형을 선택하는 경우 배포기관(주관기관), 이용기관 여부를 추가 기재)
	수집제외 여부	○ 상용 소프트웨어 구매 만으로 도입된 정보시스템 및 보안, 네트워크, 백업 관리 등 시스템 관리용으로 분류되는 정보시스템인지 여부를 Y/N으로 기재 (기본값은 N이며, Y를 선택하는 경우 상용 소프트웨어 명칭 또는 적용되는 시스템관리업무를 추가 기재)

계획, 보고서, ppt, 엑셀 등의 모든 데이터가 수집된다. 이렇게 수집된 데이터는 3절 'AI 정부의 두뇌, 정부 인공지능 플랫폼(GAIP)'의 두 번째 단계인 '정부 인공지능 미세 조정 모델'의 생성에 활용된다. 대규모 데이터의 학습으로 풍

부한 일반 상식을 갖춘 정부 인공지능 기본 모델에 공무원들이 일상 업무를 처리하는 과정에서 생산되는 모든 데이터를 학습시켜 행정, 외교, 국방, 복지 등 분야별 전문지식을 갖춘 인공지능으로 재탄생시키는 것이다.

마지막으로, AI 정부에서는 앞에서 수집한 공무원이 일상 업무를 처리하는 과정에서 생산되는 모든 데이터가 기계 판독 가능한 형태로 전환된다. 이를 위해, 정부는 기존의 아래한글 문서와 같이 기계가 읽을 수 없는 형태의 데이터를 기계가 읽을 수 있는 형태의 데이터로 변환하기 위해 '범정부 기계 판독 가능 데이터 변환기'를 개발하여 모든 비정형 데이터를 기계가 읽을 수 있는 기계 판독 가능한 데이터로 변환한다. 이를 통해, 정부가 가진 모든 데이터는 정부 인공지능 모델에 지속적으로 학습되어 모델의 최신성을 유지해 서비스 품질을 확보한다.

7. 레고블록형 AI 정부 서비스 조합을 통한 문제 해결

전자정부에서는 국민이 특정 요구사항을 요청했을 때, 해당 요구사항을 처리하기 위한 서비스가 사전에 준비되어 있지 않다면, 정부는 이를 해결하기 위해 새로운 서비스를 개발하거나 공무원이 직접 처리해야 했다. 그런데 사회가 변화하고 기술이 발전함에 따라 국민이 정부에 원하는 요구사항도 시시각각 변화하게 된다. 지금까지 정부는 이러한 국민의 다양하고 변화하는 요구사항을 신속하고 효율적으로 처리하기 위해 지속해서 신기술을 활용해 새로운 서비스를 개발했다. 그 결과, 정부가 관리해야 하는 서비스와 시스템은 기하급수적으로 증가했고, 유지·보수에 막대한 인력과 비용을 투입할 수밖에 없었는데, 이러한 상황은 사회가 변화하고 기술이 발전하는 한 계속될 수밖에 없는 상황이다.

<그림 7-14> 레고블록형 AI 정부 서비스 간 조합을 통해 생성된 가상 서비스

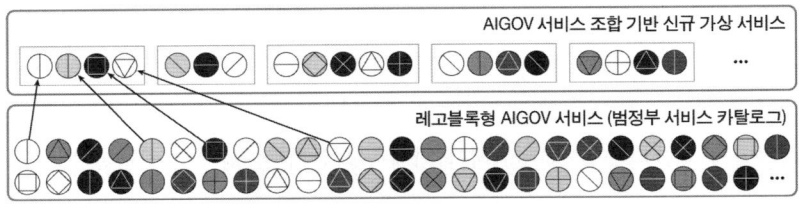

자료: 저자 작성.

　AI 정부에서는 <그림 7-14>과 같이 시시각각 변화하는 국민의 요구사항을 처리하기 위해 새로운 서비스를 지속해서 개발하는 대신 기존에 개발한 작고 가볍고 조합이 자유로운 레고블록형 AI 정부 서비스 간의 다양한 조합을 통해 처리한다. 그런데 여기서 중요한 점은 서비스와 서비스를 조합해 국민의 요구사항 처리에 최적인 가상 서비스를 만들 때, 반드시 서비스별 API만을 사용해야 한다는 것이다. 그 이유는 우리가 레고블록을 사용할 때를 생각하면 명확히 알 수 있다. 우리가 레고블록을 사용하여 다보탑을 만든다고 가정하면, 우리는 수많은 레고블록 중, 다보탑을 만드는 과정에서 가장 적합한 레고블록을 그때그때 취사선택한다. 그런데 여기서 중요한 점은 아무리 개인이 좋아하는 색깔과 형태의 레고블록을 활용하고 싶다고 해도 레고블록이 다른 레고블록과 외형적으로 결합하지 않으면 사용하지 않는다는 것이다. 이와 마찬가지로, 아무리 좋은 서비스 블록이 있더라도 서비스의 코드를 수정하여 다른 서비스와 조합하면 안 되고 반드시 서비스의 연결을 위해 각각의 서비스가 제공하는 API를 사용해야 한다. 이러한 원칙을 지켜야만 서비스를 재활용하여 지속적으로 새로운 서비스의 조합을 만들어낼 수 있다.

| 제8장 |

AI 정부 구현을 위한 도전과 과제

1. 개요

　기존의 전자정부가 AI 정부로 진화하기 위해서는 지금의 전자정부를 구성하는 시스템들에 대한 근본적이고 전면적인 혁신이 필수적이다. 전자정부하에서의 시스템들은 특정 작업을 수행하기 위해 사전에 정의된 규칙이나 조건을 사용하는 규칙 기반 시스템(Rule-based System)들이다. 규칙 기반 시스템에서는 A라는 값이 시스템에 입력되면 개발자들이 설계한 프로세스와 규칙에 따라 A라는 값이 처리되어 개발자들이 예측한 결괏값 B가 출력된다./따라서 개발자들은 시스템이 출력한 결괏값을 자신들이 예측한 결괏값과의 비교를 통해 시스템의 정합성을 검증한다. 만약, 결괏값이 예측값과 다르면, 개발자들은 자신들이 설계한 시스템의 프로세스와 규칙들을 살펴보고 오류를 수정하여 시스템을 완성한다.
　그러나 AI 정부에서는 이러한 규칙 기반 시스템 개발 방법론이 더 이상 유효하지 않다. 앞의 4장에서 설명했듯이, 전자정부에서는 인간이 어떠한 업무를 처리하기 위해 지식을 학습하듯이 AI 정부의 핵심이 되는 정부 인공지능 모델은 정부가 생산하고 관리하는 모든 데이터를 학습하여 가장 효율적인 프로세스와 규칙을 새롭게 설계하고, 이렇게 설계된 프로세스와 규칙에 따라 작고 가벼운 레고블록형 서비스들을 조합하여 자신에게 주어진 업무를 처리한다.

전자정부에서는 인간이 모든 시스템의 구성 요소 하나하나를 설계하고 개발했기 때문에 인간이 시스템에 대한 모든 통제 권한을 가지고 있었다. 그러나 AI 정부에서는 정부 인공지능 모델이 인간을 대신해 주어진 업무의 처리를 위해 가장 효율적인 프로세스와 규칙을 설계하고 레고블록형 정부 서비스들을 조합해 생성과 소멸이 자유로운 가상 서비스(Virtual Service)를 만들기 때문에 적절한 단계에서 인간이 개입하여 인공지능이 처리하는 업무의 정합성을 검증하는 것이 매우 중요하다. 따라서 이 장에서는 AI 정부의 정합성을 검증하기 위해 무엇을 어떻게 해야 하는지에 대해 여섯 가지로 요약하여 설명한다. 첫째, 정부 인공지능 플랫폼의 근간이 되는 정부 인공지능 모델에 대한 검증이다. 정부 인공지능 모델은 인간으로 따지면 인간의 두뇌와 같다. 따라서 정부 인공지능 모델에 어떠한 결점과 한계가 있는지를 검증할 필요가 있다.

두 번째는 정부가 생산하고 관리하는 모든 데이터를 기계 판독 가능한(machine-readable) 데이터로 생산하고 변환하는 것이다. 기존에 생산된 기계 판독이 가능하지 않은 데이터는 신속히 기계 판독 가능한 데이터로 변환하여 정부 인공지능 모델에 학습시키고, 새롭게 생산하는 데이터는 기계 판독이 가능하게 생산하여 정부 인공지능 모델이 최대한 신속히 학습할 수 있는 체계를 만들어야 한다.

세 번째는 범국가적인 차원의 데이터 분류를 위한 데이터 분류 체계의 수립이다. 최근 범국가적으로 활용할 수 있는 데이터 자원의 기하급수적인 증가로 정부 인공지능 모델이 학습할 수 있는 데이터는 증가하는 반면에 이러한 데이터의 급속한 증가로 데이터의 수집-전처리-활용-관리를 위한 비용도 급속히 증가하고 있다. 기하급수적으로 증가하는 데이터의 효율적 관리를 위해 범국가적 차원의 데이터 분류 체계 수립이 필요하다.

네 번째, 정부 인공지능 모델로 공급되는 데이터 품질에 대한 검증이다. 인공지능의 특성상 인간이 인공지능을 통제할 수 있는 가장 중요한 수단 중의 하나가 인공지능에 공급되는 데이터를 통한 통제이다. 특히, 데이터의 품질은 정부 인공지능 모델의 성능에 가장 크게 영향을 미치는 요인이기 때문에 범국가적 차원에서 어떻게 정부 인공지능 모델로 공급되는 데이터의 품질을 검증할 것인가에 대해 설명한다.

다섯 번째, 수많은 서비스가 하나로 통합되어 개발된 초대형 서비스를 어떻게 작고 가볍고 조합이 자유로운 레고블록형 서비스로 전환할 것인가에 대해 설명한다. 정부 인공지능 플랫폼이 제대로 작동하기 위해서는 모든 서비스가 레고블록형 서비스로 개발되어 있고, 정부 인공지능 플랫폼이 필요에 따라 그때그때 레고블록형 서비스의 다양한 조합을 통해 업무를 처리할 수 있어야 한다.

여섯 번째, 정부 인공지능 플랫폼이 주어진 업무를 처리하기 위해서 모듈 간의 조합을 통해 생성한 가상 서비스에 대한 검증을 설명한다. 정부 인공지능 플랫폼이 자동으로 레고블록형 서비스 간의 조합을 통해 주어진 업무를 처리하면 인간의 간섭 없이도 신속한 처리가 가능하다. 그러나 정부 인공지능 플랫폼이 레고블록형 서비스의 조합을 통해 생성한 가상 서비스에 오류는 없는지를 검증하여 혹시나 발생할 수 있는 오류를 방지해야 한다.

2. 정부 인공지능 모델 검증

인공신경망 기반의 인공지능 모델이 갖는 복잡도로 인해 인간은 인공지능 모델이 제시하는 결괏값을 정확히 예측할 수 없을 뿐만 아니라 모델이 제시하는 결괏값이 모델 내에서 어떠한 경로를 거쳐 도출되었는지를 정확히 이해하기도 매우 어려운 실정이다. 따라서 정부는 AI 정부의 근간이 되는 정부 인공지능 모델에 오류는 없는지, 모델과 모델이 연계되고 결합되었을 때 오류는 발생하지 않는지에 대해 지속적으로 검증해야 한다.

AI 정부는 챗GPT와 같이 정부 전체의 서비스를 관장하는 핵심 모델, 의료, 교통, 농업 등과 같은 각각의 분야를 관장하는 모델들, 각각의 개별 서비스를 관장하는 모델들로 구성되며, 이러한 모델들은 인공신경망을 기반으로 개발된다. 그런데 이러한 모델들은 주어진 질문에 종종 틀린 답을 제시한다. 여기서 문제는 인공신경망이 가진 복잡도로 인해 모델이 어떠한 인공지능의 신경세포들을 조합하여 이러한 틀린 답변을 생성했는지 우리는 알 수가 없다는 것이다. 여기서 인공지능 도입에 대한 정부의 고민이 시작된다. 기본적으로 정부의 업무 처리와 국민에게 제공하는 행정 서비스는 무결성이 전제되어야 한다. 예를 들어, 정부가 저소득층의 생활 안정을 돕기 위한 지원금이 저소득층이 아닌 고소득층에 잘못 지원된다면 국가는 큰 혼란과 갈등에 휩싸일 것이고, 정부의 신뢰도는 크게 하락하여 정상적인 국가의 운영에도 커다란 지장을 초래할 것이다. 따라서 정부는 정부가 도입한 모든 인공지능 모델에 오류는 없는지 또는 모델과 모델이 연동되고 결합되었을 때 오류가 발생하지 않는지를 지속적으로 검증해야 한다.

이러한 인공지능 모델을 제대로 검증하기 위해서는 학제 간 협력이 전제되어야 한다. 수학, 의학, 생물학, 언어학, 공학 등 인공지능과 관련된 모든 분야의 전문가들이 항상 협력할 수 있는 '국가 인공지능 모델 검증센터' 설립의 고려가 필요하다.

3. 기계 판독 가능 데이터로 전환

우리가 인공지능을 도입하는 가장 큰 이유는 인공지능은 새로운 데이터의 지속적인 학습을 통해 처리할 수 있는 업무의 범위를 늘려가기 때문이다. 다시 말해, 인공지능은 도입한 첫해에 처리할 수 있는 업무가 10개였다면, 2년 차에는 처리할 수 있는 10개 업무 이외의 데이터를 학습하여 처리할 수 있는 업무가 20개로 늘어나고, 3년 차에는 더욱 많은 데이터를 학습하여 30개로 늘어나는 등 새로운 업무 처리를 위한 신규 시스템의 개발 없이도 새로운 데이터의 학습만으로 처리할 수 있는 업무를 늘려갈 수 있다.

그런데 여기서 중요한 전제 조건이 있는데 그것은 바로 정부 인공지능 모델이 끊임없이 새로운 데이터를 학습할 수 있도록 공공 분야에서 시시각각 생성되는 데이터를 정부 인공지능 모델이 학습할 수 있는 기계 판독 가능한 형태로 쉼 없이 공급하는 것이다. 아무리 새롭고 가치 있는 데이터라 할지라도 기계 판독 가능한 형태의 데이터가 아니라면 정부 인공지능 모델은 학습에 상당한 어려움을 겪거나 전혀 학습을 할 수 없게 된다. 이것은 마치 영어밖에 모르는 사람에게 한국어로 이야기하는 것과 같아서 정부 인공지능 모델이 기계 판독이 가능하지 않은 데이터를 받게 되면 기계 판독 가능한 데이터로 변환하거나 필요 없는 데이터로 인식하여 폐기하게 된다. 당연히 기계 판독이 가능하지 않은 데이터를 기계 판독 가능한 데이터로 변환하는 데는 막대한 전산 자원(서버, 스토리지 등)이 소요되어 정부 인공지능 플랫폼에 부담을 주게 된다. 정부 인공지능 플랫폼이 불필요한 데이터로 인식하여 데이터를 폐기하게 되면 정부 인공지능 플랫폼이 버려진 데이터를 학습할 수 없게 되어 제대로 된 성능을 발휘할 수 없게 된다. 따라서 정부 인공지능 플랫폼에 공급되는 데이터는 완벽하게 기계 판독 가능한 데이터로 변환하여 공급해야 한다.

여기서 기계 판독 가능한 데이터란 데이터가 특정한 SW에 한정되지 않고 어떠한 SW로도 읽고, 수정하고, 변환하고, 공유할 수 있는 데이터를 의미하며, CSV, JSON, XML, RDF, LOD 등이 대표적인 기계 판독 가능 형태이다. 현재 대다수의 정부가 생성하는 데이터에는 기계 판독이 가능하지 않은 상당한 양의 데이터가 포함되어 있다. 예를 들어, 정부가 생산하는 보고서 중, PDF 포맷의 보고서는 특정한 SW로만 읽을 수 있을 뿐만 아니라 자유롭게 수정과 변환을 할 수 없으므로 대표적인 기계 판독이 가능하지 않은 데이터이다. 또 다른 예로, MS 워드(MS Word)를 활용해 생산된 보고서도 MS 워드라는 특정한 SW로만 읽기, 수정, 변환할 수 있으므로 완전히 기계 판독 가능한 데이터로 볼 수 없다.

그렇다면 방대한 양의 데이터를 어떻게 하면 가장 효율적으로 정부 인공지능 플랫폼에 기계 판독 가능한 데이터로 변환하여 공급할 수 있을까? 이에 대한 해답은 정부가 데이터 생성 단계부터 기계 판독 가능 데이터 변환기를 통해 문서를 포함한 모든 데이터를 기계 판독 가능한 형태의 데이터로 변환하는 것이다. 기계 판독 가능 데이터 변환기의 핵심은 보고서에 담겨 있는 비정형 데이터(텍스트, 이미지, 음성, 동영상)까지도 기계 판독 가능한 데이터로 변환하여 보고서에 담겨 있는 모든 데이터를 정부 인공지능 플랫폼이 학습할 수 있도록 하는 것이 중요하다. 예를 들어, 공무원이 MS 워드로 홍수 피해 보고서를 작성했다고 가정하자. 이 공무원은 홍수 피해를 종합적으로 보고하기 위해 홍수 피해와 관련한 각종 수치뿐만 아니라 홍수 피해와 관련한 사진도 활용하여 보고서를 작성할 것이다. 이 경우, 워드 보고서에 담겨 있는 텍스트와 각종 수치 데이터는 기계 판독 가능 데이터로 변환이 쉽지만, 사진 데이터는 사진에 담겨 있는 홍수 피해를 정부 인공지능 플랫폼이 이해할 수 있게 데이터 라벨링[1]이 필요하다. 따라서 기계 판독 가능 데이터 변환기는 인간이 보는 데이터 그대로를 정부 인공지능 플랫폼이 볼 수 있도록 데이터를 변환하는 게 중요하다.

4. 국가 차원의 데이터 분류 체계 수립

정부 인공지능 플랫폼의 도입 초기에는 얼마나 많은 데이터를 정부 인공지능 모델에 신속하게 공급하여 학습시키느냐가 가장 중요하다. 모델이 학습하는 데이터가 많으면 많을수록 처리할 수 있는 업무가 증가하게 되고 플랫폼의 업무 처리 증가는 결국 정부의 효율성 제고로 이어지기 때문이다. 그런데 모델이 학습하는 데이터는 단순히 모델의 학습만을 위해 생성된 데이터가 아니라 모델의 학습을 포함해 매우 다양한 용도로 생성된 데이터가 대부분이다. 따라서 정부는 모델에 학습시킨 방대한 양의 데이터를 검색하고 활용하고 공유하고 개방할 수 있도록 관리해야 한다. 그런데 정부가 관리해야 할 데이터는 모델이 학습한 데이터뿐만 아니라 정부가 보유하고 있는 모든 데이터에 해당한다.

정부가 보유하고 있는 데이터를 효율적으로 관리하기 위해서는 국가 차원의 데이터 분류 체계 수립이 필수적이다. 국가 차원의 데이터 분류 체계를 수립하기 위해서는 두 가지 측면에서의 고민이 필요하다. 첫째는 메타데이터 분류 체계이다. 데이터 분류 체계를 이야기하면 대다수 사람은 메타데이터 분류 체계를 이야기할 정도로 메타데이터 분류 체계는 잘 알려져 있다.

메타데이터 분류 체계는 향후 국가 간 데이터 교류를 고려했을 때 글로벌

---

[1] 인공지능 모델의 학습을 위해 데이터에 정답(라벨)을 부여하는 과정을 말하는데 이미지, 텍스트, 오디오 등 다양한 데이터 유형에 적용되며, 예를 들어, 사진에서 고양이나 개체를 구분하는 것이 있다.

<그림 8-1> DCAT을 활용한 메타데이터 분류 체계(예시)

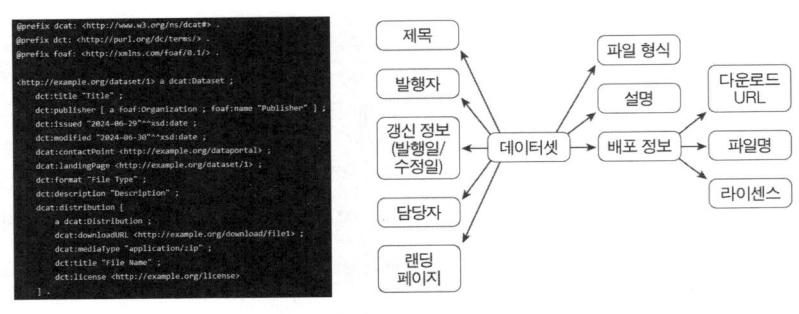

자료: 저자 작성.

표준을 따르는 것이 매우 중요하다. 2024년 현재 메타데이터를 분류하는 표준은 W3C가 관장하고 있는 DCAT(Data Catalog Vocabulary)이 가장 널리 사용되고 있다. DCAT은 정부가 정의한 메타데이터 분류 체계를 어떻게 표현하는지를 규정한 규칙이다. 따라서 정부가 DCAT을 활용해 메타데이터 분류 체계를 구축하면 정부가 보유한 데이터를 쉽게 검색할 수 있을 뿐만 아니라 DCAT을 활용해 메타데이터 분류 체계를 구축한 다른 국가의 데이터도 검색할 수 있게 되어 국가 간의 데이터 공유와 활용을 촉진한다.

현재 대부분의 국가는 자국의 메타데이터 분류 체계를 DCAT에 기반하여 구축하고 있다. 따라서 메타데이터 분류 체계의 개발을 준비하거나 시작하는 국가는 향후 글로벌 차원의 데이터 공유와 공동 활용을 위해 DCAT에 기반한 메타데이터 분류 체계 구축을 강력히 권장한다. <그림 8-1>은 아세안(ASEAN) 회원국들이 공통적으로 사용하는 메타데이터 10개 항목(title, publisher, updates, data portal, URL, file type, description, download URL, file name, license)을 기반으로 DCAT을 활용해 수립한 메타데이터 분류 체계이다.

데이터가 가진 속성 정보[2]를 통해 데이터를 분류하는 메타데이터 분류 체계는 데이터를 쉽고 빠르게 관리할 수 있어 매우 유용하다. 그러나 최근 빅데이터와 인공지능의 부상과 함께 데이터가 특정한 서비스에 한정되어 사용되는 것이 아니라 여러 서비스의 제공, 데이터 분석, 데이터 공유, 데이터 개방 등의 다양한 용도로 활용된다. 따라서 정부 입장에서는 데이터의 속성에 기반한 메타데이터 분류 체계와 더불어 정부의 조직과 기능 차원에서 정부가 보유한 데이터 전체를 조망하고 데이터와 데이터의 관계, 데이터와 조직, 데이터와 기능, 데이터와 시스템 등 데이터를 둘러싼 주변의 모든 것들과의 관계를 한눈에 파악할 수 있는 새로운 데이터 분류 체계가 필요해졌다.

이렇게 정부가 보유한 데이터와 데이터를 둘러싼 주변의 모든 것과의 관계를 한눈에 파악하는 데 가장 유용한 접근 방식은 정부를 구성하는 조직과 정부가 수행하는 기능을 중심으로 데이터를 분류하는 것이다. 특히, 정부의 조직은 정부의 상황에 따라 수시로 변화하는 반면에 정부가 수행하는 기능 자체에는 커다란 변화가 없는 것이 일반적이다. 따라서 정부가 보유한 데이터와 데이터를 둘러싼 주변의 모든 것과의 관계를 파악하는 가장 좋은 방법 중, 하나는 정부가 수행하는 기능을 중심으로 데이터 분류 체계를 구축하는 것이다.

정부가 수행하는 기능 중심의 데이터 분류 체계를 구축하기 위해서는 아래의 〈그림 8-2〉와 같이 먼저, 정부가 수행하는 모든 기능을 식별하고, 기능별로 수행 주체 및 절차, 이해관계자, 법 제도, 예산, 정보 시스템, 유관 데이터 등과 같이 기능과 관련된 모든 정보를 입력하고 유사한 기능 간에는 서로 연계시킨다. 이렇게 구축된 기능 중심의 데이터 분류 체계는 수많은 속성 정보를 활용해 다양한 측면에서 원하는 데이터를 검색할 수 있을 뿐만 아니라 데

2 　데이터 자체의 특성을 설명하는 세부 정보로서, 데이터의 정의, 구조, 형식, 출처 및 관리에 대한 정보를 제공한다.

<그림 8-2> 기능 중심 데이터 분류 체계 개념 및 예시

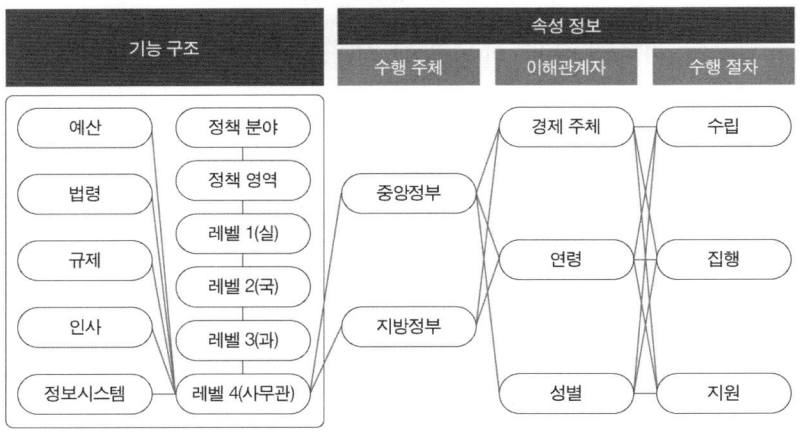

자료: 저자 작성.

이터와 데이터의 관계를 파악할 수 있어 데이터를 활용하고 관리하는 데 매우 유용하다.

앞에서 언급한 두 가지의 데이터 분류 체계 외에도 각 정부는 엄청난 양의 데이터를 효과적으로 관리하기 위한 나름의 방식을 고민해야 한다. 특히, AI 정부로의 전환이 완료되는 시점부터는 데이터가 정부 인공지능 모델의 성능을 좌우하기 때문에 정부는 다른 무엇보다 데이터의 관리를 정책의 최우선 순위로 두어야 한다.

5. 데이터의 품질 검증을 위한 국가 데이터 품질 검증

인공지능의 성능에 가장 크게 영향을 미치는 요인은 데이터이다. 인공지능과 관련되어 발생하는 대다수 문제는 인공지능이 학습한 데이터에서 기인한다. 예를 들어, 아마존이 자사에 최적인 신입사원의 선발을 위해 구축한 인공지능 기반 채용 도구(AI-based recruiting tool)는 지난 10년간 아마존에 제출된 이력서의 패턴을 익혀 이를 바탕으로 지원자들을 심사했다. 그런데 지난 10년간 아마존에 입사한 남성의 비율은 6 : 4로 여성보다 많았고, 이렇게 남성 편향적 데이터를 학습한 인공지능 기반 채용 도구는 '여성'이라는 단어가 포함되면 이력서를 채택하지 않았고 10년 이상의 남자 경력직만 추천하는 문제가 발견되었다. 결국, 아마존은 2014년부터 막대한 예산을 투입해 개발해 온 인공지능 기반 채용 도구를 2018년에 폐기하기에 이르렀다. 이처럼, 인공지능이 학습하는 데이터의 품질은 인공지능의 성능에 결정적 영향을 미친다.

정부 인공지능 모델에 있어서 데이터의 무결성은 더욱 중요하다. 정부 인공지능 모델이 학습한 데이터에 오류가 있거나 편향되었다면 국민에게 제공되는 서비스에 편향이나 오류가 발생할 수 있어 국민에게는 커다란 피해를 줄 수 있으며, 정부는 국민으로부터 신뢰를 잃어 향후 정부의 운영에 커다란 어려움에 직면할 수 있다. 예를 들어, 정부 인공지능 모델이 오류가 있는 데이터를 학습하여 장애인, 기초생활수급 대상자 등 사회적 약자를 식별하지 못하고 이러한 사회적인 약자가 사회적 약자로 식별되지 않아서 정부가 제공하는 혜택을 받지 못하여 상당 기간 고통을 받게 된다면, 불필요한 사회적인 논란은 가중되고 국민은 더 이상 정부를 신뢰하지 않게 될 것이다. 또 다른 예로, 공무원 채용에 정부 인공지능 플랫폼이 활용되는데 아마존의 예와 같이 편향된 데이터를 학습한 정부 인공지능 모델이 특정 집단을 선호하는 문제가 발생한다면 이 또한 사회문제로 확대되어 사회적 논란을 가져올 것이다. 따라서 정부는 정부가 공인한 품질 검증 절차를 거쳐 무결성이 확보된 데이터만을 정부 인공지능 모델에 학습시켜야 한다.

정부 인공지능 모델이 학습하는 데이터의 무결성 확보를 위해서는 두 가지 측면에서의 고려가 필요하다. 첫째는 어떠한 지표로 데이터의 품질을 측정하여 무결성을 확보할 것인가이다. 데이터의 품질을 측정하는 지표는 정확성(accuracy), 완전성(completeness), 일관성(consistency), 적시성(timeliness), 유효성(validity), 정합성(conformity), 적합성(relevance), 고유성(uniqueness) 등 매우 다양하게 존재한다. 그런데 여기서 중요한 점이 필요한 측정 지표만을 선정하여 측정하는 것이다. 물론, 모든 지표에 대해 데이터를 검증하면 좋겠지만 이는 비용과 시간을 고려했을 때 불가능에 가깝다. 여기서는 한국 정부가 2020년부터 추진하고 있는 "인공지능 학습용 구축사업"을 참고하여 다양성, 구문 정확성, 의미 정확성, 유효성 등 네 가지 지표를 데이터의 품질 검증 지표로 추천한다.

한국 정부는 2020년부터 1.2조 원을 투입해 860여 개의 인공지능 학습용 데이터 구축 사업을 추진해 왔다. 이러한 과정에서 많은 시행착오를 거쳐 한국 정부는 인공지능을 학습시키기 위한 데이터의 무결성을 확보하기 위해서는 데이터의 다양성, 데이터의 구조와 형식의 정확성, 라벨링 데이터에 대해서는 라벨링의 정확성과 정밀성, 데이터의 학습 후 성능 향상을 나타내는 유효성 등 네 가지 지표에 대해서는 반드시 검증이 필요하다는 것을 경험적으로 확인했다. 따라서 정부 인공지능 모델에 학습시키는 데이터의 품질을 만족시키기 위해서는 <표 8-1>과 같이 4개의 품질 측정 지표를 만족시켜야 한다.

<표 8-1> 정부 인공지능 모델의 학습에 활용되는 데이터 품질 측정 지표

지 표	주요 내용
다양성	분류 체계별(객체별) 수량이 균일하고 비율이 적합한지를 검증
구문 정확성	계획 시 제시한 데이터 구조·형식 및 입력값 범위 준수 여부를 검증
의미 정확성	라벨링이 얼마나 정확·정밀하게 이루어졌는지를 검증
유효성	AI 알고리즘이 구축된 데이터 학습 후의 성능 향상도 검증

자료: 한국지능정보사회진흥원(NIA)(2025a).

<표 8-2> 데이터 품질 측정 지표별 상세 지표(예시)

지 표	상세 지표
다양성	클래스 분포도, 인스턴스 분포도, 문장 길이, 어휘 개수 등
구문 정확성	라벨링 데이터를 구성하는 속성값과 원래 정의한 데이터 형식 및 입력값 범위와의 일치성
의미 정확성	정확도, 정밀도, 재현율
유효성	데이터 학습 후, 정확도, 정밀도, 재현율 등으로 성능 향상 측정

자료: 한국지능정보사회진흥원(NIA)(2025b).

둘째는 정부 인공지능 모델의 학습에 활용되는 데이터를 누가 검증할 것인가이다. 앞에서도 언급했듯이, 정부 인공지능 모델이 어떠한 데이터를 학습하느냐에 따라 모델의 성능이 결정되고 오류가 있는 데이터를 학습하게 되면 사회에 커다란 혼란을 초래하게 된다. 그런데 앞으로 인공지능 학습을 위한 데이터는 폭발적으로 증가할 것이기 때문에 정부는 정부 인공지능 모델이 학습하는 데이터를 어떻게 검증할 것인가에 대해 깊이 고민해야 한다. 먼저, 정부 인공지능 모델이 학습하는 막대한 양의 데이터를 검증하기 위한 전담 조직의 설치가 선결되어야 한다. 이 조직은 텍스트, 이미지, 음성, 영상 등 데이터의 종류에 따른 전문가들로 구성되어야 한다. 이렇게 데이터의 종류에 따라 구성된 전문가들은 각각의 데이터 검증을 위해 앞에서 정의한 4개의 검증 지표별로 검증 기준을 설정해야 한다. 그런데 여기서 중요한 점이 어떠한 검

<그림 8-3> 데이터 품질 검증 방식

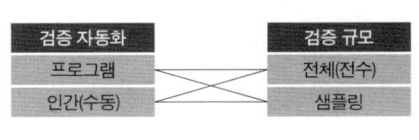

자료: 저자 작성.

증 지표를 적용할 것인가에 대해서는 데이터별로 모두 달라서 전담 기관의 전문가가 데이터별로 어떤 지표를 적용할 것인가를 판단해야 한다.

데이터의 종류에 따라 데이터의 품질을 측정하기 위한 상세 지표까지 설계했다면, <그림 8-3>과 같이 각각의 데이터 품질을 어떻게 측정하느냐를 결정한다. 첫 번째로 사람이 직접 검증할 것인가 또는 자동화 프로그램을 통해 검증할 것인가를 결정해야 한다. 두 번째로는 전체 데이터를 검증할 것인가 또는 데이터 일부만을 추출해 검증할 것인가를 결정한다. 최근에는 자동화 프로그램을 통해 전체 데이터의 품질을 검증하고 이렇게 검증된 데이터 일부를 추출해 인간이 검증하는 방식이 많이 활용된다. 그런데 여기서도 중요한 점이 얼마나 많은 데이터를 추출해 인간이 재검증할 것인가를 결정하는 것이다. 정부 인공지능 모델이 학습하는 데이터라는 점을 감안하여 최대한 많은 양의 데이터를 재검증해 데이터에 대한 인간의 통제력을 높일 필요가 있다. 특히, 질병 데이터와 같이 100% 품질 보장이 필요한 데이터에 대해서는 인간을 통한 검증을 반드시 거쳐야 한다. 이 외에도 데이터를 검증하기 위한 전담 조직은 정부 인공지능 모델이 학습하는 데이터의 전 생애주기를 모니터링하고 각 데이터의 품질이 100% 확보될 수 있도록 수많은 임무를 수행해야 한다.

6. 레고블록형 시스템으로 전환

정부가 정부 인공지능 플랫폼을 운영하는 장점 중의 하나는 기존에 구축된 서비스 간의 연계를 통해 새로운 서비스를 가상으로 구축하여 주어진 업무를 처리한다는 것이다. 이것은 마치 딥마인드(DeepMind)의 알파고(AlphaGO)가 수많은 위치를 비교하여 최상의 위치에 바둑돌 하나를 놓는 것과 같은 이치이다. 정부 인공지능 플랫폼에 주어진 업무를 처리하기 위해 기존에 구축된 수많은 서비스를 조합해 보고 이러한 조합 중에서 가장 효율적인 조합을 선택하여 주어진 업무를 처리하기 위한 가상 서비스를 구축한다.

정부 인공지능 플랫폼이 기존에 개발된 수많은 서비스를 필요에 따라 자유롭게 조합할 수 있기 위해서는 모든 정부 시스템이 작고 가볍고 조합이 자유로운 레고블록형 서비스로 구축되어야 한다. 여기서 '자체적으로 동작이 가능'하다는 의미는 다른 시스템이나 다른 서비스에 의존하지 않고 각각의 서비스가 주어진 업무를 독립적으로 처리한다는 것이다. 예를 들어, 메일 서비스에서 '받은메일함', '보낸메일함', '휴지통' 등 각각의 서비스는 다른 서비스에 영향을 받지 않고 독립적으로 자신에게 주어진 업무를 수행한다. 따라서 정부는 기존의 서비스와 서비스, 기능과 기능을 연계하여 상호 의존적으로 구축한 모든 시스템을 가장 작은 단위의 서비스로 분리하여 다른 서비스와 다른 기능에 독립적인 서비스로 전환해야 한다. 여기서 중요한 점은 각각의 서비스는 외부와의 소통을 반드시 API로만 해야 한다. 이렇게 각각의 서비스가 외부와의 소통을 API로만 해야 각각의 서비스가 다른 서비스에 독립적일 수 있다.

하나의 커다란 시스템을 자체적으로 동작이 가능한 최소 단위의 레고블록형 서비스로 전환하기는 매우 어려운 작업이다. 이를 위해서는 우선, 통으로 개발된 커다란 시스템을 어떻게 레고블록형 서비스로 분리할 것인가에 대한 설계가 필요하다. 물론, 커다란 서비스를 분리해서 각각을 레고블록형 서비스로 개발하면 가장 효과적이다. 그러나 이렇게 하나의 커다란 서비스를 너무 세분하게 되면 업무를 처리하기 위해 너무 많은 레고블록형 서비스를 연계해야 하고 이러한 연계는 서비스 지연과 장애의 가장 큰 원인이 되기 때문에 적정한 규모로 서비스를 분리하는 것이 매우 중요한데 적정한 서비스 규모의 산정은 각각의 서비스마다 달라서 분야별 업무 및 시스템 전문가의 참여가 필요하다.

다음으로 각각의 레고블록형 서비스에 대한 관리이다. 자체적으로 동작이 가능한 각각의 레고블록형 서비스는 수시로 점검해야 하고 새로운 기술과의 접목을 통한 업데이트가 필요하다. 이를 위해서는 기존의 대규모 유지보수 조직을 레고블록형 서비스에 적합하도록 재편하여 신속한 유지보수 체계를 마련해야 한다.

7. 가상 서비스의 적절성 검증

6절에서 하나의 커다란 서비스가 수많은 레고블록형 서비스로 분리되기 때문에 정부 인공지능 플랫폼은 정부의 수많은 서비스를 구성하는 레고블록형 서비스 중에서 주어진 업무의 처리에 최적인 레고블록형 서비스들의 조합을 통해 가상 서비스를 구축하여 업무를 처리하게 된다. 그런데 정부 인공지능 플랫폼이 여러 레고블록형 서비스들의 조합을 통해 새롭게 구축한 가상 서비스는 인간의 개입 없이 순수하게 정부 인공지능 플랫폼이 구축한 서비스이다. 따라서 정부 인공지능 플랫폼이 구축한 가상 서비스가 적절하게 구축되었는지와 이를 통해 도출된 결괏값이 정확한지를 인간이 반드시 검증해야 한다. 이를 위해서는 가상 서비스를 구성하는 레고블록형 서비스 구성의 적절성, 프로세스의 적절성, 데이터의 적절성, 결괏값의 적절성을 반드시 검증해야 한다.

이 보고서 전체에서 누차 강조했듯이, 정부 인공지능 플랫폼은 태생적으로 확률에 기반한 시스템이다. 인공지능이 수많은 데이터를 학습하여 주어진 질문에 가장 높은 확률의 답을 제시하도록 설계되었기 때문에 플랫폼이 제시하는 답에 항상 오류가 있을 수 있다. 따라서 정부는 플랫폼의 운영에 있어 어느 시점에서 인간의 개입이 필요한지를 분석하고 필요한 시점에 반드시 개입하여 플랫폼이 생성하는 오류를 사전에 차단하는 것이 매우 중요하다.

부록: Acknowledgement

이 책의 1부는 세계은행(World Bank Group)의 원자료를 바탕으로 작성되었으며, 일부 내용에 대해서는 요약 또는 편집을 거쳐 재구성하였습니다. 아울러, 본 저작물의 내용이 세계은행 또는 그 임직원의 공식적인 견해를 반영하거나, 세계은행이 본 저작, 저자, 혹은 관련 기관을 지지하거나 보증함을 암시하지 않음을 분명히 밝힙니다.

> Zaki B. Khoury, Ko, Yoon-seok, Eom, Seok-Jin, Park, Keon Chul, Park, Jung-Eun, Cho, Bora, Jisoo Lee, Yulia Lesnichaya. "Enabling Data-Driven Innovation: Learning from Korea's Data Policies and Practices for Harnessing AI (English)." WBG Korea Office Innovation and Technology Notes; No. 11 Washington, D.C.: World Bank Group. http://documents.worldbank.org/curated/en/0995 16201122472656

참고문헌

논문/학술 발표

Agrawal, A., Gans, J., and Goldfarb, A. (2018). *Prediction machines: the simple economics of artificial intelligence*. Harvard Business Press.

Berman, P. (2017). "Hacking Ideology: pol.is and v Taiwan." *Hacktivism*. Democracy Earth Foundation.

Brown, T. B. et al. (2020). "Language models are few-shot learners. https://doi.org/10.48550/arXiv.2005.14165

Devlin, J., Chang, M.-W., Lee, K. and Toutanova, K. (2019). "BERT: Pre-training of deep bidirectional transformers for language understanding. Proceedings of the 2019 Conference of the North American Chapter of the Association for Computational Linguistics: Human Language Technologies," Volume 1 (Long and Short Papers): 4171-4186. https://doi.org/10.18653/v1/N19-1423

Eggers W. et al., (2017). "AI-augmented government: Using cognitive technologies to redesign public sector work. A Report from Deloitte Center for Government Insights." Deloitte University Press.

Eom, Seok-Jin and Kim SeongHyun. (2024). "The multi-dimensional paradox of AI adoption in the public sector: The Korean experience." Proceedings of the 25th Annual International Conference on Digital Government Research.

Fountain, J. E. (2001). *Building the Virtual State: Information Technology and Institutional Change*. The Brookings Institution.

Géron, A. (2019). *Hands-On Machine Learning with Scikit-Learn, Keras, and TensorFlow* (2nd ed.). O'Reilly Media.

Goodfellow, I., Bengio, Y. and Courville, A. (2016). *Deep Learning*. MIT Press.

Lipsky, M. (2010). *Street-level bureaucracy: Dilemmas of the individual in public service*.

Russell Sage Foundation.

Margetts, H. and Dorobantu, C. (2019). "Rethink government with AI." *Nature*, 568 (7751): 163-165.

Margetts, H., John, P., Hale, S., and Yaseri, T. (2015). *Political turbulence: How social media shape collective action.* Princeton University Press.

MIT Technology Review. (2021). "The Progress Issue." *MIT Technology Review.* 124(4).

Morris, M.R., Sohl-Dickstein, J., Fiedel, N., Warkentin, T., Dafoe, A., Faust, A., Farabet, C. and Legg, S.. (2024). "Position: Levels of AGI for Operationalizing Progress on the Path to AGI." Proceedings of the 41st International Conference on Machine Learning, Vienna, Austria. PMLR 235.

OpenAI Research (2024a). "Deduplication Strategies in Training Large Language Models." arXiv preprint arXiv:2405.12034.

OpenAI Research (2024b). "Advanced Labeling Strategies for AI Model Training." arXiv preprint arXiv:2402.11032.

Radford, A. et al. (2018). "Improving Language Understanding by Generative Pre-training." OpenAI Technical Report.

Raffel, C. et al. (2020). "Exploring the limits of transfer learning with a unified text-to-text transformer." *Journal of Machine Learning Research*, 21(140): 1-67.

Rose, T. (2016). *The end of average: How to succeed in a world that values sameness.* Penguin UK.

Russell, S. and Norvig, P. (2020). *Artificial Intelligence: A Modern Approach(4th ed.).* Pearson.

Simon, Herbert. (1947). *Administrative Behavior.* New York, NY: Macmillan.

Susskind, D. (2020). *A World Without Work: Technology, Automation and how We Should Respond.* Penguin UK.

Vaswani, A. et al. (2017). "Attention is All You Need." https://doi.org/10.48550/arXiv.1706.03762

Yang, Z. et al. (2019). "XLNet: Generalized autoregressive pretraining for language understanding." https://doi.org/10.48550/arXiv.1906.08237

김경전. (2017). 「IBM 인공지능 왓슨의 공공부문 활용사례」. 서울대학교 행정대학원 '정책&지식 포럼' 발표문.

김진숙·한은희·김지선·우예신·정선욱. (2023). 「e아동행복지원사업 참여 공무원의 업무 경험에 관한 연구」. ≪한국사회복지행정학≫, 25(2): 65-99.

박대웅·류화신. (2018). 「보건의료 패러다임 전환기의 규제 쟁점과 시사점: 정밀의료·재생의료를 중심으로」. ≪의생명과학과 법≫, 20: 37-62.
엄석진. (2021). 「인공지능 시대의 민주주의와 행정:[국긴신문고] 민원시스템 고도화 사례를 중심으로」. ≪한국행정연구≫, 30(2): 35-64.
엄석진 외. (2021). 『AI와 미래행정』. 박영사.
엄석진 외. (2020). 『정부의 디지털 혁신』. 문우사.
은종환·김광구·이선우. (2020). 「성공적 갈등관리를 위한 인공지능 활용 전략 연구」. ≪한국비교정부학보≫, 24(2): 193-222.
이재성. (2016). 「심층신경망의 발전과정과 이해, 정보와 통신」. ≪한국통신학회지≫, 33(10), 102쪽.
클라우스 슈밥. 송경진 역. (2016). 『클라우스 슈밥의 제4차 산업혁명』. 메가스터디북스.

보고서

OECD. (2019). "Digital Government Review of Argentina: Accelerating the Digitalisation of the Public Sector." OECD Digital Government Studies. Paris: OECD Publishing.
OECD. (2020). "OECD Digital Economy Outlook 2020." Paris: OECD Publishing.
Zaki B. Khoury, Ko, Yoon-seok, Eom, Seok-Jin, Park, Keon Chul, Park, Jung-Eun, Cho, Bora, Jisoo Lee, Yulia Lesnichaya. (2024). 'Enabling Data-Driven Innovation: Learning from Korea's Data Policies and Practices for Harnessing AI (English)." WBG Korea Office Innovation and Technology Notes; No. 11 Washington, D.C.: World Bank Group. http://documents.worldbank.org/curated/en/099516201122472656

AI Hub (2023). 「2024년 AI 허브 안심존 운영 및 관리」. 제안요청서.
Superb AI. (2021). 「대규모 AI 학습용 데이터 구축을 위한 크라우드 소싱 관리 매뉴얼」.
고윤석. (2021). 「빅데이터 플랫폼 및 센터 구축사업 소개」. 한국지능정보사회진흥원.
과학기술정보통신부·한국지능정보사회진흥원(NIA). (2023). 「인공지능 학습용 데이터 품질관리 가이드라인 및 구축 안내서 v3.0」. 과학기술정보통신부.
과학기술정보통신부. (2021). "데이터 산업 전반, 복격 육성한다! 데이터 경제를 활짝 여는 '데이터 기본법' 제정." 과학기술정보통신부 보도자료.
과학기술정보통신부. (2019). 「2018 데이터산업 현황 조사」.
박정수·박순애. (2003). 「정보화예산 규모의 적정성 검토 및 효율적 재원 배분방안」. 서울시립대학교 법률행정연구소.
법제처. (2025). 「공공기관의 데이터베이스 표준화 지침」.

보건복지부. (2019). 「데이터기반 행정 추진성과 내부자료」.
이경선·김성옥. (2021). 「AI 도입·확산의 저해 요인 분석 및 정책적 시사점」. 정보통신정책연구원.
이강욱. (2016). 「Intro to Machine Learning & Deep Learning」(2016.11). NIA 내부 교육 발표자료.
이동현·허정·김정민. (2018). 「유망 SW분야의 미래일자리 전망」. 소프트웨어정책연구소.
정보통신정책연구원. (2021). 「국내 데이터 산업 경쟁력 진단 및 제고 방안 연구」. 정보통신정책연구원
정준화. (2020). 「빅데이터 플랫폼의 운영 실태와 개선과제」. 과학기술정보통신부.
중소벤처기업부. (2021). 「한국 창업 생태계의 변화 분석」.
통계청 통계교육원 (2019). 「빅데이터 플랫폼 시대 데이터 연계체계를 확보하라」.
한국데이터산업진흥원. (2021). 「2020 데이터산업현황조사 보고서」. 한국데이터산업진흥원 조사·연구보고서.
한국지능정보사회진흥원(NIA) (2025). 「정부 AI 모델 생성을 위한 데이터 요건 가이드라인 보고서」. 한국지능정보사회진흥원.
한국지능정보사회진흥원. (2011). 「新가치창출 엔진, 빅 데이터의 새로운 가능성과 대응 전략」. 한국지능정보사회진흥원.
한국지능정보사회진흥원 (2019a). 「공공데이터포털 및 범정부 데이터 플랫폼 통합 운영·유지보수 사업」 제안요청서.
한국지능정보사회진흥원. (2019b). 「공공데이터 정책 발전과정」. 한국지능정보사회진흥원.
한국지능정보사회진흥원. (2021). 「2020년 인터넷이용실태조사」. 한국지능정보사회진흥원.
한국지능정보사회진흥원. (2023a). 「2023년도 인공지능 학습용 데이터 구축 지원사업」 공고문.
한국지능정보사회진흥원. (2023b). 「인공지능 학습용 데이터 품질관리 가이드라인 및 구축 안내서 v3.0」.
한국지능정보사회진흥원. (2024a). 「'25~'26년도 공공데이터포털 및 서비스 위탁운영」 제안요청서.
한국지능정보사회진흥원. (2024b). 「차세대 공공데이터포털 구축(1차)」 제안요청서.
한국지능정보사회진흥원(NIA). (2024c). 「2024 빅데이터 플랫폼 기반 분석서비스 지원 사업 성과사례집」.
한국지능정보사회진흥원. (2024d). 「2024년 빅데이터 플랫폼 기반 분석서비스 지원 사업 수요기업 모집」 공고안내서.
한국지능정보사회진흥원. (2025a). 「AI 학습 데이터 품질 검증 기준 가이드라인」. 한국지능정보사회진흥원.
한국지능정보사회진흥원. (2025b). 「AI 학습 데이터 품질 관리 및 검증 지표 가이드라인」. 한

국지능정보사회진흥원.

한은희·정선욱·김진숙·류정희·임세희·김지선·우예신·김이배. (2021). 「e아동행복지원사업 읍면동 운영체계 개선방안연구」. 한국사회보장정보원.

한은희·박규범·최보근·안유정·김솔. (2022). 「e아동행복지원시스템 중장기 발전방안 마련을 위한 기반 연구」. 한국사회보장정보원.

행정안전부 (2022). 「디지털 플랫폼 정부 추진 계획: 공공 인공지능 서비스와 플랫폼 구축 방향」. 행정안전부.

행정안전부 (2024). 「정부 기능별 분류체계」.

행정안전부. (2021). 「공공데이터 제공·관리 실무 매뉴얼」. 행정안전부.

행정안전부. (2024a). "국민 생활속 데이터, 국가중점데이터로 개방". 행정안전부 보도자료.

행정안전부. (2024b). "경제협력개발기구(OECD)가 시행한 국제 디지털정부 평가에서 2회 연속 종합 1위". 행정안전부 보도자료.

4차산업혁명위원회. (2018). 「데이터산업 활성화 전략」. 4차산업혁명위원회.

웹페이지

Amazon Web Services(AWS). (n.d.). "What is DevOps?" https://aws.amazon.com/ko/devops/what-is-devops/

BigScience Workshop et al. (2022). "BLOOM: A 176B-Parameter Open-Access Multilingual Language Model." arXiv preprint arXiv:2211.05100. https://arxiv.org/abs/2211.05100

Bloomberg. (2023). "Introducing BloombergGPT, Bloomberg's 50-billion parameter large language model, purpose-built from scratch for finance."(2023.03.30.). https://www.bloomberg.com/company/press/bloomberggpt-50-billion-parameter-llm-tuned-finance/?utm_source=chatgpt.com

Brainz. (n.d.). "프라이빗 클라우드란 무엇인가? 공공 및 민간 클라우드 비교". https://www.brainz.co.kr/tech-story/view/id/306#u

DeepSeek Inc. (2024). "Scaling open-source language models with longtermism." arXiv preprint arXiv:2401.02954. https://arxiv.org/abs/2401.02954

Gartner. (2022). "Why adaptive AI should matter to your business."(2022.10.27). https://www.gartner.com/en/articles/why-adaptive-ai-should-matter-to-your-business

Google Developers. (n.d.). "Static vs. Dynamic Inference." Google. https://developers.google.com/machine-learning/crash-course/production-ml-systems/static-vs-dynamic-inference?hl=en

HelloT. (2024.4.29). "기시대가 요구하는 AGI, 기업들의 여정은 시작됐다". 헬로티. https://

www.hellot.net/news/article.html?no=89465

IBM. (n.d.) "AI 추론이란 무엇인가요?" https://www.ibm.com/kr-ko/think/topics/ai-inference

IBM. (n.d.). "AI healthcare benefits." https://www.ibm.com/think/insights/ai-healthcare-benefits

IBM. (n.d.). "What is an AI Model?" https://www.ibm.com/think/topics/ai-model

IBM. (n.d.). "What is artificial intelligence(AI?)." https://www.ibm.com/think/topics/artificial-intelligence

Meta AI (2023). "LLaMA 2: Open foundation and fine-tuned chat models." https://ai.meta.com/research/publications/llama-2-open-foundation-and-fine-tuned-chat-models/

Meta AI, Mistral AI, EleutherAI, BigScience, Technology Innovation Institute (TII), Databricks and Together Computing. (2023-2024). "Open source large language models overview: LLaMA 2, Mistral, GPT-NeoX, BLOOM, OPT, Falcon, Dolly, and RedPajama." 공식 문서 및 연구 발표 자료.

Meta AI Research. (2023). "LLaMA: Open and Efficient Foundation Language Models." https://arxiv.org/abs/2302.13971

Microsoft Research. (2020). "Turing-NLG: A 17-Billion-Parameter Language Model." https://www.microsoft.com/en-us/research/blog/turing-nlg-a-17-billion-parameter-language-model-by-microsoft/

Monica. (n.d.). "Monica - Your Personal AI Assistant." https://monica.im/

NVIDIA. (n.d.). "CUDA Accelerated: NVIDIA Launches Array of New CUDA Libraries to Expand Accelerated Computing and Deliver Order-of-Magnitude Speedup to Science and Industrial Applications." NVIDIA Blog. https://blogs.nvidia.com/blog/cuda-accelerated-computing-energy-efficiency/

OpsNow. (n.d.). https://www.opsnow.com/ko

Park, S. (2023). "ChatGPT의 학습 원리와 활용법." SoftlyAI. https://blog.softly.ai/how-chatgpt-learns-world/

Red Hat (n.d.). "What are application programming interfaces?" https://www.redhat.com/en/topics/api/what-are-application-programming-interfaces

Rosset, C. (2020). "Turing-NLG: A 17-billion-parameter language model by Microsoft." Microsoft Research Blog. https://www.microsoft.com/en-us/research/blog/turing-nlg-a-17-billion-parameter-language-model-by-microsoft/

Sitesbay (n.d.). "Private cloud computing in cloud computing." https://www.sitesbay.com/cloud-computing/cloud-computing-private-cloud-computing#google_vignette

SK hynix. (n.d.). "AI 기술의 진화와 산업의 변화 - AI All Around #4." SK hynix Newsroom. https://news.skhynix.co.kr/post/all-around-ai-4

Statista. (2023). "ChatGPT sprints to one million users: Time it took for selected online services to reach one million users [Infographic]." https://www.statista.com

Tang, Audrey (2019). "A Strong Democracy is a Digital Democracy." *The New York Times*(Oct. 15. 2019).

전창배. (2021). "아마존 채용 AI는 왜 남성을 우대했나." ≪한국일보≫(2021.10.14.).

정다은. (2024). "카카오뱅크 이상거래탐지에 'XAI' 적용… 안정성↑". ≪전자신문≫(2024.06.30.).

최윤섭. (2015). "디지털 헬스케어와 정밀 의료". ≪청년의사≫(2015.12.11.).

개인정보보호위원회. 가명정보지원플랫폼. dataprivacy.go.kr

국립수자원관리위원회. 수자원관리 정보 시스템(WRMS). https://rawris-am.ekr.or.kr/wrms/

삼성SDS. (2024). "인공 일반 지능(AGI)이란? 개념, 적용 기술, 그리고 인간 삶에 미칠 영향." (2024.04.17.). https://www.samsungsds.com/kr/insights/artificial_general_intelligence_20240417.html

한국환경공단. 전국 올바로시스템. https://cleansys.or.kr/index.do

행정안전부. "정부24 - 정부서비스, 민원, 정책 정보 제공 포털". https://www.gov.kr

지은이

엄석진
서울대학교 행정대학원 교수. 주요 연구 주제는 정부의 디지털 혁신, AI와 공공정책, 한국 행정의 역사적 변화와 연속성, 행정이론 간의 충돌과 논쟁 등이다. 최근 저서로는 『정부의 디지털 혁신』(2020, 공저), 『AI와 미래행정』(2021, 공저) 등이 있고 다수의 논문을 국내외 학술지에 발표하였다.

고윤석
한국지능정보사회진흥원 본부장. 전문 분야는 전자정부, ICT융합, AI·데이터이다. 참여정부의 전자정부 31대 로드맵을 시작으로 박근혜 정부의 '창조비타민 프로젝트', 문재인 정부의 '인공지능 학습용 데이터 구축사업' 등 지난 20여 년간 다수의 국가 핵심 사업을 기획하고 추진하였다.

박정은
한국지능정보사회진흥원 정책본부장을 역임하고 연구위원으로 재직 중이며, 경희대 객원교수를 지냈다. 주요 관심 분야는 ICT의 발전과 사회변화, AI와 공공정책, 미래사회와 국가발전 전략 등이다. 저서로는 『교양인을 위한 미디어 세미나』(공저,2008), 『대한민국 미래보고서』(공저, 2015) 등이 있으며, Cyber KOREA 21, uKOREA 전략 등 다수의 국가 중장기 ICT 전략 수립 작업에 참여한 바 있다.

박건철
차세대융합기술연구원 AI융합연구센터장. Urban Computing & Innovation Lab.을 운영하며 도시 공간에서의 대규모 데이터 수집과 AI 모델링을 활용한 실증적 연구를 수행하고 있다. 특히 알고리즘의 편향성이 초래하는 기술 불평등 문제에 주목하며, 지속 가능한 미래도시의 방향을 모색하기 위한 다양한 연구 주제를 탐구하고 있다.

한울아카데미 2580
한국의 데이터 정책과 AI 정부

지은이 **엄석진·고윤석·박정은·박건철** | 펴낸이 **김종수** | 펴낸곳 **한울엠플러스(주)** | 편집 **조인순**

초판 1쇄 인쇄 **2025년 5월 10일** | 초판 1쇄 발행 **2025년 5월 30일**

주소 **10881 경기도 파주시 광인사길 153 한울시소빌딩 3층**
전화 **031-955-0655** | 팩스 **031-955-0656**
홈페이지 **www.hanulmplus.kr** | 등록번호 **제406-2015-000143호**

ⓒ 엄석진·고윤석·박정은·박건철, 2025.
Printed in Korea.
ISBN 978-89-460-7580-1 93350 (양장)
    978-89-460-8369-1 93350 (무선)

※ 책값은 겉표지에 표시되어 있습니다.
※ 무선제본 책을 교재로 사용하시려면 본사로 연락해 주시기 바랍니다.
※ 이 책에는 나눔체(네이버, 무료 글꼴)가 사용되었습니다.